本作品受"广州市宣传文化出版资金"资助

美丽乡村造就魅力广州

Beautiful Countryside Makes Charming Guangzhou

唐明勇 孙晓晖 ◎ 著

中山大学出版社
·广州·

版权所有　翻印必究

图书在版编目（CIP）数据

美丽乡村造就魅力广州/唐明勇，孙晓晖著．—广州：中山大学出版社，2017.12

ISBN 978 – 7 – 306 – 06000 – 6

Ⅰ．①美…　Ⅱ．①唐…②孙…　Ⅲ．①农村—社会主义建设—广州　Ⅳ．①F327.651

中国版本图书馆 CIP 数据核字（2017）第 025678 号

出 版 人：徐　劲
策划编辑：金继伟
责任编辑：王　璞
封面设计：曾　斌
责任校对：杨文泉
责任技编：何雅涛
出版发行：中山大学出版社
电　　话：编辑部 020 – 84110771，84113349，84111997，84110779
　　　　　发行部 020 – 84111998，84111981，84111160
地　　址：广州市新港西路 135 号
邮　　编：510275　　　　传　真：020 – 84036565
网　　址：http://www.zsup.com.cn　　E-mail：zdcbs@mail.sysu.edu.cn
印 刷 者：广东省农垦总局印刷厂
规　　格：787mm×1092mm　1/16　18.5 印张　300 千字
版次印次：2017 年 12 月第 1 版　2017 年 12 月第 1 次印刷
定　　价：48.00 元

如发现本书因印装质量影响阅读，请与出版社发行部联系调换

前言：乡村的融合与变迁

生态文明建设关系人民福祉，关乎民族未来。日前，中共中央、国务院正式公布《关于加快推进生态文明建设的意见》。这是继党的十八大和十八届三中、四中全会对生态文明建设做出顶层设计后，中央对生态文明建设的一次全面部署，对于经济转型升级、促进社会和谐、全面建成小康社会、维护全球生态安全，具有十分重要的意义。①

美丽乡村建设包含两大关键词：生态文明和社会主义新农村建设。党的十八大报告提出，要大力推进生态文明建设，努力建设美丽中国，实现中华民族永续发展；要推动城乡发展一体化，形成以工促农、以城带乡、工农互惠、城乡一体的新型工农、城乡关系。十八大报告提出的美丽中国一词，因其清新悦耳、充满诗意、温暖人心的特点，一经提出即成为大众津津乐道的热词，引起社会强烈共鸣，触动了人们心中勾勒的对未来社会的美丽愿景。而作为人口多数的农村居民，自然对美丽中国大环境下的美丽乡村建设更为期待。

一、乡村美丽，才有中国美丽

美丽乡村，亦如美丽中国一词，寓意深远，含义深刻，是一个包含多层面含义，丰满、立体的词汇。从自然层面来讲，它意味着绿色发展、循环发展、低碳发展，是资源节约型和环境友好型社会的结合体。实际上，农村美丽了，建设美丽中国的目标也就实现了。从这个意义上说，建设美

---

① 人民日报评论员：《抓好生态文明建设这项政治任务——论深入推进生态文明建设》，载《人民日报》2015年5月6日。

丽乡村就是建设美丽中国。①

　　自从党的十六届五中全会提出建设社会主义新农村重大历史任务以来，全国各地结合自身实际，不断在当地新农村建设中促进规模化、品牌化发展。2008年，作为黄浦江源头的浙江省安吉县出于对生态环境的重视，在积极借鉴其他地区处理发展问题经验教训的基础上，提出了打造"村村优美、家家创业、处处和谐、人人幸福"的农村建设口号，并制定建成中国最美乡村的目标。"十二五"期间，安吉县"中国美丽乡村"建设的成功影响促成浙江省制定《浙江省美丽乡村建设行动计划》，②此时广州市增城、花都、从化等市区也开始启动美丽乡村建设。这种以整体化实施、品牌化经营的探索模式，不仅是新农村发展趋势，也是全面提升新农村建设水平的重要载体。可以说，美丽乡村不仅是实现美丽中国的重要行动和途径，更是新农村建设品牌化、规模化的重要内容。

　　美丽乡村是我国新时期新农村建设的重要策略。这是一种综合、全面统领新农村建设的新思路。美丽乡村建设不仅是指农村拥有美丽的外壳，更为主要的是提升农村居民的生活质量，并切实提升农民的幸福指数。"让居民望得见山、看得见水、记得住乡愁。"腰包渐渐鼓起来的中国农民，在整体推进美丽乡村建设中涌起了新的期待。据住房和城乡建设部的消息，从2005年至2012年年底，全国累计有21.4万个村庄实施了整治，到2020年我国将新增实施30万个村庄整治，大面积村庄整治风帆正起。③

　　2014年2月，农业部发布了中国"美丽乡村"十大创建模式。它们是产业发展型、生态保护型、城郊集约型、社会综治型、文化传承型、渔业开发型、草原牧场型、环境整治型、休闲旅游型和高效农业型等美丽乡村十大创建模式。每种模式分别代表了某一类型乡村在各自的自然资源禀

---

　　① 郭林涛、冯春久、王晓雅：《美丽中国从美丽乡村开始》，载《决策探索》（上半月）2013年2月。

　　② 王珍子：《广东省"美丽乡村"建设水平评价模式研究》，载《现代农业科技》2014年第4期。

　　③ 《人民日报》记者高云才：《美丽乡村，如何才能美起来》，载《农村·农业·农民》2014年第2期。

赋、社会经济发展水平、产业发展特点以及民俗文化传承等条件下开展美丽乡村建设的成功路径和有益启示。① 每种模式分别推介一个典型村与之相对应,即:江苏省张家港市南丰镇永联村、浙江省安吉县山川乡高家堂村、宁夏回族自治区平罗县陶乐镇王家庄村、吉林省扶余市弓棚子镇广发村、河南省孟津县平乐镇平乐村、广东省广州市南沙区横沥镇冯马三村、内蒙古自治区西乌珠穆沁旗浩勒图高勒镇脑干哈达嘎查、广西壮族自治区恭城瑶族自治县莲花镇竹山村委红岩村、贵州省兴义市万峰林街道、福建省平和县文峰镇三坪村。

二、乡村美丽,才有广州魅力

广州市委书记任学锋到增城区调研时强调,要在提升城市规划建设管理水平上下功夫。坚持高标准和突出岭南特色,规划建设中心城区、中心镇以及美丽乡村,完善交通体系和城市公共服务功能。② 事实上,美丽乡村同样也是建设美丽广州的一部分,是其应有之义。美丽乡村应该与美丽广州并驾齐驱,美丽广州绝不应该、也不可能一条腿走路。广州的新型城市化进程不应该只是城市的对外扩张,而应该是美丽乡村的自身嬗变。推动城乡发展一体化的进程,归根结底是要通过合力实现农村的发展。新时期广州"美丽乡村"的内涵应该包括:尊重自然,创建生态美;重视卫生整洁,创造环境美;合理规划住房建设,创造建筑美;合理设置产业布局,创造生活美以及宣扬传统文化,创造地方美。

其一,美丽乡村建设为广州区域协调发展延伸了内涵、拓展了空间。区域竞争是发展质量的竞争,区域合作是互惠互利的合作,区域协调发展就是区域寻求到良好竞争合作之后产生的必然结果和发展趋势。区域及其产业如何做到区域内外有效竞争与合作,如何通过区域合作提升区域整体综合实力和竞争力,已成为区域协调发展的重要策略和手段,也是区域协调发展关键所在。美丽乡村建设秉承这一战略理念,以城乡经济社会一体

---

① 《农业部发布中国"美丽乡村"十大创建模式》,载《中国乡镇企业》2014年第3期。
② 《任学锋到增城调研时要求 增强信心 突出特色 推进有质量有效益可持续发展》,载《广州日报》2014年12月18日。

化新格局的高度统筹城乡规划、建设和发展，不仅抓住了广州工业反哺农业、城市反哺农村的有利契机，也为广州区域协调发展延伸了内涵、拓展了空间，更为北部山区进一步落实广州关于粤东西北地区振兴发展落到实处提供了有力抓手。

其二，美丽乡村建设是对广州生态文明建设的有效诠释和实施。"环境提升"是美丽乡村建设的重要工程之一，也是广州市推进该建设的核心任务。要建设"生态环境最优美、村容村貌最整洁、乡土文化最繁荣、农民生活最幸福"的乡村，就要从广州生态环境优化和可持续发展入手。美丽乡村建设正是从尊重自然的角度保持乡土风格的原貌，尊重乡村文化和历史，从生活和生产两个方面抓好农村生态环境可持续发展，也是对十八大报告中关于"大力推进生态文明建设……形成节约资源和保护环境的空间格局、产业结构、生产方式、生活方式……为人民创造良好生产生活环境"要求的有效诠释和有力实施。

其三，美丽乡村建设是实现建设美丽广州的重要行动和途径。美丽广州，既注重人们生存环境的宜居性，也体现自然、社会环境的和谐关系。它是"一个以生态文明建设为依托，实现经济繁荣、制度完善、文化先进、社会和谐的全面发展社会"①的宏伟蓝图，要实现这一蓝图，就必须着手于规划、建设和发展基础生活单元——乡村，从源头上着力推进绿色发展、循环发展、低碳发展，从源头上扭转生态环境恶化趋势，这是广州市落实美丽中国建设目标的重要行动和途径。

2015年是贯彻党的十八届四中全会精神、全面推进依法治国的开局之年，也是深入推进新型城市化发展的重要一年。广州要抓住新机遇、迎接新挑战，解放思想、振奋精神、砥砺奋进、开拓创新。新的一年要认真贯彻落实党的十八届四中全会精神，按照中央和全省农村工作会议及市委十届六次全会的决策部署，主动适应经济发展新常态和农业农村发展新形势，以改革创新精神扎实做好"三农"工作，推动美丽乡村建设全面上水平。同时，要坚持统筹发展、突出重点、服务全局，把民生城建作为第

---

① 王晓广：《生态文明视域下的美丽中国建设》，载《北京师范大学学报》（社会科学版）2013年第2期。

一要务，把改革创新作为第一动力，把优质高效作为第一标准，把岭南特色作为第一内涵，提升宜居环境，彰显城市个性，全力完成市委、市政府的重大城建任务，为建设低碳、智慧、幸福广州而努力奋斗。具体来讲，要致力于打造美丽乡村特色，推进名镇名村创建和美丽乡村建设，创建40个名村，加快中心镇项目建设，规范农村建房。组织第一批14个市级美丽乡村的验收挂牌和建设成果宣传。推进市级第二批27个创建点的建设、第三批创建点的选点确定，促使美丽乡村建设进入良性、快速发展阶段。同时，抓好3个责任村的扶贫工作。①

三、广州乡村的美丽之路

在任学锋书记于广州市委第十届第六次全会上的讲话中，广州美丽乡村被提高到"统筹城乡协调发展"的高度进行建设。乡村美不美，得看规划是否因地制宜；乡村美不美，得看投入是否有保障；乡村美不美，得看发展方式是否科学。广州突出抓好美丽乡村建设，要做到以下几点。

一是有效推进试点建设。以项目为抓手，围绕"七化""五个一"工程和必要的村容村貌综合整治建设项目，全力推动并完成全市14个市级美丽乡村试点村创建。协调推进村庄规划编制工作。前不久，广州市继第一批14个市级美丽乡村试点于2013年完成创建并获正式命名后，2014年再次启动第二批28个市级美丽乡村创建工作。要积极运用广州市2012年开展美丽乡村试点建设以来的工作经验，拓宽眼界，创新举措，整体提高美丽乡村建设水平。以加强基础建设和专项治理为抓手，努力建设农村优美环境。

二是推进名镇名村创建工作。组织对3镇6村市级名镇名村创建点考核验收，3镇5村（沙湾镇、梯面镇、派潭镇、黄埔村、大岭村、朗头村、大稳村、坑头村）均完成创建任务，申报第一批广东省岭南名镇名村，达到"一年见成效，两年实现目标"的要求。抓好第二批1镇41村

---

① 《广州市建委2013年工作总结和2014年工作计划》，http://www.gz.gov.cn/publicfiles/business/htmlfiles/gzgov/s2823/201403/2630179.html。

的名镇名村建设。要把地域特色文化元素有机地融入农村精神文明建设中去，深入挖掘农村历史文化、人文风情资源，把属于软实力范畴的地域特色文化通过硬载体有效地展示出来，积极培育乡村文化品牌，发展农村特色经济，增强传承创新能力，提升村镇的形象和品位，打造出一张张响亮的金字招牌。

三是加强改造升级和专项整治。一方面，要加强村庄整体规划和环境整治，指导各村因地制宜发展旅游、商业、文化、休闲、生态等特色经济；大力推进基础设施"七化"和公共服务"五个一"工程，组织改路、改水、改厕、旧村改造和建设乡村学校少年宫；开展农村生活垃圾分类处理，集中整治环境脏乱差现象，切实解决垃圾乱倒、粪便乱堆、禽畜乱跑、柴草乱放等问题；加大政策宣讲，举办专题培训班，提升村民建房报建意识；督促各区（县级市）完成审批试点示范，发放乡村建设规划许可证，规范农村建房工作。另一方面，要把治理黄赌毒作为突出任务，时刻保持对黄赌毒的高压态势，清理社会沉渣，铲除黑恶势力。要及时查处内容恐怖残忍、低俗下流的出版物、游戏软件，大力整治校园周边环境，为青少年健康成长创造良好文化环境。要依法加强网络社会管理，打击制造传播谣言等网络犯罪，依法查处封建迷信、非法宗教等活动，切实维护农村社会稳定。

四是推动生态文明建设水平。保护乡村生态环境就是保护生产力，改善乡村生态环境就是发展生产力。要树立绿水青山就是金山银山的理念，系统推进乡村生态文明建设，努力建设美丽广州。要大力建设经济实用、生态环保的新民居，大力发展节水农业、旱作农业、循环农业和标准化规模养殖，大力开展节水、节油、节电、节粮、节纸宣传教育，鼓励使用清洁能源，慎砍树、禁挖山、不填湖、少拆房，保护林地、草地、湖泊、湿地、江河。实行严格的环评制度，降低资源开发强度，淘汰落后产能，减小污染物排放。①

五是促进乡风文明和精神文化建设。要深刻认识当前农村经济发展、

---

① 甘新：《建设美丽乡村　促进乡风文明 努力提升我市农村精神文明建设水平——在全市农村精神文明建设现场交流会上的讲话》，载广州文明网 2014 年 11 月 27 日。http://gdgz.wenming.cn/ldhd/201411/t20141127_2315558.html．．

村容环境、社会风尚、村民素质、文化建设等方面存在的问题，积极回应农民群众对美好生活向往的美好愿望，进一步增强抓好农村精神文明建设的紧迫感和使命感。要认真研究、把握新形势下农村精神文明建设的特点和规律，积极探索以城带乡、以工哺农、城乡一体、共同发展的路子，着力培育文明健康的生活方式，着力形成整洁有序的良好环境，着力培养新型农民，推动农村走上富裕、民主、文明、和谐的发展道路。要积极顺应农民群众对文化生活的新期待，大力繁荣发展农村文化，让农民群众享受到更加丰富多彩的精神文化生活，努力把广大农村建设成更有古道乡愁、更加和谐稳定、更富人文情怀的美丽乡村。

在肯定成绩的同时，也要清醒地看到，广州市农业农村发展水平离率先全面建成小康社会的要求还有较大的差距。因此，还需要进一步增强危机感、紧迫感、责任感，从率先全面建成小康社会的高度，把加快农业农村发展作为新型城市化的重要内容，进一步破除重工轻农、重城轻乡的思想，不断加大强农惠农政策力度，创新农村工作思路，凝聚支持"三农"力量，坚持不懈地做好"三农"工作，打好农村工作"组合拳"，① 全面统筹推进城乡一体发展，夯实广州美丽乡村建设的坚实基础。相信在美丽中国的语境氛围下，广州的美丽乡村建设能更好地展现田园风光背后的自然之美、和谐之美、岭南之美。

---

① 李江涛、汤锦华：《广州蓝皮书：中国广州农村发展报告（2010）》，社会科学文献出版社2010年版。

目　　录

第一章　美丽源泉：广州美丽乡村建设的理论意蕴 ……………… 1
  第一节　生态文明理论 …………………………………………… 1
    一、生态危机与生态文明 ………………………………………… 2
    二、生态文明的内涵特征 ………………………………………… 10
  第二节　新农村建设思想 ………………………………………… 19
    一、新农村建设的提出与进展 …………………………………… 19
    二、新农村之"新"在何处 ……………………………………… 28
    三、新农村建设的"广州模式" ………………………………… 32
  第三节　广州美丽乡村意蕴 ……………………………………… 38
    一、环境优美 ……………………………………………………… 38
    二、生活富美 ……………………………………………………… 40
    三、社会和美 ……………………………………………………… 42

第二章　美丽根基：广州乡村建设与新型城市化发展 ……………… 44
  第一节　美丽乡村在新型城市化中的地位和作用 ……………… 44
    一、美丽乡村是广州新型城市化发展的外衣 …………………… 45
    二、美丽乡村是生态广州的关键一环 …………………………… 51
    三、美丽乡村是魅力广州的前提所在 …………………………… 56
  第二节　美丽乡村建设对广州新型城市化的意义 ……………… 60
    一、统筹广州城乡一体化发展的重要途径 ……………………… 60

二、实现广州农村经济转型升级的必由之路 …………… 62
三、提高广州农民生活品质的客观需要 ………………… 63
四、推进广州社会主义新农村建设的重要抓手 ………… 66

第三章 美丽烦恼：广州美丽乡村建设的成就与问题分析 …… 68
  第一节 广州建设美丽乡村的主要成就 …………………… 68
    一、第一批市级美丽乡村试点初显成效 ………………… 69
    二、广州市行政村村庄规划工作扎实推进 ……………… 71
    三、村庄规划编制和信息化试点有条不紊 ……………… 77
  第二节 广州建设美丽乡村面临的问题 …………………… 81
    一、乡村生态文明形势不乐观 …………………………… 81
    二、城镇化造成农村环境负荷 …………………………… 83
    三、乡村建设的理念更新滞后 …………………………… 84
    四、乡村建设的制度障碍突出 …………………………… 86

第四章 美丽之鉴：广州美丽乡村的"他山"之石 …………… 91
  第一节 "湖州模式"的经验与启示 ………………………… 91
    一、重视富民为先 ………………………………………… 92
    二、突出环境和谐 ………………………………………… 94
    三、强化考核评比 ………………………………………… 96
    四、培养专业农民 ………………………………………… 98
  第二节 "安吉样本"的经验与启示 ………………………… 101
    一、坚持分类指导 ………………………………………… 101
    二、尊重农民意愿 ………………………………………… 105
    三、多样性原则 …………………………………………… 107
    四、力避"一刀切" ………………………………………… 110
  第三节 韩国"新村运动"的经验与启示 …………………… 113
    一、政府主导是关键 ……………………………………… 114
    二、农民主体是基础 ……………………………………… 118
    三、统筹规划循序渐进是原则 …………………………… 122

四、建立各种有效机制是法宝 …………………………………… 124
  第四节　美国农业现代化的经验与启示 ……………………………… 126
　　一、政府的大力支持和保护政策必不可少 …………………………… 127
　　二、积极促进农业科学技术应用 ……………………………… 129
　　三、大力推进农业产业化经营 ………………………………… 131

第五章　美丽之路：广州美丽乡村的制度设计与思路对策 ………… 135
  第一节　美丽乡村建设的基本理念 …………………………………… 135
　　一、着力打造大城靓村 ………………………………………… 136
　　二、强调突出名镇古村 ………………………………………… 141
　　三、大力彰显岭南特色 ………………………………………… 146
  第二节　美丽乡村建设的制度设计 …………………………………… 151
　　一、建立完善农村生态规章制度 ……………………………… 152
　　二、建立健全农村生态恢复和补偿制度 ……………………… 155
　　三、建立完善农村生态资源保护管理制度 …………………… 157
  第三节　美丽乡村建设的思路对策 …………………………………… 159
　　一、城市基础设施向农村延伸 ………………………………… 160
　　二、基本公共服务向农村倾斜 ………………………………… 162
　　三、城市现代文明向农村辐射 ………………………………… 165
　　四、大广州影响力向农村覆盖 ………………………………… 168

第六章　外在之美：广州美丽乡村的"硬件"改造 ………………… 171
  第一节　注重农村重点基础设施建设 ………………………………… 171
　　一、"七化"工程和"五个一"工程 ………………………… 172
　　二、"五网"升级建设工程 …………………………………… 176
　　三、妥善处理好六大关系 ……………………………………… 178
  第二节　着力发展乡土特色现代农业 ………………………………… 181
　　一、培育"三产联动"都市现代农业 ………………………… 181
　　二、发展观光农业特色农业有机农业 ………………………… 184
　　三、加强农业循环经济技术研究开发 ………………………… 187

第三节　有力推进村庄绿化美化建设 …… 189
一、分类引导、科学规划村庄布局 …… 189
二、综合整治村庄环境清拆乱搭乱建 …… 193
三、尽快建立农村垃圾综合管理机制 …… 197
四、塑造"山、水、村、田、河"岭南形态 …… 200

第七章　内在之美：广州美丽乡村的"软件"升级 …… 203
第一节　推进生态乡村文化建设 …… 203
一、全面深化广州农村综合体制改革 …… 204
二、努力营造全广州的"美丽"共识 …… 209
三、在乡村建设中融入岭南风情元素 …… 214
四、从内在美塑造南国美丽乡村灵魂 …… 217
第二节　着力发展乡村"软实力" …… 219
一、培育村民生态素养 …… 219
二、有力促进乡风文明 …… 223
三、发展乡村"软实力" …… 227
第三节　促进村民与自然和谐相处 …… 230
一、确立"以人为本"的核心思想 …… 230
二、培养村民与自然和谐共生理念 …… 232
三、培育走向美丽的归属感认同感 …… 233
四、加强古镇古村落的保护与开发 …… 235
五、发展广州特色的乡村休闲旅游 …… 238

第八章　美丽表率：广州美丽乡村的个案考察与典型示范 …… 242
第一节　乡村生态型 …… 242
一、白云区白山村 …… 243
二、花都区红山村 …… 246
三、黄埔区莲塘村 …… 249
第二节　都市农业型 …… 250
一、番禺区坑头村 …… 251

二、从化区西和村 ……………………………………………… 255
第三节　古村落保护开发型 ………………………………………… 260
　　一、海珠区黄埔古村 ……………………………………………… 261
　　二、黄埔区深井社区 ……………………………………………… 263
　　三、海珠区小洲村 ………………………………………………… 265
第四节　村庄整理型 ………………………………………………… 266
　　一、黄埔区禾丰社区 ……………………………………………… 267
　　二、增城区霞迳村 ………………………………………………… 269
第五节　转制社区环境优化型 ……………………………………… 271
　　一、南沙区金洲村 ………………………………………………… 272
　　二、天河区珠村社区 ……………………………………………… 274
　　三、荔湾区增滘经济联社 ………………………………………… 275
　　四、荔湾区山村 …………………………………………………… 276

参考文献 ……………………………………………………………… 279

第一章 美丽源泉：广州美丽乡村建设的理论意蕴

广州市委书记任学锋在市委第十届第六次全会上的报告中指出："保护生态环境就是保护生产力，改善生态环境就是发展生产力。要树立绿水青山就是金山银山的理念，系统推进生态文明建设，努力建设美丽广州。"由此看来，美丽乡村建设，内在地包含生态文明和新农村建设这两大理论基础；建设广州美丽乡村，首先要在厘清生态文明理论和新农村建设思想的基础上，全面系统地考察广州乡村的美丽意蕴。

第一节 生态文明理论

20世纪后半叶以来，一个幽灵在地球上四处漫游。这个幽灵就是生态危机。[1] 面对这个幽灵的不断肆虐，人类试图采取各种措施赶走这个幽灵，但是，几十年过去了，人们发现，这个幽灵不仅没有被赶走，反而变本加厉更加疯狂地报复人类。阿兰·里皮兹（Alain Lipietz）借用《共产党宣言》的口气说："在新的千年即将来临之际，一个'幽灵在世界游荡'——这个幽灵不再是共产主义而是生态激进主义。"[2] 不管这个幽灵是生态危机还是生态激进主义，它们都反映了共同的问题，即日益严峻的

---

[1] 杨通进：《走向生态文明》丛书总序，重庆出版集团2007年版，第1页。
[2] Giddens, Beyond Left and Right, Polity Press, 1994, p200.

生态问题。

一、生态危机与生态文明

(一) 生态危机日益凸显

人类社会产生以来，经历了一个不断发展壮大的过程，同时也是一个不断向自然扩张的过程。在早期的原始社会，人类主要依靠棍棒与石头等简陋工具，而这些工具都是直接取自自然进行粗加工的，因而生产力水平极其低下。他们的生产生活方式也是因地制宜、因陋就简，大多是采集野生植物、捕鱼狩猎等活动，在经过漫长的茹毛饮血时期后由于发明了火，这才对食物进行火烤的简单加工，而且他们往往依靠迁移和群居才能生存下去。因此，不管是生产还是生活，原始人类对大自然的影响都比较小，主要是靠自然的恩赐而生活，对自然怀有敬畏之心。此后，随着人类实践能力及认识能力的提高，人们制造和使用了新的生产工具——铜和铁具，由此步入人类的文明时代，被称为农业文明。这一时期，人们掌握了种植和畜养的技术，开始了种植及畜养活动，这大大增强了人类生存的能力，由此他们可以定居下来，因而也带来人口的增长。为了获取更多的土地及用来烧火的木材，人们开始砍伐他们周围的森林，因而在一定程度上破坏了地表植被，减少了生物的多样性，造成了水土流失及沙化现象，古代四大文明之一的巴比伦文明因此而终结，埃及文明、印度文明也重蹈其覆辙，唯有华夏文明幸存下来。虽然农业文明时期人类对环境造成某种程度的破坏，但却未带来根本及全局性的破坏，人类文明依然在世界各地传承着。其主要原因是：人类因生产工具的简单及活动范围的有限，其破坏自然的能力也相当有限；相对于地球的负荷能力而言，那时人类的人口数量还远没达到地球的承载极限。

人类历史的车轮滚入18世纪60年代，西欧纺纱机和蒸汽机的发明与运用，标志着人类进入工业文明时代。机器化的工业生产是工业文明的主要生产方式，这一时期生产力水平得到空前提高，并创造了巨大的物质财富。马克思和恩格斯曾在《共产党宣言》中这样描绘道："蒸汽机和机器引起了工业生产的革命。现代大工业代替了工场手工业；工业中的百万富翁，一支一支产业大军的首领，现代资产者，代替了工业的中间等级。"①"资产阶级在它的不到一百年的阶级统治中所创造的生产力，比过去一切世代创造的全部生产力还要多，还要大。自然力的征服，机器的采用，化学在工业和农业中的应用，轮船的行驶，铁路的通行，电报的使用，整个大陆的开垦，河川的通航，仿佛用法术从地下呼唤出来的大量人口，——过去哪一个世纪料想到在社会劳动里蕴藏有这样的生产力呢？"② 18 世纪兴起的工业革命，曾经给人类带来希望和欣喜，因为工业化的兴起，城市化的发展，科学技术的进步，使人类的生活水平大为提高。例如，人口的死亡率不断下降，平均预期寿命不断提高，更多的人享受到城市生活的便利，更多的儿童能够进入学校接受更多的教育，等等。诚然，人类发展又一次摆脱了"黑暗的中世纪"的阴影，人类文明又进入到一个前所未有的高度。然而，工业革命给人类带来的不仅是欣喜，还有一些意外和伤害，甚至埋下了人类生存和发展的潜在威胁。人类在进步的同时也对生态环境带来诸多破坏：一是对自然资源的过度开发与对自然环境的破坏；二是人类制造出自然界并不存在的产品；三是人类的野心与欲望极度膨胀，过着一种高消费高消耗的生活方式。由此带来的生态破坏和污染问题已经加速发展，特别是污染问题，随着工业化的不断深入而急剧蔓延，生态危机不仅没有得到遏制，反而愈演愈烈，终于形成了大面积乃至全球性公害。首先步入工业化进程的西方国家，最早享受到工业化带来的繁荣，也最早品尝到工业化带来的苦果。

从 20 世纪初开始至五六十年代，环境污染已成为西方发达国家普遍面临的严重问题。这是所谓的第一次人类环境危机。这次危机主要表现为大气污染、水污染、土壤污染、固体废弃物污染、有毒化学物品污染，以及噪声、电磁波等物理性污染。③ 这一阶段，出现了人类历史上著名的"八大公害"污染事件，即比利时马斯河谷事件、美国多诺拉事件、英国伦敦烟雾事件、美国洛杉矶光化学烟雾事件、日本水俣事件、日本富山事件、日本四日事件、日本米糠油事件。

① 《马克思恩格斯选集》（第 1 卷），人民出版社 1995 年版，第 273 页。
② 《马克思恩格斯选集》（第 1 卷），人民出版社 1995 年版，第 277 页。
③ 杨通进、高予远：《现代文明的生态转向》，重庆出版社 2007 年版，第 2 页。

危机爆发后，西方工业化国家开始对环境问题高度重视，并普遍采取了较为有效的环境保护措施，使城市的环境污染问题得到了一定程度的控制或解决。然而，到了20世纪七八十年代，形势再度不容乐观，人类所面临的生态危机不仅没有得到缓解，反而变得越来越严重。这就是所谓的第二次人类环境危机，与第一次相比较，第二次环境危机的特点表现为：第一，五六十年代在西方工业化国家的污染事故，开始在发展中国家普遍上演，环境危机开始从发达国家向全球蔓延。第二，资源短缺（如生产生活用水短缺、耕地短缺、能源短缺和矿产资源短缺）问题开始凸显。20世纪70年代，中东石油危机爆发，许多国家的近海渔业资源开始枯竭。目前世界上60%的地区和国家面临淡水不足。第三，人口暴增。1850年，世界人口仅为10亿。110年后，这一数字上升为30亿。而到1999年10月，世界人口跃升至60亿。第四，全球生态系统遭到全面破坏。对土地的过度开垦和放牧导致了全球土地荒漠化趋势的加剧；对热带雨林的大量砍伐和对海洋渔业资源的过度捕捞导致了大量物种的灭绝和生物多样性的锐减。臭氧空洞和温室效应的加剧也将使人类面临灭顶之灾。① 这一时期影响较大的环境污染事件有：苏联切尔诺贝利核泄漏事件和印度博帕尔事件等。

而今，人类已步入21世纪，而这场人类面临的生态危机却没有得到应有的缓解，反而因为人类的内部纷争变得越来越复杂，形势越来越严峻，成为威胁人类生存与发展的重要因素。全球当前的主要生态威胁是：非洲、西亚和亚太地区低收入国家的粮食供应无保障和贫困，拉丁美洲和加勒比地区的生态退化和生物多样性丧失，热带雨林被大量砍伐烧毁，东欧及经济转型国家膨胀的能源需求，温室气体以及臭氧层破坏，跨国界污染传输，普遍的城市空气污染、雾霾严重、土地退化，大量化学品的使用对人体健康的威胁，以及大量不可持续性的生产和消费方式。这一时期发生了中国松花江事件、美国墨西哥湾漏油事件以及全球范围内尤其是中国的雾霾污染等较严重的生态事件。

（二）生态文明呼之而出

在日益严峻的生态危机面前，人类进行了反思，逐步进行生态文明建

---

① 杨通进、高予远：《现代文明的生态转向》，重庆出版社2007年版，第4页。

设的探讨与实践。反思的重点最初聚焦于怎样看待和处理人类与自然的关系，而后发现仅停留在人与自然的关系层面还不足以解决问题，其关键应放在正确处理好人与人之间的关系。对于人与自然之间的关系，从人类社会形成以来就一直在孜孜地探求着。生态文明在西方的表现是环境保护运动及生态伦理学的发展。对于生态环境的反思始于18世纪初，美国环境保护运动的最早促动者和领袖吉福德·平肖提出了"明智利用"的生态伦理思想，作为美国林业局局长，他特别强调要明智利用森林，一旦林地与人的利益发生冲突时，将以大多数人的长远利益为尺度调和矛盾冲突。① 他强调对资源要进行"聪明的利用和科学的管理"；通过限制个人对国家资源的滥用和掠夺，使其为全民所用。这一时期，西方一些思想家的论述中都包含着生态伦理思想。比如英国功利主义思想家罗米·边沁，是较早自觉地把道德思维的触角扩展到人以外的自然物的思想家；边沁伦理思想的基石是快乐主义，他把趋乐避苦看成是人类和动物的共有本性，当我们在根据行为究竟会带来快乐还是痛苦的基础上开展对道德的评价时，也必须将动物的快乐与痛苦计算在内。法国浪漫主义思想家卢梭则对建立在科学和艺术基础之上的工业文明进行了抨击，他认为科学和艺术是与道德相违离的，随着科学和艺术的发展，人们所具有的质朴、自然的德行会被虚伪的彬彬有礼、猜忌和戒惧、仇恨和奸诈所代替，当"科学与艺术的光芒在我们的天际上升起，德行也就消失了"。② 因此，卢梭主张"回到大自然中去"。美国的梭罗更是尖锐地反对人类追求奢侈的生活，认为其对人类的进步大有妨碍。他主张人类过一种自然宁静的生活，认为这种生活只有在人类与自然接近、和谐的基础上才能实现；他把大自然看成是上帝赐予人类的财富，反对人为地改变物种，其著作《瓦尔登湖》后来成为绿色经典。

20世纪初至20世纪60年代是西方生态伦理学的创立阶段，③ 同时也是生态保护运动逐渐展开的阶段，这期间有三位人物做出了重要贡献：一

---

① 叶平：《生态伦理学》，东北林业大学出版社1994年版，第20–21页。
② [法]卢梭：《论科学与艺术》，商务印书馆1959年版，第4页。
③ 刘湘溶：《人与自然的道德话语——环境伦理学的进展与反思》，湖南师范大学出版社2004年版，第12页。

是阿尔伯特·施韦泽提出的"敬畏生命"生态伦理思想。施韦泽认为，不仅对人的生命，而且对一切生命都应保持敬畏的态度。保持生命、促进生命就是善，毁灭生命、压制生命就是恶；敬畏生命的原因是因为生命之间存在普遍联系，人的存在有赖于其他生命和整个世界的和谐，对其他生命的关怀就是对自己的关怀；一切生命都是平等的，"敬畏生命的伦理学否认高级和低级，富有价值和缺少价值的生命之间的区分"[①]；现代技术经济实践对自然和生命的破坏性后果极其严重，因此，必须寻找科学的、法律的和伦理的措施来解决。二是奥尔多·利奥波德提出的"大地伦理"思想。1935年，利奥波德与著名的自然科学家罗伯特·马歇尔一道创建了荒野协会，该协会旨在保护和扩大日益遭到损害的荒野地区。他认为，人与自然物生活在一个共同体中，人类要改变作为自然征服者的面目，还必须改变过去人的道德评价标准，"当一个事物有助于保护生物共同体的和谐、稳定和美丽的时候，它就是正确的，当它走向反面时，就是错误的"[②]。三是美国的蕾切尔·卡尔逊，她是著名的女性海洋生物学家，其代表作《寂静的春天》唤起了美国人民对环境危机的忧患意识和环境保护的参与意识。该著作使人们真切感受到日益严重的生态危机，并开始付诸行动来加以改变。

20世纪60年代以来，生态意识及生态实践渐趋兴盛。由于工业生产造成环境污染，公众的利益受到极大的损害，在20世纪60年代后期，西方爆发了一场规模宏大、持续时间长的环境保护运动。1970年4月22日，在美国民主党参议员盖洛德·尼尔森和哈佛大学学生丹尼斯·海斯的倡议和组织下，美国数十万群众举行游行示威等各种形式的活动，呼吁创造一个清洁、简单、和平的生活环境，这就是声势浩大的"地球日"活动（2009年4月22日第63届联合国大会一致通过决议，将此后每年的4月22日作为"世界地球日"）。此举大大促进了人们对生态问题的认识，加上前后在工业化国家发生的严重环境污染事件，生态保护在全世界得到普遍认同，并付诸行动。人类在世界环境保护问题上举行了一系列会议，

---

① [法] 阿尔伯特·施韦泽：《敬畏生命》，上海社会科学出版社1996年版，第131页。
② [美] 利奥波德：《沙乡年鉴》，侯文蕙译，吉林人民出版社1997年版，第213页。

其中较重要的有:①

一是 1972 年 6 月 5 日在瑞典首都斯德哥尔摩召开的联合国人类环境会议,这次会议把环境问题提到了全球议事日程,是世界各国政府共同探讨当代环境问题、探讨保护全球环境战略的第一次国际会议,是人类环境保护史上的第一座里程碑。会议提出了《只有一个地球》的报告,通过了《人类环境宣言》和《行动计划》。(根据这次会议的精神,同年召开的联合国第 27 届大会把每年的 6 月 5 日定为"世界环境日")

二是 1992 年 6 月 3 日在巴西的里约热内卢召开的"世界环境与发展"会议,这是人类建构生态文明的又一座重要里程碑。会议通过了《里约宣言》《21 世纪议程》等文件,签订了《关于森林问题的原则声明》《气候变化框架公约》《生物多样性公约》等公约。会议阐述了"共同但有区别的责任",提出发展中国家正面临消除贫困和保护环境的双重压力,迫切需要发达国家的援助。《里约宣言》(又名《地球宪章》)详细阐述了实施可持续发展的 27 条基本原则,《21 世纪议程》则是全球范围内可持续发展的行动计划。

三是 2002 年 8 月 26 日在南非的约翰内斯堡召开的联合国可持续发展世界首脑会议,会议通过了《执行计划》和《政治宣言》,《执行计划》重申了对世界可持续发展具有奠基石作用的里约会议的原则并进一步全面贯彻实施《21 世纪议程》,认为《执行计划》是里约峰会原则的继续,强调全方位采取具体行动和措施,包括执行"共同而有区别的责任"的原则在内,实现世界的可持续发展,认为消除贫困是当今世界面临的最大挑战,也是可持续发展的必然要求。其间,关于世界气候问题举行了几次重要会议。如 1997 年 12 月在日本京都举行《联合国气候变化框架公约》(简称《公约》)第三次缔约方大会,大会通过了旨在限制发达国家温室气体排放量以抑制全球变暖的《京都议定书》。议定书要求发达国家温室气体排放量要在 1990 年的基础上平均减少 5.2%。不过,不同国家有所不同。比如,欧盟作为一个整体要将温室气体排放量削减 8%,日本和加

---

① 刘湘溶:《人与自然的道德话语——环境伦理学的进展与反思》,湖南师范大学出版社 2004 年版,第 17 - 20 页。

拿大各削减6%，而美国削减7%。议定书建立了旨在减排温室气体的三个灵活合作机制——国际排放贸易机制、联合履行机制和清洁发展机制。2007年12月在印度尼西亚巴厘岛举行《联合国气候变化框架公约》缔约方第13次会议暨《京都议定书》缔约方第3次会议。会议的主要成果是制定了"巴厘路线图"，强调加强国际长期合作，提升履行气候公约的行动，从而在全球范围内减少温室气体排放，以实现气候公约制定的目标。其中最主要的是《巴厘行动计划》，包括减缓、适应、技术和资金四个方面的内容，规定了发达国家应该承担可测量、可报告和可核实的减排义务，并且需要向发展中国家提供可测量、可报告和可核实的技术、资金和建设支持。

此外，罗马俱乐部1972年发布报告《增长的极限》，让世界震惊。该报告指出，粮食等资源都有极限，污染也有一定的极限，为了避免粮食、人口、污染等指数增长到极限，我们必须自觉抑制增长，从而达到一种全球均衡状态。该报告不仅让人意识到生态危机的严重性，并且对生态危机的原因进行了较深入的分析，也提出了解决生态危机的方案，影响较大。1987年，由挪威首相布伦特兰夫人领导的世界环境与发展委员会在报告"我们共同的未来"中明确界定可持续发展定义为"既能满足当代人的需要，又不对后代人满足其需要的能力构成危害的发展"，系统阐述了可持续发展思想。该报告深刻而全面地论述了20世纪人类历史上的三大主题（和平、发展、环境）之间的内在联系，为人类提出了一条摆脱工业文明的生态困境的有效途径。因此，"布伦特兰报告"不仅是可持续发展理论的集大成者，而且是人类建构生态文明的纲领性文件。[1]

中国自20世纪50年代"大跃进"运动起，生态问题逐渐显露，国务院总理周恩来同志对此高度重视，强调对水库要综合利用对水患要综合治理。70年代生态问题开始恶化后，周总理做出了许多批示，并且力排万难指示组团参加在瑞典首都斯德哥尔摩召开的联合国第一次人类环境会议，还于1973年8月以国务院的名义召开了环境保护工作会议。改革开放以来，生态形势日益严峻。以邓小平同志为核心的党的第二代中央领导

---

[1] 杨通进、高予远：《现代文明的生态转向》，重庆出版社2007年版，第8页。

集体在抓经济建设的同时，也非常重视环境保护和生态建设，不仅强调植树绿化、环境保护等具体的工作，更重要的是强调要处理好经济发展速度、人口结构增速、资源环境的承受能力等之间的关系问题，确立了经济建设必须与人口、资源、环境相协调的思想。以江泽民同志为核心的党的第三代中央领导集体则高度重视可持续发展思想和战略。于1994年发布《中国21世纪议程——中国21世纪人口、环境与发展白皮书》，确立了中国21世纪可持续发展的总体战略框架和各个领域的主要目标。党的十六大以来，以胡锦涛同志为总书记的党中央在带领全国人民全面建设小康社会的实践中，提出实践了科学发展观、构筑社会主义和谐社会、建设生态文明等思想理论，将中国生态文明建设的理论和实践推向了新的高度。特别是在党的十七大报告中，第一次明确提出建设生态文明，标志着中国正式将生态文明建设确定为发展战略。2012年召开的党的十八大进一步将生态文明建设放在突出地位，十八大报告首次单篇论述生态文明，首次把"美丽中国"作为未来生态文明建设的宏伟目标，把生态文明建设摆在总体布局的高度来论述，表明我们党对中国特色社会主义总体布局认识的深化；把生态文明建设摆在五位一体的高度来论述，也彰显出中华民族对子孙、对世界负责的精神。就学术界而言，20世纪80年代末，中国学者刘思华提出了"现代文明"是"物质文明、精神文明、生态文明的内在统一"的观点；1988年，刘宗超、刘粤生在《地球表层系统的信息增殖》中提出要确立"全球生态意识和全球生态文明观"；1995年6月，刘宗超在《生态文明观与中国的可持续发展》中对生态文明观的理论框架和实践模式进行了全面的论述；1997年5月，《生态文明观与中国可持续发展走向》首次提出"21世纪是生态文明时代，生态文明是继农业文明、工业文明之后的一种先进的社会文明形态"。至此，中国学者基本完成了生态文明观作为哲学、世界观、方法论的建构，这也标志着中国生态文明学派的诞生。2002年，刘宗超发表了《生态文明——21世纪人类的选择》的宣言论文，并于2002年发起筹办、2003年经国家批准正式成立了全球首家生态文明专门研究机构——"北京生态文明工程研究院"，该院的成立从机构建制、专家队伍、理论研究、政策研究、上书建言、国内外宣传等方面有效地促进了生态文明观的形成与发展，多年来在一系列实践模式上为生态文明建设和生态产业的发展切实发挥出了引领和示范作用。2003 年,《中国国情研究报告》在《创新的理论、成功的实践——刘宗超和他的"生态文明观"》一文中将刘宗超誉为全球"生态文明"第一人。[①] 此外,余谋昌、刘湘溶等学者在 20 世纪 80 年代便关注生态问题,对生态哲学、生态文化及生态伦理学进行了持续而深入的研究。可以说,中国现在正处于以负责任的姿态开展对生态文明的研究与实践探索的新时期。

二、生态文明的内涵特征

(一) 生态文明的内涵界定

当前学术界关于生态文明的内涵可以说是众说纷纭,许多学者从不同角度进行了界定。生态文明既是一个动态概念,也是一个时代概念。对生态文明内涵的科学理解,决定着对其本质、意义乃至建设路径的正确认识。从生态文明的内容来划分,主要有三种视角进行界定:第一种视角是从文明的角度阐述生态文明是人类生态建设所取得的物质与精神方面的成果;第二种视角是从人类处理与自然关系的程度来界定生态文明内涵;第三种视角认为,生态文明是人与自然、人与人的和谐状态。到底怎么界定生态文明,要考虑两个方面的因素。如赵成所言,生态文明概念作为文明范畴中的一个子范畴,不仅要具有文明的一般规定性,而且,还应具有不同于其他文明范畴的独特规定性,否则它就不具有独立存在的理由。[②] 从这两个角度出发可得出如下结论:第一种观点突出了文明的性质但没有凸显生态的内容;第二种观点则抓住了生态文明的根本和主要内容,认识到生态文明最迫切的任务就是处理好人与自然的关系,但是忽视了生态文明中人类自身的因素,忽视了处理人与自然的关系有赖于人与人的关系的调整。

基于以上分析,比较有说服力应该是第三种观点,即生态文明是指人

---

① 贾卫列:《生态文明的由来》,载《环境保护》2009 年第 13 期。
② 赵成:《生态文明的内涵释义及其研究价值》,载《思想理论教育》2008 年第 5 期。

类在追求人与自然、人与人的和谐过程中所取得的物质与精神成果的总和，表明人类更加自觉地创造自己历史的进步状态。理由如下：第一，从文明的角度出发，一方面，文明是人们社会实践活动的产物。只有人类活动参与并施加了影响的领域才可能有文明的存在，或者说文明是相对于人类这个主体来说的，离开了人类的实践活动就无所谓文明，原本单纯意义上的生态环境或自然界是本无文明可言的。因此，生态文明也是人类实践活动的产物。另一方面，文明是人类实践活动的积极成果，即只有对人类生存和发展有积极的、进步意义的活动成果才能成为文明的内容，那些腐朽的、落后的、反动的且不符合人类整体利益和持续发展的内容则不属于文明的范畴。根据文明的这两条特性，我们可知，所谓生态文明当然也是人们实践活动的成果，而且也是一种积极成果。① 第二，从生态的角度出发，现在的生态多指人类为主体的与人类相关各因素组合成的系统。因此，生态问题不仅是人与自然的关系问题，也涉及人与人的关系问题。再者，生态文明是针对生态危机提出来的，其着眼点是正确处理人与自然的关系以达到人与自然的和谐。这种创造生态文明的实践活动反映的是人与自然的关系，因而我们必须从人与自然关系或人与环境关系的角度去把握、认识生态文明。但是人与自然的和谐，离不开人与人之间的关系处理，特别是生态这样具有全球性的问题，必须要在全世界范围内协调人与人之间的关系才能得到妥善解决，甚至可以这样说，生态文明建设的关键就在于正确处理人与人之间的关系。所以，生态文明既是关于人与自然的问题，又是关于人与人的问题。早在19世纪，当生态问题在资本主义工业化进程中开始露出苗头时，恩格斯在《自然辩证法》一书中就做出了警惕自然界报复的预言，并且说："只有一个在其中有计划地进行生产和分配的自觉的社会生产组织，才能在社会关系方面把人从其余的动物中提升出来，正像一般生产曾经在物种关系方面把人从其余的动物中提升出来一样。"它的要义在于：一者在于把生态问题首先确立为人与自然的关系问题，二者认为生态问题与社会问题紧密相关。

综上所述，生态文明就是指在人类实践活动的基础上以人类为主体的

---

① 邱耕田：《对生态文明的再认识》，载《求索》1997年第2期。

生态系统的良好及进步状态，主要表现为人与自然的和谐及人与人之间的和谐。具体来说，生态文明包含三层含义：第一，人与自然的和谐是目标和根本内容。没有适宜的生态环境，不管人类多么发达，不能称为生态文明。第二，人与人的和谐是前提和关键。如果人们衣不蔽体、食不果腹、要为生存而挣扎，即使环境优美也不是生态文明；如果人们能够丰衣足食但矛盾丛生对立严重，也不可能建成生态文明。第三，人与自然的和谐、人与人的和谐相互促进相互影响。

（二）生态文明的主要特征

生态文明主要包括以下内容：一是生态文明意识，这是生态文明的先导。包括生态文明的有机论及整体性哲学思维、人与自然平等且可持续发展的生态文明伦理观、尊重爱护自然的道德观等。二是生态文明行为，这是生态文明的核心。包括发展有利于人与自然和谐的生产方式、消费方式及交往方式。三是生态文明制度，这是生态文明的保障。包括保障人与人之间民主平等的政治法律制度，保障生态型生产生活的经济制度与体制及国际交往合作的机制等。生态文明的主要特征表现在：

1. 整体性和区域性相结合。生态本身是一个以人类为主体的系统。生态文明则意味着这个系统的良好状态或进步状态。系统是由若干相关要素按照一定结构组合成的一个统一整体，系统要正常运转要求其注重整体性、优化结构性及尊重开放性等特征。所谓整体性，即我们应该把以人类为主体的生态系统当作一个有机统一的整体来对待，而不能只见树木不见森林，不能片面夸大某个要素而忽略其他要素及整体。整体性是系统的最本质特征。作为一种进步或良好的生态系统，生态文明也不例外，要求从整体上去把握生态文明，把人类社会与自然界看成是一个有机联系的整体。具体来说，生态文明的整体性从内容上看表现在以下三个层次：①自然界本身是一个整体。自然界蕴有万物，万物各有自己的演化规律，万物之间相互影响、相互作用，它们通过食物链、气候系统等统一起来。自然界作为整体，要求我们整体地对待自然，不能厚此薄彼，只管动物不管植物或只管这里不管那里，否则其结果往往是顾此失彼，最终导致自然界的裂变。②人类社会是一个整体。人类社会自产生后，通过实践活动形成了较鲜明的经济、政治、文化生活及领域，这三大主要领域相互影响、相互作用，构成一个统一整体。③人类社会与自然界是一个整体。这是生态文明整体性最根本最主要的体现。我们生活的地球原本是一个自为的自然界，当自然界逐步发展人类产生后才出现分化，人类与自然界具有明显的区别，具有社会性及能动性等特征。然而，虽然人类社会从自然界分化出来，却依然跟自然界保持着统一关系。自然界仍旧是人类生存和发展的必要条件，人类的所作所为可以影响自然界如环境污染，自然界也会反过来影响人类社会。所以，我们应认识到，人类虽然是生态文明的主体，但却不是自然界的主宰，不能把自然界当作人类征服的对象而为所欲为。生态文明的整体性要求人类突破民族、种族、国家、集团的界限，超越狭隘的个人利益和集团利益，强调全人类对地球环境的共同责任和义务，使全人类在更广泛的领域实现平等合作关系，以共同保护和建设地球家园。

此外，生态系统是由各方面及各层次的要素构成，其中包含一些更小的系统，因而又表现出一定的区域性。生态文明的区域性主要表现为在某一区域内生态系统的良好与进步状态。学者任恢忠、刘月生干脆把生态文明限定为某个特定区域的文明，在他们看来生态文明就是人类在某一地理区域中，建立起以物态平衡、生态平衡和心态平衡为基础的高度信息化的新的社会文明形态。① 生态文明的区域性表明人类可以在某个区域范围内（如国家或地区）建设生态文明，促进这个区域内生态系统的良好运转。但需要注意的是，生态系统的整体性最高表现即是它的全球性，全球性意味着世界各国的人都是人类这个整体的一部分，世界各地区的自然环境都是整个地球自然界的一部分，特别是气候、河流海洋等自然环境更表现为全球性。因而，任何局部的环境破坏行为，都会引起全球性的连锁反应；而全球性生态问题的存在，也势必影响每一个地域、每一个国家、每一个人的健康和生存。地域性的生活环境破坏与全球性的生态危机具有同质性和连续性。因此，探求生态环境问题的成因及其解决，应该坚持"全球问题和地域问题相统一的观点"，不仅需要国内的、地域的视野，更需要国际的、全球的视野。总之，生态文明的区域性是与整体性相统一的。整体性要通过区域性表现出来，区域性又依赖于整体性，不能过分强调区域

---

① 任恢忠、刘月生：《生态文明论纲》，载《河池师专学报》2004年第1期。

性而忽视生态文明的整体性,当然也不能仅热衷于全球整体性问题而忽视身边的具体区域性问题。

2. 多样性和统一性相结合。生态文明作为生态系统的和谐,其重要内涵是指这个系统内的各种要素和而不同,古语有云"和实生物,同则不继"(西周史伯,《国语·郑语》)。要素间的差异则体现出它们的丰富多样性。多样性是生态文明的本质特征,主要指生物多样性,但也包括人类活动方式的多样性。

生物多样性这一概念由美国野生生物学家和保育学家雷蒙德(Ramond. F. Das－man)1968 年在其通俗读物《一个不同类型的国度》一书中首先使用,是 Biology 和 Diversity 的组合。20 世纪 80 年代,"生物多样性"(Bio－diversity)的缩写形式由罗森(W. G. Rosen)在 1985 年第一次使用,并于 1986 年第一次出现在公开出版物上,由此"生物多样性"才在科学和环境领域得到广泛传播和使用。根据《生物多样性公约》的定义,生物多样性是指"所有来源的活的生物体中的变异性,这些来源包括陆地、海洋和其他水生生态系统及其所构成的生态综合体,这包括物种内、物种之间和生态系统的多样性"。1995 年,联合国环境规划署(NNEP)发表的关于全球生物多样性的巨著《全球生物多样性评估》(GBA)给出了一个较简单的定义:"生物多样性是生物和它们组成的系统的总体多样性和变异性。"

强调生物多样性的理由在于以下两方面:第一,生物多样性对于自然界本身的意义。一是生物多样性是自然系统内在丰富性的外在表现,是自然价值的体现。地球上生存着几千万种包括动物、植物和微生物在内的生物,形成了千姿百态的生物世界。二是生物多样性有利于生物圈的稳定性与活力。生物多样性具有重要的生态功能。生物一旦减少了,生态系统的稳定性就要遭到破坏。"可以认为,地球生态圈中的物种和生态系统的多样性越丰富,这种生态圈就越具有活力和稳定性。"① 第二,生物多样性对于人类的重要意义。一是生物多样性是人类生存和发展的重要条件。生

---

① [英]布赖恩·巴克斯特:《生态主义导论》,曾建平译,重庆出版社 2007 年版,第 32 页。

物多样性有利于维系物种、平衡自然、保护地球家园，具有重要的生态功能，是人类发展的重要条件。二是生物多样性有重要的经济价值。生物资源是国家重要的战略资源，具有宝贵的开发利用价值，对于加强农业、创新科技和促进发展都十分重要。三是生物多样性还可以增进人类的幸福感。生物多样性还有美学价值，可以陶冶人们的情操，美化人们的生活。"如果自然界尽可能的多样化，对人类来说，他们的生命活动与自然界之间紧密联系的选择机会就越来越多。这些都是增进人类幸福生活的重要因素。"① 生物多样性对人类甚至还有不为所知的潜在使用价值。

生态文明的多样性除了表现为生物多样性外，还表现在人类社会的多样性。人类社会多样性的原因在于：一是各民族国家人们的素质结构不一样。有的民族形成的时间较早，有的民族形成的时间较晚，因而其发展程度不同；不同民族的思维方式、风俗习惯不尽相同，因而其行事方式各异。二是各民族国家所处的自然环境不同。生活在高原地区与平原地区的居民生产生活方式不一样，游牧民族与农耕民族的生产生活方式不一样，自然条件的优劣也会影响到该民族国家的发展程度。人类社会多样性的表现主要有：种族的多样性、民族的多样性、风俗习惯的多样性、文化的多样性。其中最主要的就是文化多样性。文化的多样性是指各地区、各民族和各国社会实践所达到的水平和程度，体现了各地区、各民族和各国社会发展的特点和方式，也反映了人类社会生活的丰富性和多样性。文化的多样性，不仅表现为不同国家人们生产生活方式的不同，也表现为政治法律制度及道德与价值观念的不同。

正如生物的多样性是生物界进化的基础，文化的多样性也是人类社会进步的基础。多样性的文化是人类社会的现实，我们要建设一个繁荣稳定的世界，就必须容纳多样性的文化存在。没有各国多样性文化的共存、多样性文化的特色性、差异性和矛盾性及其相互交融和包容，也就谈不上世界的和谐性。在经济全球化日益升级的背景下，各国间的文化也发生激烈的交流与碰撞，这种文化的交流是不可遏制的，而且交流的范围越来越

---

① ［英］布赖恩·巴克斯特：《生态主义导论》，曾建平译，重庆出版社 2007 年版，第 32－33 页。

广,速度越来越快。不同国家间文化的交流极有可能促进人类文明的进步。

在强调生态文明多样性的同时,我们又要注意追求生态文明的统一性,这是由生态文明的整体性所决定的。生态文明追求的是人与自然的和谐及人与人的和谐,追求的是人类社会的进步。这要求我们对待自然应有一致的观念和共同的行动,如尊重自然、善待自然、保护自然,不能以各国文化传统的差异为借口再去做毁坏自然的事,生态文明的全球性更要求我们人类应该共同应对气候等问题。即使对于人类自己,我们在"存异"的同时也要注意"求同"。各民族、种族、国家及地区的人们固然思维方式、风俗习惯及文化传统等各异,但作为人类,应该尊重人类的共性,追求和实现普世价值如民主、法治、自由、人权等。因此,在建设生态文明的过程中,既要注意保护人类及自然的多样性,同时又要注意我们对人类及对自然尽可能形成一些共同的观念进而协调行动。

3. 阶段性与持续性相结合。生态文明是以人类为主体的生态系统的一种进步状态,这种状态不是一蹴而就的,也不是一成不变的。在生态文明的建设当中,会表现出明显的阶段性。这个阶段性的特征是由以下几方面的因素造成的:一是不同群体对生态文明的认识尚存在差异,在不同水平的生态意识指导下的实践也会有明显的差距。二是不同地区的发展程度不一样,也会影响到生态文明的建设从而使其表现出一定的阶段性。这个因素在发达国家与发展中国家之间对比就特别明显。发达国家由于完成了工业化过程,国家比较富强,人民生活水平较高,他们可以投入较多的资金技术去保护环境并且构建健全的社会保障体系;而发展中国家由于生产力较落后,人民生活水平不高,因此,摆在他们面前最重要的任务是发展经济,提高人民生活水平,技术及资金的有限可能影响他们开展生态文明建设。三是生态文明并没有一个最高的目标,人类对生态文明是一个不断探索的过程。在这个探索的过程中,人们的认识与实践将不断深入,但有时也会表现出低谷甚至倒退现象。这些因素导致生态文明建设会表现出以下两方面的阶段性特征:一方面是从空间的角度看,不同民族国家或地区的人们建设生态文明的程度会不一样,有的国家可能生态环境良好但社会和谐有待加强,有的国家社会比较和谐但生态环境不容乐观,有的国家还处于生态环境恶化与人民贫困、社会不和谐的双重困难之中。也有的国家已经步入生态环境与人民安居乐业相互促进的良性循环轨道。另一方面是从时间的角度看，不同时期由于人们认识或关注的焦点不同，开展生态文明建设的着力点也有所不同。如西方发达国家面临严峻的环境问题时特别关注水体污染和空气污染，但现在更关注的则是气候问题。或许在生态危机稍稍缓解后，人类又要更加关注自身的各种不和谐问题。生态文明的阶段性特征要求我们对待世界各国开展生态文明建设不能搞一刀切，应结合各个国家的不同国情有区别地开展工作，妄图各个国家各个地区齐头并进推行生态文明是不可能的，只能是善良的愿望而已。另外需要注意的是，我们不能寄希望于生态文明建设可以毕其功于一役而急于求成，毕竟世界各国对生态文明都还处于探索的过程，还没有形成完全科学客观的理论和成熟的做法，所以只能是一步一个脚印逐步推进，当然，也不能以此为借口而敷衍了事甚至驻足不前。

与阶段性相应的是生态文明还具有持续性的特征。持续性包括两个方面的含义：一是我们的工作应该有连续性，二是人类与自然的发展应该是可持续的。所谓工作的连续性，即我们不能以朝三暮四的心态来对待生态文明建设，而应持之以恒地坚持。因生态系统的整体性及统一性特征，如果我们只对某些方面青睐有加而保护或建设得很好，但却不能一以贯之地继续对待其他部分，那么，原本建设好的那些方面也会因为缺乏生态的整体支撑而功亏一篑甚至前功尽弃。当然，生态文明的持续性更重要的是表现在符合其自身要求的人与自然发展的可持续性。

可持续性是生态文明的一个突出特征。可持续发展包括可持续的生态环境和可持续的社会环境。可持续发展是1972年斯德哥尔摩世界环境大会正式提出的，现在普遍认同的内涵是1987年布兰特（G. H. Brundtland）等人在《我们共同的未来》中的定义："可持续发展是既满足当代人的需要，又不对后代人满足其需要的能力造成危害的发展。"这个定义表明了明确的态度，但是比较笼统不太充分。对可持续性内涵的理解，生态经济学家、生态学家和社会生态学家有着各自不同的表述。赫尔曼·戴利是系统阐述过生态可持续思想的先驱。他认为可持续性由三个部分组成。一是使用可再生资源的速度不超过其再生速度，二是使用不可再生资源的速度不超过其可再生替代物的开发速度,三是污染物的排放速度不超过环境的自净容量。① 生态学家摩翰·穆纳辛格和瓦特·希勒从保持生态系统潜力的角度,指出可持续性应该包括的三个方面的内容:一是生态系统应该保持在一种稳定状态,即不随时间衰减;二是可持续的生态系统是一个可以无限地保持永恒存在的状态;三是强调保持生态系统资源能力的潜力。这样,生态系统可以提供同过去一样数量和质量的物品和服务。他们强调,生态系统的潜力比之于资本、生物量和能量水平更应被看重。②

从以上学者的定义我们可以看出,他们对什么是可持续做了较为全面的界定,对人类实施可持续发展有着重要的指导作用。然而遗憾的是,他们大多只从生态环境的角度阐释了什么是可持续性,对于人类对自身应该怎么办就语焉不详了。美国生态社会学家查尔斯·哈珀则从人类生态学的角度去界定可持续性,使可持续性的内涵更加丰富。他认为可持续性与七个因素相关。一是要抑制人口增长并使之稳定。二是保存其生态基础,包括肥沃的土壤、草地、渔场、森林和淡水地层。三是要逐渐减少或停止对矿物燃料的使用。四是要有更高的经济效率,创造一个更类似于生态系统行使功能的经济。五是拥有与这些自然、技术和经济特性相和谐的社会形式。六是需要一个信仰价值和社会范式的文化,人类生活的自然环境更多地被看作是养育和维持生态系统而不是随意加以利用的环境。七是需要在其他社会的可持续性基础上与其他社会进行合作——按照他们的环境不同。③ 虽然哈珀对可持续的前景不是很乐观,但他的思想给我们以重要启示,即可持续发展不能仅仅盯在生态环境上,也应该关注人类社会环境的问题。由此引出可持续发展的第二方面的内容,即人类社会自身的可持续性。为了能够将一个可持续的社会环境留给子孙后代,我们应营造一个更加公正而平等的社会环境,包括建设一个能够使人们的基本权利在更大的范围内得到实现的制度文明;应适度控制人口规模,提高人口质量和人们受教育的水平;应倡导绿色生活方式和绿色消费。

---

① DalyH. Toward some operational principles of sustainable development'ecological economics [J]. [s. n.]. 1990 (2):1-7.
② 李振基:《生态学》,科学出版社2001年版,第472页。
③ [美]查尔斯·哈珀:《环境与社会》,人民出版社1998年版,第326-328页。

关注生态文明的阶段性与持续性。既要注意因地因时制宜开展生态文明建设，不能搞一刀切，同时又要注意可持续的远大目标，使建设工作具有长远性与连贯性。虽然哈珀说可持续只是一种乌托邦式的描述，但这并不意味着人们就可以无视眼前的困难及以前的教训，抱着一种顺其自然的消极态度。事实上，生态危机已经向我们发出了警告。为了人类的生存和发展，人类必须可持续地利用自然资源，必须创造一个公平公正的社会环境。我们要相信，只要有明确的目标，任何努力都可使我们向着目标前进。

第二节 新农村建设思想

"社会主义新农村"这一概念，早在 20 世纪 50 年代就提出过。20 世纪 80 年代初，我国提出"小康社会"概念，其中建设社会主义新农村就是小康社会的重要内容之一。第十六届五中全会所提建设"社会主义新农村"，则是在新的历史背景中，在全新理念指导下的一次农村综合变革的新起点。国内对新农村建设的关注已经由政策解读、路径探究逐步走向更为务实的实践建设阶段，研究内容涵盖新农村建设的背景、方向、动力、机制和创新等各个方面。

一、新农村建设的提出与进展

（一）新农村建设的提出

追溯历史，社会主义"新农村建设"并不是最近的产物，早在 20 世纪 50 年代的国家建设目标中就曾使用过这一提法。之后，1982 年到 1986 年的五个中央"一号文件"见证了中国农村的变革历程，只是当时中国建设社会主义新农村的时机尚未成熟，新农村建设的构想并未引起更多的重视。20 世纪 90 年代以来，有关新农村的研究引起更多人的兴趣，其中"浙江省九十年代社会主义新农村建设目标和对策的研究"课题组的系列研究探索，以及陆学艺提倡的以发展小城镇为中心的建设社会主义新农村运动的建议为地方政府和中央政府决策提供了依据,① 是该阶段比较富有代表性的研究成果。

1. 理论依据：农村问题首先是政策问题②。农业劳动是人类存在的基础,是其他一切劳动得以独立存在的基础和前提。农业在社会两大部分类生产中居于特别重要的地位,它决定了社会分工的发生和发展,也决定了其他物质生产部门和非物质生产部门的生产和发展。马克思指出:"社会上的一部分人用在农业上的全部劳动——必要劳动和剩余劳动——必须满足为以整个社会,从而也为非农业工人生产必要的食物;也就是使从事农业的人和从事工业的人有实行这种巨大分工的可能;并且也使生产食物的农民和生产原料的农民有实行分工的可能。"③ 对于农村和城市、农业和工业、农民和工人的关系,马克思和恩格斯也多次提及。1848 年,马克思和恩格斯在《共产党宣言》中指出:"但是,最先进的国家几乎都可采取下面的措施……把农业和工业结合起来,促使城乡对立逐步消灭。"④ 同时,在谈到实现共产主义的基本条件时,马克思又说道:"彻底消灭工农之间、城乡之间、脑力劳动与体力劳动之间的差别,是实现共产主义的首要条件。"⑤ 列宁在论述为社会主义建设而奋斗的时候曾经指出:"农民按其地位来说是非社会主义性的。但是,他们应当走上而且一定会走上社会主义的发展道路,因为除了和无产阶级结合,除了和社会主义工业结合,除了通过农民普遍合作化把农民经济引上社会主义发展的总轨道以外,没有而且不可能有其他足以使农民免于贫困和破产的道路。"⑥

对于中国的农业、农村和农民问题,党的前三代领导集体从毛泽东、邓小平到江泽民进行了长期不懈的探索,并且也取得了许多有建设性的理论成果,这些理论成果的取得对"建设社会主义新农村"历史任务的提

---

① 黄建伟：《建设社会主义新农村的研究现状述评和研究意义分析》,载《江西农业大学学报（社会科学版）》2006 年第 1 期。
② 张俊武：《"建设社会主义新农村"历史任务提出的依据探讨》,载《中共乐山市委党校学报》2006 年第 2 期。
③ 《马克思恩格斯全集》（第 25 卷）,人民出版社 1974 年版,第 716 页。
④ 《马克思主义经典著作选读》,人民出版社 1999 年版,第 54-55 页。
⑤ 《马克思主义原理》,学林出版社 1986 年版,第 69 页。
⑥ 《斯大林列宁主义问题》,人民出版社 1964 年版,第 171 页。

出有着直接的影响。

在社会主义道路上发展农业,是毛泽东对中国农业发展的原则性定论。毛泽东指出:"占国民经济总产值90%的分散的个体的农业经济和手工业经济,是可能和必须谨慎地、逐步地而又积极地引导它们向着现代化和集体化的方向发展的,任其自流的观点是错误的。"① 他认为,解决农民贫穷的根本途径在于变革农村关系,把农民组织起来,走农业合作化的道路,实行集体经营。他极力主张在农村消灭富农经济制度和个体经济国际环境制度,使全体农民共同富裕起来。毛泽东还主张在集体经济基础上发展农业技术,确定了在集体化进程中改造农业生产技术的基本观点,并且认为中国需要20到25年时间能够完成农业机械化的重任。他指出:"中国只有社会经济制度方面彻底地完成社会主义改造,又在技术方面,在一切能够使用机器操作的部门和地方,统统使用机器操作,才能使社会经济面貌全部改观。"②

从某种意义上说,"三农"问题首先是一个政策问题。政策的顺利实施可以调动广大农民的积极性和创造性,从而全面推进农村小康社会建设。邓小平说:"我们首先解决农村政策问题,搞联产承包责任制,搞多种经营,提倡科学种田,农民有经营管理的自主权。"③ 同时他还强调:"城乡改革的基本政策,一定要长期保持稳定。当然,随着实践的发展,该完善的完善,该修补的修补,但总的要坚定不移。"④ "科技兴农"必先兴科技。邓小平还高度重视科学对农业的作用。他说:"将来农业问题的出路,最终要由生物工程来解决,要靠尖端技术。对科学技术的重要性要充分认识。"⑤ 同时又强调:"要大力加强农业科学研究和人才培养,切实组织农业科学重点项目的攻关。"⑥ 中国传统的二元经济结构模式严重阻碍了农业和农村经济的发展,严重影响了农民生活水平的提高。因此,发

---

① 《毛泽东选集》(第4卷),人民出版社1968年版,第1322页。
② 《毛泽东选集》(第5卷),人民出版社1977年版,第188页。
③ 《邓小平文选》(第2卷),人民出版社1993年版,第81页。
④ 《邓小平文选》(第2卷),人民出版社1993年版,第371页。
⑤ 《邓小平文选》(第2卷),人民出版社1993年版,第275页。
⑥ 《邓小平文选》(第2卷),人民出版社1993年版,第23页。

展乡镇企业，推进农村城镇化是解决"三农"问题的必由之路。邓小平说："乡镇企业很重要，要发展，要提高。"① "农民积极性提高。农产品大幅度增加。大量农业劳动力转到新兴的城镇和新兴的中小企业。这恐怕是必由之路，总不能老把农民束缚在小块土地上，那样有什么希望？"②

20世纪90年代，对于如何推进农村的改革，江泽民的有关论述为我们提供了基本的思路："深化农村经济体制改革，总的目标是建立以家庭承包责任制为基础，以农村社会化服务体系、农产品市场体系和国家对农业的支持保护为支撑，适应发展社会主义市场经济要求的农村经济体制。"③ 对于"科技兴农"，江泽民也指出："要大力推进科教兴农，发展高产、优质、高效农业和节水农业。积极发展农业产业化经营，形成生产、加工、销售有机结合和相互促进的机制，推进向农业商品化、专业化、现代化转变。"④

2. 现实依据："中国就是欧洲加非洲？"步入21世纪的中国现代化进程，部分城市的快速崛起与部分农村的发展无力是两幅不和谐却相互交织的画面，加上渐渐拉大的地区差距，让人们看到了城乡差距拉大加剧之势的危险。这是提出"建设社会主义新农村"的深刻现实背景。

一组数据是令人吃惊的。2004年全国城乡居民收入差距为4∶1，若考虑城市居民的各种福利性补贴，城乡居民实际收入差距约为5.6∶1；而改革之初的1978年，这个比例是2.5∶1。这一差距反映的是发展上的差异。而城乡之间在教育、医疗、社会保障、公共设施上的差距则更大：农村初中文化程度以上的占39.1%，远低于城市65.4%的水平；截至2005年年底，90%左右的农民是无保障的自费医疗群体；全国还有一半的行政村没有通自来水；60%以上的农户还没有用上卫生的厕所……

有一位专家讲过这样一个故事：有一位瑞士驻华大使，回国后有人问其对中国的总体印象。他说，中国有3亿多人口的城市和欧洲差不多，8

---

① 《邓小平文选》（第2卷），人民出版社1993年版，第355页。
② 《邓小平文选》（第2卷），人民出版社1993年版，第213-214页。
③ 《中共中央文献研究室：十五大以来重要文献选编（上）》，人民出版社2001年版，第153页。
④ 《江泽民同志理论论述大事纪要（上）》，中共中央党校出版社1998年版，第242页。

亿多人口的农村和非洲差不多,欧洲加非洲就是中国。过大的城乡差距在推进城市化和现代化的道路上,堆起了一座大山,如果农村凋敝了,农民贫困了,必然会危及我们这样一个人口大国的"粮袋子""菜篮子"。难以想象以后几十年照此发展下去,中国的城市化发展到50%～60%的水平,还有7亿到9亿人生活在落后农村的情形。

当时中国的国情,彼时城市化中出现的矛盾,都令中国高层思考着到底走什么样的城市化道路,如何调整城乡关系,又如何进行乡村建设,为中国人的大多数农民谋福祉。据权威人士透露,在"建设社会主义新农村"提法酝酿过程中,中央曾派考察团到拉美考察城市化问题,到韩国考察"新村运动"。拉美一些国家由于城乡差距过大在城市中形成大量贫民窟的现象,显然是中国必须设法避免的,"十一五建议"中特别强调城镇化必须"健康"发展,即含此意。韩国"新村运动"的实践,则让中国的高级智囊们形成了一种认识,在工业化和城市化高速发展的同时是可以避免城乡居民收入差距拉大、城乡发展差距拉大的。

有统计资料显示,2004年韩国的人均GDP达到14000美元,城乡居民收入是1:0.94,而从20世纪70年代到现在,韩国城乡居民的收入始终是1:0.8～0.9。以支持农村的基础设施建设为核心内容的"新村运动",是带来城乡和谐发展的主要原因之一。据权威人士透露,赴韩国考察"新村运动"的专家们回来后形成了"关于韩国'新村运动'的考察报告"和"关于在我国进行社会主义新农村建设的建议"两份报告,为中央决策提供了重要参考。

3. 正式提出:一个新提法,一个新时代。"社会主义新农村"提法正式出台之前,为破解"三农"难题,一些地方已进行了乡村建设的实践。如上海的郊区城市化、城市郊区化,郊区农村的收入甚至超过城市收入;浙江的"千村示范,万村整治";等等。

进入21世纪,我国经过多年的经济发展,客观上已进入了"工业反哺农业,城市带动农村"的阶段,这是"社会主义新农村"被提出的另一个重要背景。一方面,从国际上看,许多国家在工业化过程中都经历了由农业为工业化提供积累转向对农业进行保护的过程。改革开放前,我国通过工农产品价格剪刀差从农业部门取得巨额资金。中国的城市化进程加速后，农地在低水平估价下大量转为非农地，农民工又长年保持极低的工资水平，这二者对城市化和工业化的贡献都是巨大的。可以说，中国农业为工业化提供的积累，无论是资金之巨还是时间之长，都是世界上任何一个国家所没有的。

另一方面，随着我国经济的快速增长和综合国力的明显增强，对农业提供支持和保护的条件已初步具备。这从一些重要的经济数据可以一目了然：2003年中国人均国内生产总值按当前汇率计算达1000美元以上，农业和非农业的产值结构约为15∶85，农业与非农产业的就业结构大约为50∶50，城镇化水平为40.5%。这四项指标表明，我国已进入了工业化中期阶段。国际经验表明，进入这一阶段，不同的国家都根据各自的国情对农业进行反哺。21世纪以来，国家已经开始加大对"三农"的支持力度。农业税逐步取消，"皇粮国税"退出历史视野。2004年的"两减免、三补贴"政策使农民直接受惠451亿元；2005年政策力度加大，农民直接受惠比上年又增加251.4亿元。这都是历史上从来没有过的。① 此后中央财政不断加大投入力度，补贴资金规模连年大幅度增长。2011年中央财政"四项补贴"资金总额达到1406亿元，比2010年增加180亿元。②

社会主义新农村建设的思路，发轫于中共十六大。在2002年党的十六大上，中央首次提出解决"三农"问题必须统筹城乡经济社会发展，开启了破除城乡二元体制的历史进程，第十六届三中全会将统筹城乡发展放在"五个统筹"之首；一年后，胡锦涛总书记在第十六届四中全会上提出了著名的"两个趋向"论断，指出中国已经进入以工补农、以城带乡的阶段；在2005年党的十六届五中全会上，则正式提出要"建设社会主义新农村"。社会主义新农村建设思想的提出，既是进一步落实以人为本的科学发展观和构建社会主义和谐社会的需要，也是寻求解决"三农"问题的新思路、新举措和创新"三农"理论的需要，还是在新的发展阶段适应新的发展形势的需要。自此以后，有关新农村建设的研究与讨论得

---

① 黄惠：《"建设社会主义新农村"提法的由来》，载《瞭望新闻周刊》2005年11月12日。

② 汝信、付崇兰：《中国城乡一体化发展报告（2012）》，社会科学文献出版社2012年版，第4页。

以全面铺开。学术界进行的乡村建设试验，如河北翟城村的晏阳初乡村建设学院、河南兰考县的乡村建设试验，起到了先导性作用。① 同时，各级地方政府也进行了积极的实践探索，短时间内涌现了若干新农村建设的模式，如典型的"赣州模式""绍兴模式"等。

(二) 新农村建设的进展

我国是一个农业大国，农业是国民经济的基础，但目前某些地区农村经济发展仍然滞后，农业地位仍然薄弱，农民增收依旧缓慢，严重制约了国民经济的发展。因此，探索一条符合我国国情的新农村建设道路势在必行。

1. 政策进展：从党的十七大到十八届三中全会。2007年党的十七大报告提出要"统筹城乡发展，推进社会主义新农村建设"，并明确指出"解决好农业、农村、农民问题，事关全面建设小康社会大局，必须始终作为全党工作的重中之重。要加强农业基础地位，走中国特色农业现代化道路，建立以工促农、以城带乡长效机制，形成城乡经济社会发展一体化新格局。……培育有文化、懂技术、会经营的新型农民，发挥亿万农民建设新农村的主体作用"。第十七届五中全会提出"在工业化、城镇化深入发展中同步推进农业现代化"，作为"十二五"时期的一项重大任务，统筹城乡、"三化同步"等理念逐步加强。

2012年，党的十八大进一步强调指出，"解决好农业农村农民问题是全党工作重中之重，城乡发展一体化是解决'三农'问题的根本途径。要加大统筹城乡发展力度，增强农村发展活力，逐步缩小城乡差距，促进城乡共同繁荣。坚持工业反哺农业、城市支持农村和多予少取放活方针，加大强农惠农富农政策力度，让广大农民平等参与现代化进程、共同分享现代化成果。……加快完善城乡发展一体化体制机制，着力在城乡规划、基础设施、公共服务等方面推进一体化，促进城乡要素平等交换和公共资源均衡配置，形成以工促农、以城带乡、工农互惠、城乡一体的新型工农、城乡关系"。

---

① 王景新：《我国新农村建设的形态、范例、区域差异及应讨论的问题》，载《现代经济探讨》2006年第3期。

2013年,第十八届三中全会作为打造中国升级版改革发展的一次历史性会议,更加明确地指出"城乡二元结构是制约城乡发展一体化的主要障碍。必须健全体制机制,形成以工促农、以城带乡、工农互惠、城乡一体的新型工业城乡关系,让广大农民平等参与现代化进程、共同分享现代化成果。要加快构建新型农业经营体系,赋予农民更多财产权利,推进城乡要素平等交换和公共资源均衡配置,完善城镇化健康发展体制"。

2014年12月召开的中央农村工作会议提出,要"积极稳妥推进新农村建设,加快改善人居环境,提高农民素质,推动'物的新农村'和'人的新农村'建设齐头并进"。"物的新农村"是指道路、饮水、电力设施和住房条件等人居环境的改善。推进"人的新农村"是指建立健全农村基本公共服务、关爱农村"三留守"群体、留住乡土文化和建设农村的生态文明。会议首次提出"人的新农村",凸显中央对新农村建设的更高要求。国务院发展研究中心研究员程国强认为,"今后一要建立农村留守老人、儿童、妇女的关爱服务体系;二要做好农村传统文化、乡土文化的保护,不让农村变成荒芜的农村、留守的农村和记忆中的故园;三要做好农村生态环境的治理和保护"。①

2. 实践进展:总体上看,健康开展、扎实推进。在政府主导和社会推动下,通过免除农业税、发放农业补贴、建立农村社会保障体系等具体举措,新农村建设扎实推进,有了较大的发展。其中,在生产发展方面,粮食产量增产虽有波动,但依然有了较大的增长,2003—2012年我国粮食产量连续增长,累计增产约1.5亿吨;生活宽裕方面,农民人均收入持续增长,膳食结构显著改善,住房条件明显改观,农户耐用消费品数量持续增加,结构不断完善;乡风文明方面,弱势群体得到了关注,村民之间关联度提高,社区刑事案件发生率略有下降;村容整洁方面,电网改造、道路修整、改水改厕等方面有了很大的改进;管理民主方面,通过基层民主建设,形成农民参与管理的治理结构,保障了民主权利。从总结上看,新农村建设虽然在局部地区也存在一些倾向性、苗头性的问题值得重视,但总体上还是健康开展、扎实推进,表现为内容逐渐完善、标准逐渐提

---

① 《中央农村工作会议首次提出"人的新农村"》,载《京华时报》2014年12月24日。

高、实现率逐渐上升。①

其一,生产条件与生产方式进一步改善。"生产发展"是新农村建设的第一要务,在新农村建设中,各地都以建设现代农业为重点,中央和地方都不断加大对农业基础设施、科技推广、农产品贸易等的支持力度,努力提高农业机械化水平和农业的生产效率,积极推进产业结构调整,优化种养结构,大力促进农业产业化经营。江西、山西等省大力发展"一村一品"和"一乡一业",以特色产业来带动发展,广东省以"万村千乡"市场建设试点工程为突破口,全面推进全省农村市场体系的建设。各地农业生产经营集约化程度和质量效益都有不同程度的提高,村集体经济进一步发展壮大,农民经营性收入、工资性收入和财产性收入持续增长。

其二,生活质量与生活方式进一步改善。各地在实施强农惠农政策,促进农业增产、农民增收、农村发展的过程中,不断加大公共财政对农村民生事业的投入力度,切实提高农村义务教育和基本医疗服务水平,着力促进城乡总体规划、基础设施建设、社会保障体系、劳动力技能培训,加快实施农村饮水安全工程、农房改造工程、村道硬化工程等建设,广大农村基本实现了通水、通电、通公路,城乡基本公共服务均等化水平逐步提高,农村基本养老和新型农村合作医疗覆盖面不断扩大,农民生活质量显著提升,农村现代文明生活方式得到不同程度的普及。

其三,乡风文明与精神面貌进一步改善。各地在新农村建设中,都比较重视农村文化阵地建设,以农民喜闻乐见的方式,引领农民转变思想、更新观点、清除移风易俗,着力增强农民的集体意识、民主意识、法治意识、公德意识和生态意识,积极倡导讲理想、讲科学、讲文明、讲法纪、讲和谐的良好风尚,持续实施农村社会治安综合整治,妥善处理各类矛盾纠纷,坚持不懈扫除"黄、赌、毒"。各地还广泛推出了形式多样的培训项目,推进了"农家书屋"工程建设。农民文明素质不断提高,农村社会文明进步步伐加快。

其四,村容村貌与人居环境进一步改善。许多省份把改善同农民群众切身利益息息相关的农村人居环境作为新农村建设的突破口,大力开展村

---

① 李周:《中国新农村建设实践研究》,载《东岳论丛》2013 年第 8 期。

庄整治建设，对"脏、乱、差"现象进行重点治理，不断深化生态文明村创建活动，着力转变农民传统生产、生活方式，大大改善了村容村貌和农村卫生状况，农村开始步入资源节约型和环境友好型的发展轨道。

其五，乡村管理民主程度进一步改善。乡村领导班子和工作作风建设始终是新农村工作建设的一个重点，各地在新农村建设启动、展开和发展的过程中，始终重视农村"两委"班子建设和努力转变基层工作作风，努力提高"两委"工作能力，建立并完善党支部领导下的充满活力的村民自治运行机制，完善村务公开、财务公开制度，让广大农民群众真正享有村务知情权、参与权、管理权和监督权，完善"一事一议"制度。①

二、新农村之"新"在何处

国内对新农村建设的关注第一个阶段是对中央政策的解读，中央明确提出建设社会主义新农村目标后，政学两界就新农村建设的背景、意义、内涵、创新等进行了全面的分析和解读；第二个阶段是对新农村建设的路径探究，在领会了中央政策之后，针对如何建设新农村，以及农村发展中的人、财、物等方方面面进行了详尽的讨论与探索；之后新农村研究进入第三个阶段，即实践建设阶段，各级政府因势利导、因地制宜建设新农村，涌现出不少建设典型，具有借鉴和推广价值。

（一）新农村建设的内涵与目标

新农村建设是新的历史阶段新的行动纲领，是"工业反哺农业、城市反哺乡村"的新思路，要求采取新的举措把农村生产力水平推上新台阶，使农民收入达到新高度、农村基础设施和村庄整治呈现新面貌，开创农业和农村工作的新局面。

1. 内涵：新农村建设是什么？社会主义新农村建设的基本内涵包括"生产发展、生活富裕、乡风文明、村容整洁、管理民主"。简短的二十字，不仅勾勒出一幅令人向往的现代化的美丽图景，也契合中国传统文化

---

① 《新农村建设模式研究》联合课题组：《新农村建设模式研究》，载《农村财政与财务》2013年第3期。

对于乡村社会的想象。

新农村之"新"在何处？首先"新"在新农村建设有一个全新的环境和背景，亦即我国已进入"以工补农、以城带乡"的阶段。要让公共财政大幅度向农村倾斜，让城市大门向农民敞开；社会主义新农村建设最核心的问题应该是"钱从哪来？花到哪去？"关键是从中央到地方都要自觉调整财政支出结构，形成各级财政支持"三农"的良好氛围。新农村建设必须以政府为投资主体，才会得到农民的拥护。"三农"政策应从"少取"扩展到"多予"，重点解决社会主义新农村建设的资金问题。其次，社会主义新农村还"新"在它是一个经济、政治、文化、社会建设和生态建设五位一体的综合概念。绝不能把新农村建设片面地理解成"新村建设"，不是农民住进了小区就算建成新农村了。最后，新农村之"新"还体现在它的以人为本理念上，新农村建设对"人"的尊重体现在两方面：一是"农民自愿"原则，二是培育和造就新农民。"农民自愿"原则要求必须首先考虑农民的真实需求，问题的关键不是政府给农民什么，而是农民需要什么。新农村建设不能搞成形象工程和政绩工程。"新农民"则是要通过发展农村的文化教育事业，培养"有文化、懂技术、会经营的新型农民，提高农民的整体素质"，其根本是要给农民一个平等的自我发展的空间。

新农村建设既包括农村生产力的发展，也包括农村生产关系的调整；既包括农村的经济基础，也包括农村的上层建筑，涵盖农村工作的各个方面；既要重视农村基础设施建设，又要重视农村新型管理制度构建；既要重视村容村貌的改变，又要注重文明乡风的形成；既要重视农民物质生活质量的提高，又要重视农民素质的提升和农村社会事业的发展。最终目标体现在经济建设、政治建设、文化建设、社会建设的四位一体上。无论是新村貌、新产业、新生活、新风尚、新组织，还是新房舍、新设施、新环境、新农民、新风尚，归根结底，新农村建设的核心就是通过国家整合，将资源尽可能地向乡村配置并激活农村内在的发展动力。

2. 目标：新农村建设为什么？"社会主义新农村"是指在社会主义制度下，反映一定时期农村社会以经济发展为基础，以社会全面进步为标志的社会状态。社会主义新农村建设是指在社会主义制度下，按照新时代的要求，对农村进行经济、政治、文化、社会和生态等方面的建设，最终实现把农村建设成为经济繁荣、设施完善、环境优美、文明和谐的社会主义新农村的目标。主要包括以下几个方面：一是发展经济、增加收入。这是建设社会主义新农村的首要前提。要通过高产高效、优质特色、规模经营等产业化手段，提高农业生产效益。二是建设村镇、改善环境。包括住房改造、垃圾处理、安全用水、道路整治、村屯绿化等内容。三是扩大公益、促进和谐。要办好义务教育，使适龄儿童都能入学并受到基本教育；要实施新型农村合作医疗，使农民享受基本的公共卫生服务；要加强农村养老和贫困户的社会保障；要统筹城乡就业，为农民进城提供方便。四是培育农民、提高素质。要加强精神文明建设，倡导健康文明的社会风尚；要发展农村文化设施，丰富农民精神文化生活；要加强村级自治组织建设，引导农民主动有序参与建设事业。

社会主义新农村应该有新房舍、新设施、新环境、新农民、新风尚。生产水平自动化、生产方式规模化、吃穿住用行都健康化并且能够跟得上时代潮流，生态环境良好、生活环境优美，社会关系和谐，农民具有现代化素质、精神文明有所提高。只有正确理解并明确社会主义新农村的新内涵，才能目标明确、有的放矢、卓有成效。① 未来的新农村要建成两种类型，一种为适合经济发达地区的"现代社区型新农村"，人口相对集中、各种软硬件设施齐全、居住宽敞、生活稳定、周边环境良好、民主政治进步、人际关系和谐、物质生活和精神生活都比较优越；另一种为"生态型新农村"，生态环境良好、生活环境优美、居住环境卫生、民主政治进步、人际关系和谐、物质生活和精神生活比较优越，适合中西部经济欠发达地区的农村建设。②

（二）新农村的类型与特征

根据农村发展的动力来源和新农村建设影响因素分类的结果，新农村建设模式从理论上可以按照两级进行分类，第一级是从动力机制层面分为

---

① 沈敬：《社会主义新农村建设存在的问题及对策探讨》，载《经济研究导刊》2013年第9期。

② 郭少华、张梅龙：《中西部地区新农村建设对策研究》，载《商场现代化》2006年第2期。

三大类，即外源拉动主导型、内源推动主导型和均衡推动发展型。第二级是从影响因素性质层面分为十小类：外源拉动主导型模式主要包括工业带动型、城镇建设带动型、劳务输出带动型、科技带动型四类，内源推动主导型模式主要包括农业产业化带动型、能人带动型、生产组织带动型、资源环境开发利用带动型四类，均衡推动发展型模式主要有休闲产业带动型和商贸市场带动型两类。

1. 外源拉动主导型模式。外源拉动主导型模式主要指工业化、城市化等外源驱动力大于农村自我发展能力，农村发展可以通过利用城市的资金、技术、环境等生产要素发展经济，实现农民、农业非农化，推动农村的工业化、城镇化。在城市中心周边的广大农村地区，受城市的工业化、城镇化、市场化的辐射带动作用大，新农村建设多以外源拉动主导型模式为主。

2. 内源推动主导型模式。内源推动主导型模式主要指农村自我发展能力超过工业化、城镇化等外源驱动力对农村发展的影响，主要依靠农村本身的资金、技术、人才、资源等生产要素发展经济，通过利用农业科学与工程技术，改善农业生产生活环境，实现农民增收、农业增产。具体来讲，一是以地域内的文化、技术、产业为基础，以地域内市场为主要研究对象进行开发；二是在环境保护的前提下，通过自然保全、创造舒适的生活空间、繁荣经济文化等的综合开发，来实现经济发展；三是开发具有地域特色的产业，并创造出高附加值的关联产业来；四是为了提高资本与土地等资源的利用效率，建立由本地居民参加并享有充分自主权的地域经济自治体。

3. 均衡推动发展型模式。均衡推动发展型模式主要是指农村自我发展能力与外源驱动力相差不大，新农村建设的方式和路径多样，在自我发展能力与外部动力共同作用下，通过休闲产业带动、商贸市场带动等方式，实现农业增效、农民增收，改善农村设施条件和居住环境，实现新农村建设目标。具体来讲，新农村建设的带动模式与发展类型是在自身条件基础上所选择的行动结构和路径策略，取决于不同的区域条件、产业发展基础等因素，具有其特有的约束条件和关键性问题，都是与经验主体相对应的，因而具有不同的建设条件和建设重点。总结和探讨区域发展基本模式，重点是认识和理解各区域发展模式的内在逻辑及规律，以便针对自身的发展条件，探索具有自己特色的发展路径。①

新农村的特征是什么？未来的新农村将建成什么样子？有学者用具体化、形象化、简单化的语言进行了描述："生产发展"——人人有事干，户户有钱赚；"生活宽裕"——吃住不用愁，医学不用忧；"乡风文明"——邻里如一家，遵纪又守法；"村容整洁"——村村美如画，庄庄开鲜花；"管理民主"——村干部拿意见，村民说了算。还有人则对新农村进行了量化界定：农民人均纯收入超过5000元，村中80%以上的住宅房是砖混结构，农村道路是水泥或柏油路，村中人畜饮水是自来水，80%的家庭拥有彩电，50%的农户装有电话（含手机），每个自然村至少有1台可上网的电脑，村中无因贫困而失学者，80%的农民对村务决策和运行比较满意，95%以上的村民在本村具有安全感。②

三、新农村建设的"广州模式"

改革开放30多年以来，广州作为珠三角的区域中心城市一直充当着经济社会发展排头兵的角色。2002年广州地区GDP超过了3000亿元，从2004—2009年，广州经济总量每年增长一个千亿级，连上六个千亿元台阶，2010年首次突破万亿元，成为国内继上海、北京之后第三个进入GDP万亿元的城市，也是首个经济总量过万亿元的省会城市，实现了历史性跨越；2011年GDP达12423亿元，比2002年增长2.1倍，年均增长13.6%，经济总量在全国各大城市保持第三位。③ 2012年，广州市实现地区生产总值（GDP）13551.21亿元，按可比价格计算，比上年增长

---

① 何龙娟、陈伟忠、康永兴、张艳平：《统筹区域协调发展背景下我国新农村建设模式的基本特征分析》，载《经济问题探索》2013年第6期。

② 王征兵：《什么是新农村》，http://wwwty1996.blog.163.com/blog/static/123806369200972961545118/，2007年8月9日。

③ 广州市统计局、国家统计局广州调查队：《2011—2012数据广州：广州市经济社会统计报告》，广东经济出版社2012年版，第3页。

10.5%。① 2013 年,广州市实现地区生产总值(GDP)15420.14 亿元,按可比价格计算,比上年增长 11.6%。② 广州的经济基础较好,经济发展实现历史跨越,城市综合实力显著提升,总体上具备了以城带乡、以工哺农的条件。

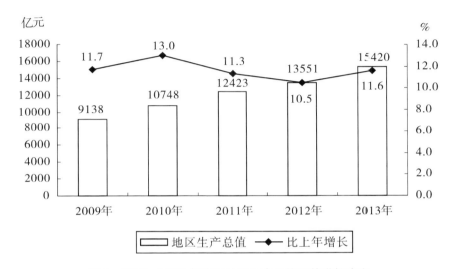

图 1 2009—2013 年广州地区生产总值及其增长速度

(一) 工业发展带动型为广州农村发展的主要特色

广州新农村建设突出中心村、中心镇的集聚力,走工业化、城镇化的道路。农村地区的发展,最多的即是工业发展带动型,其次是综合发展型,再次是商贸流通带动型,而鲜有旅游带动型。从土地处理与利用的形式所反馈的信息来看:土地用于租赁或转让的为 31.64%,建筑厂房的为 31.64%,村民自己耕种占了 24.49%,做其他用途的是 12.24%,任其荒废的为 6.12%。大多数农村都选择了工业发展为主,有效的指导在很大

---

① 广州市统计局:《2012 年广州市国民经济和社会发展统计公报》,http://www.gzstats.gov.cn/tjgb/qstjgb/201304/t20130401_32641.htm,2013 年 3 月 20 日。

② 广州市统计局、国家统计局广州调查队:《2013 年广州市国民经济和社会发展统计公报》,http://www.gzstats.gov.cn/tjgb/qstjgb/201403/P020140320386443594433.doc,2014 年 3 月 19 日。

程度上促进了该地区的经济发展。值得注意的是，广州的新农村建设中在生产发展的环节上几乎都有专门的机构或部门进行指导或监督。其中村委会进行指导的有70.4%，专门的协会进行指导的占13.3%，其他渠道的为13.3%，无指导的只有8.1%。①

广州市充分利用大城市区位、资金、技术、信息等优势，大力推进农业结构战略性调整，发展以现代化都市型农业为基本特征的特色农业，初步形成了适应市场需求和城市发展需要的近、中、远郊三个圈层的现代农业布局和生产体系，农业综合生产能力显著提高。蔬菜、岭南水果、花卉园艺、畜牧、水产、种子种苗和观光休闲农业等七大优势产业规模不断扩大；标准化农田的面积继续增加；农业龙头企业的实力不断增强；四大农产品批发市场的集聚辐射能力明显提高；农业科技水平始终处于全省领先地位，全市农业综合生产能力大幅提升。

2013年全年粮食作物播种面积89.75千公顷，与上年持平；甘蔗种植面积6.68千公顷，增长3.1%；油料种植面积7.14千公顷，减少0.8%；蔬菜种植面积139.5千公顷，增长1.8%。2013年全年粮食产量43.55万吨，减少3.1%；甘蔗产量77.39万吨，增长1.2%；油料产量1.90万吨，增长0.6%；蔬菜产量345.37万吨，增长3.1%；园林水果产量40.39万吨，增长0.3%；茶叶产量61吨，与上年持平。2013年全年肉类总产量32.75万吨，增长2.1%。其中，猪肉产量17.38万吨，增长1.3%；禽肉产量13.74万吨，减少6.7%。全年水产品产量47.28万吨，增长4.3%。其中，海水养殖7.83万吨，增长5.1%；淡水养殖39.45万吨，增长4.2%。2013年全年都市农业总收入1758亿元，增长3.5%。都市农业总产值1298亿元，增长3%。市级以上农业龙头企业达到94家，其中，国家级龙头企业7家，省级龙头企业24家，都市农业示范区30个。农业产业化产值89亿元，增长4%；农业产业化规模达24亿元，增长1%。②

---

① 祝建民、李婷：《广州近郊特色新农村建设的症结与对策》，载《中国乡镇企业会计》2008年第5期。
② 广州市统计局、国家统计局广州调查队：《2013年广州市国民经济和社会发展统计公报》，http://www.gzstats.gov.cn/tjgb/qstjgb/201403/P020140320386443594433.doc，2014年3月19日。

(二)"工业反哺农业、城市支持农村"的条件已经成熟

目前,广州综合经济实力已经迈上新的台阶,大力实行工业反哺农业、城市支持农村方针的时机和条件已经完全成熟。2013年全年来源于广州地区的财政一般预算收入4430亿元,增长3.0%。其中,国税部门组织收入2580亿元,增长1.9%;地税部门组织收入1338亿元,增长9.8%。地方公共财政收入1141.79亿元,增长10.8%。地方公共财政支出1384.72亿元,增长8.9%。① 另外,广州农民外出务工收入相对颇丰,这与其优越的地理位置与方便的就业渠道关系密切。即使遇到资金周转不灵的时候,大多数村民都会选择向亲戚朋友借钱来解决问题,选择信贷以及其他途径的相对较少。

自第十六届五中全会提出新农村建设的议题以来,广州市委、市政府按照统筹城乡发展的要求,采取了一系列支农惠农的重大决策,不断加大对三农问题的投入,有力地促进了广州农村经济社会全面的发展。近年来,全市加大力度改善村民的物质生活条件,促进社会保障工作进展。市本级财政安排大笔涉农资金,大力推进实施十项民心工程,解决城乡弱势群体生活问题。近些年,全市农民收入持续增长,"菜篮子"供给能力显著增强;认定从化的万花园、南沙的都市农业产业园等8个首批市级现代农业园区,现代农业发展平台形成雏形;山区农村扶贫开发成效突出,基础设施有较大改善、民生保障有较大提高,从2012年开始,花都、从化和增城农村低保标准统一提高到420元,山区农民的社会保障又上了一个新台阶;先后安排数十亿元用于中心镇交通路网、供电、供水、污水和垃圾处理等重要基础设施和公共设施建设;实施"青山绿地"和"蓝天碧水"工程,构筑"山、水、城、田、海"的生态城市;等等。目前,广州呈现农民收入不断增长、农民负担持续减轻等良好势头,医疗、教育等问题得到了明显改善。

城市工业向农村转移是支持农村发展经济基础的一种重要手段。农村的发展要有统一的规划,要在促进发展的同时保护农村的生态环境。同

---

① 广州市统计局、国家统计局广州调查队:《2013年广州市国民经济和社会发展统计公报》,http://www.gzstats.gov.cn/tjgb/qstjgb/201403/P020140320386443594433.doc,2014年3月19日。

时，以城市的专业化生产服务于农村发展，如利用城市的农业专业服务等为农村提供技术帮助。从农村发展的角度分析，则必须加强农村发展的规划，做到有计划、协调、有序发展，建设新农村，规划要进村。从广州的情况来看，已从前几年便开始重视农村的规划工作，首次把1146个村庄纳入新编制的2020年城市总体规划。目前已经完成所有村庄的控制性规划，正在逐步推进修建详细规划，2007年完成327个村庄规划，严格控制新的"城中村"出现，合理化农村的生活、生产方式。① 从2012年2月起广州开展美丽乡村建设工作，至2012年12月美丽乡村试点建设工作已在全市11个区（县级市）全面铺开，市、区（县级市）、镇、村联动，各项工作推进有力，进展顺利。

（三）广州加快推进中心镇建设和都市型现代特色农业

近年来，全市进行行政区划调整，壮大了中心镇规模。这不仅有利于精简机构，促进政府职能转变，降低管理成本，节约国家财政开支，减轻农民负担，而且也将促进卫星城和中心镇的建设和发展，发挥辐射和带动作用。一批中心镇已经逐步发展成为设施配套、环境舒适、具有较强集聚力和辐射力的农村区域中心。广州市新农村建设的模式，必须紧紧依赖于中心镇的建设。一方面，推进有广州特色的中心镇建设，是从根本上解决广州市"三农"问题之路的必然选择。通过中心镇的建设，进一步做好农村土地的调整、规划工作，并抓住中心镇二、三产业快速发展的机遇，进一步提高农民职业培训的针对性，提高转移就业的成功率，促进农村富余劳动力的转移。并通过引进和培育农业龙头企业，进一步提高农业产业化水平。另一方面，与一般乡镇相比，中心镇具有更大的区位优势和更强的经济实力，对周边农村具有更强的辐射作用。基于经济学的极化理论，各类经济要素会向具有成本比较优势的地方集聚，形成或大或小的经济发展区和社会活动圈，并带动周边地区的发展。凭借较好的交通区位条件和经济社会发展基础，中心镇成为经济聚集发展区，从而带动整个周边地区经济社会的发展。②

---

① 谈锦钊、蔡进兵：《论广州新农村建设的六大关系》，载《南方农村》2008年第1期。
② 谈锦钊、蔡进兵：《论广州新农村建设的六大关系》，载《南方农村》2008年第1期。

2013年广州统计信息手册显示,目前广州市建成区面积7434.4平方公里,常住人口达1283万多人,其中户籍人口822万多人,经过近些年的城市化大力发展,从事第一产业的社会从业人员已经不足65万人。通过近年来调整行政区域,拓展城市发展空间,实施新的城市发展战略,优化城市结构布局,推进卫星城的建设等措施,加快了城乡一体化的建设进程,最显著的经验就是中心镇的建设。以2009年的广州增城市为例,当时在广东省68个县级行政单位中,增城人均GDP和人均财政收入均排在第一位。支撑这两个第一的支柱就是两三个中心镇。合并后的新塘镇作为中心镇,近年来上缴的税收比重一直都超过增城税收总额的一半以上。中心镇建设的推进过程又是城市带动农村、农村支持城市的良性互动过程:一方面是当地农村人口逐步向中心镇或城区转移;另一方面是城市的拓展和城市文明以及生活方式等向农村扩散的过程,也有助于乡风文明的建设。①

广州新农村建设的另一个特色是都市型现代农业的发展。都市型现代农业是在都市高度发展以后,用现代尖端科学技术装备起来的农业,依托现代市场体系,实行现代化的经营方式,是对都市农业发展提出的更高要求。都市型现代农业体现了都市需要农业、农业依托都市,城乡互动、协调发展的城乡统筹理念,是广州经济社会可持续发展的重要组成部分。一是都市型现代农业保障了广州居民菜篮子的有效供给,在一定程度了减缓了物价波动。二是都市型现代农业支撑了广州的绿色生态体系,在广州建设以花城、绿地、水城为特色的生态城市、国家中心城市和国际化大都市中的地位和作用十分重要。三是都市休闲农业为广州居民提供了旅游观光、科普教育的好去处,调节了居民生活。② 2010年,广州实现都市农业总产值1076.65亿元,较2005年增长43.8%,其中农产品加工业、流通业产值达754.6亿元;都市农业增加值575.55亿元,比2005年增长96.8%,都市农业总收入1461.77亿元,比2005年增长49.8%;都市农

---

① 马步广、贾海薇:《广东省新农村建设模式比较——以湛江和广州为例》,载《消费导刊》2009年第5期。
② 曾艳:《广州都市型现代农业发展现状和可持续发展研究》,载《农业现代化研究》2012年第3期。

业实现利润 62.94 亿元，实现税金 21.71 亿元，比 2005 年分别增长 7.7 倍和 89.4%。

从广州的实际情况出发，仅仅着眼于规模较小的小城镇建设，已不可能解决新的历史时期广州的"三农"问题。只有坚持城乡统筹发展的方针，认真践行科学发展观，在城乡一体化建设中实施"空间、人口、经济、社会、生态"一体化发展目标，才能率先消除城乡二元经济结构，不断推进社会主义新农村建设。

第三节　广州美丽乡村意蕴

根据广州市委、市政府的决策部署，2012—2016 年，除越秀区外的全市 11 个区（县级市）选择了 122 个基层有较强创建意愿的村（或社区）作为美丽乡村试点，其中市级创建点 14 个、区（县级市）级 40 个、镇（街）级 68 个，分级逐年打造成美丽乡村。14 个市级创建点包括了乡土生态型、都市农业型、村庄整理型、古村落保护开发型和改制社区环境优化型五种类型，按照规划引导、分类打造、注重示范、总结推广的创建思路，2013 年年底前建成第一批 14 个市级美丽乡村示范点。总结经验的基础上，2014 年后每年酌情在下级试点村中筛选出一批作为市级美丽乡村创建点，集中帮扶重点打造。

为配合广州市建设"活力广州、文化广州、祥和广州、生态广州"，营造"两个适宜"城市环境，必须加快建设广州美丽农村。概括而言，广州美丽乡村的意蕴主要包括：

一、环境优美

广州美丽乡村首先是规划科学、布局合理、环境优美的秀美之村，是传承历史、延续文脉、特色鲜明的魅力之村。要坚决执行市里规定，复绿护林，造林绿化，不存死角；保护好山林，沿江、沿路种好林木，沿海及湿地种好防护林；搞好污水处理、垃圾填埋，切实做好环境保护，保证生态环境良好，为营造好广州城市绿色屏障做出努力，为城市居民休闲、出行、度假创造更多好去处，为改善广州的投资创业环境创造良好基础。

一是农村生态绿色发展，环境优美。坚持规划先行、加强引导，以试点村为单元，以生态优先、景观优先、公建优先为准则，高标准、高起点地深化村庄规划编制工作，实现经济社会发展规划、土地利用总体规划、村庄规划"三规合一"，确保美丽乡村建设项目顺利"落地"和快速推进，强化规划的前瞻性、科学性、指导性和可操作性，确保规划落地、项目顺利实施，并切实解决农民建房问题。坚持立足实际、因地制宜，区分功能、科学谋划发展思路，准确把握工作重点，走特色发展、差异发展之路，依托各试点村（或改制社区）不同的资源禀赋和区域优势，发掘内涵、培育特色，探索不同类型的乡村采用不同的创建路径。根据不同的阶段和任务，分市级、区（县级市）级、镇级创建点，在市级试点的引领下分层次逐步推进。坚持"生态优先、绿色发展"，即坚持把生态保护放在首位，正确处理城乡建设、产业发展与生态保护的关系，实现经济社会发展与生态保护的有机统一，各地要着力做好生态保护，保护好秀美山水、优美环境。

二是农村生产低碳环保，环境优美。要想让农业更优、农村更美、农民更幸福，离不开良好的农业生产环境作保障。题中之意包括进一步修改完善相关法律法规，使农村污染防治有法可依、有章可循；抓紧制定《农村生态环境保护条例》，建立农业生态补偿制度；强化农业产业化（规模化农业开发）过程中的环境影响评价，建立农产品生产过程的清洁生产制度。建设美丽中国，既要创建美丽城市，又要呵护美丽乡村。建议国家在安排污水、垃圾处理项目时，结合实际给足污水收集管网、垃圾转运配套设施建设资金，补助一定量的营运经费，保障农村环保设施正常运行。要加大农村环保资金投入，加强农村环境基础设施建设，提高农村环保技术装备水平。治理农村面源污染，要坚持以科学发展观为指导，遵循资源化、减量化、无害化、生态化原则，大力发展农业循环经济。要因地制宜发展秸秆综合利用和以沼气工程为主的农业循环经济。利用畜禽粪便稳步发展有机肥料厂，推广"畜—沼—作物"等能源生态农业模式。

三是农村面貌卫生整洁，环境优美。各村编制新村建设或旧村改造规划并逐步实施，村道、巷道全部实现硬底化；村村都建立环卫队，健全环卫体制。编制"两规"，即新村建设规划和旧村改造规划；经常性开展"三清"，即清卫生死角、清沟渠鱼塘、清乱搭乱建；实现"四有"：有污水处理系统、有环卫设施、有村民公园、有绿化林带；深入推进"五通"工程建设，即通硬底化村道、通水、通电、通电话、通有线电视，并在此基础上提高通公共汽车（客运班车）和通信息网络的水平。人均住房面积不低于25平方米，90%以上带有卫生设施。[①]

二、生活富美

广州美丽乡村又是家家能生产、户户能经营、人人有事干、个个有钱赚的富裕之村。大力推进农村一、二、三产业协调发展。"十一五"期间，五大优势产业占农业总产值比例超过90%，普遍实行标准化生产，无公害产地认定和产品认证比例超过80%，农业科技贡献率达到80%，良种覆盖率达到95%、农业机械化水平达到85%。到2020年，基本实现农业的现代化。

一是加快经济结构调整促进农村经济发展。以河流、高速路和高等级公路等为纽带，与中心城区、镇街村居、工业区布局相衔接，承接城区工商业的辐射、转移和扩散，大力发展二、三产业，以增强工业园和中心镇吸纳农村人口的作用，提高农民的非农收入。当前农业工作重点是加快发展现代都市农业，不断提高农业效益。构建"组团式网络化多板块"的都市农业空间架构。加快农业科技进步，发展塑料大棚等设施农业，因地制宜大力开发名、优、特、新品种，加快发展优势产业，不断优化产业结构，促进农业产业化经营特别是农产品加工增值，发展高产、优质、高效、生态、安全农业。由市农业局牵头，各区（县级市）政府负责，市人力资源社会保障局、旅游局配合，促进落实各项强农惠农政策，加快农业科技创新，大力发展都市型现代农业，推进农业产业化经营，打造市级

[①] 张仁寿、谭炳才、王利文：《推进广州社会主义新农村建设的研究》，载《现代乡镇》2006年第12期。

现代农业发展平台；大力发展农民专业合作社，提高农村集体经济收入水平；培养、扶持农业龙头企业，完善农业龙头企业带动农户机制；发掘试点村资源禀赋，整合提升乡村特色，发展乡村旅游业。构建城乡一体化的劳动就业服务体系，开展农村劳动力技能培训，引导农村劳动力转移就业，促进农民致富增收。

二是农民收入和生活质量明显提高。农民年人均纯收入保持8%的增长速度，到 2010 年超过 1 万元，城乡居民收入差距逐步缩小；至 2020 年，农民收入达到城市居民八成以上收入水平。2010 年，基本建立起城乡统一的劳动力市场和公平竞争的就业机制，全市农村富余劳动力转移就业 30 万人，农业从业人员约占全社会从业人员的 10% 以下；初步建立起农村居民的社会保障体系，其中养老保险覆盖率超过 90%，农村新型合作医疗覆盖率超过 95% 以上，农村低保实现"应保尽保"，并逐步实现与城镇居民同一标准；农村义务教育 2006 年秋季起实现全面免费，对于农村低收入家庭实行"两免一补"，保证 100% 完成义务教育，农村初中升高中（中专）、高中升大学（大专）分别达到 95% 和 90% 以上。

三是完善村庄基础设施和公共服务设施。按照规划和公共服务均等化要求，以行政村为单位，配套完善村庄基础设施和公共服务设施，重点是村庄基础设施"七化工程"和公共服务"五个一"工程。村庄公共基础设施着重做好"七化工程"：一是道路通达无阻化，自然村村际道路 100% 水泥化、村内道路 100% 硬底化，实现道路通达风雨无阻；二是农村路灯亮化，试点村要率先实现"十大惠民工程"之农村光亮工程计划；三是 100% 饮水洁净化，试点村自来水普及率达 100%；四是生活排污无害化，试点村生活污水 100% 不直排；五是垃圾处理规范化，建立试点村垃圾分类处理机制，有害垃圾推行"户集、村收、镇运、市处理"制度；六是卫生死角整洁化，清理藏污纳垢场所、治理坑塘沟渠，消除蚊蝇"四害"滋生地；七是通讯影视"光网"化，实施"宽带广州""光网广州"战略，试点村 100% 自然村通"光网"，达到高速数据下载、高清视频点播等高带宽、高速率的要求。村庄公共服务设施着重做好"五个一"工程，构建"20 分钟服务圈"，即一个综合服务中心（维稳、健康、计生服务等），一个不少于 200 平方米、1500 册藏书的文化站，一个户外休闲文体活动广场，一个不少于 10 平方米的宣传报刊橱窗，一批合理分布的无害化公厕。

三、社会和美

广州美丽乡村还是功能完善、服务优良、保障坚实的幸福之村，是创新创造、管理民主、体制优越的活力之村。即全面实现村民自治，民主管理。农村基层党组织健全完善，"两委"班子团结，具有较强的战斗力，能够带领农民群众劳动致富；党支部领导下的村民自治机制健康运转，村委会直选能够真正表达民意，宗派势力和贿选等现象得到有效遏制；村务、财务实现100%公开，村民大会能够真正发挥作用，"一事一议"得到很好执行；农村干部勤政廉洁，农民群众衷心拥护。①

一是加强基层组织建设。题中之意包括要抓紧贯彻落实已拟定的全市美丽乡村试点的基层组织建设方案，用于指导全市美丽乡村试点的乡村组织建设工作；各级各部门通过试点村探索工作重心下移到农村基层，调动村干部工作积极性，以抓党组织建设为核心的村级组织建设，深化村级管理体制改革，把村级组织建设成为推动发展、服务群众、凝心聚力、促进和谐的坚强战斗堡垒。将美丽乡村试点的考核结果作为有关单位领导班子和领导干部奖惩和任用的重要参考依据。

二是建立美丽乡村建设村民理事会。即要充分调动村民参与美丽乡村建设的主动性、积极性和创造性，发挥村民在美丽乡村建设中的主体作用，完善村民自治制度，在各区（县级市）政府的统筹指导下，村集体成立美丽乡村建设村民理事会。在区（县级市）政府、镇（街）政府的指导下，村民理事会负责拟定本村美丽乡村建设方案、研究决定涉及美丽乡村建设的重大事务、发动与组织村民参与美丽乡村建设、协调解决美丽乡村建设过程中的问题和困难。美丽乡村建设需经过全体村民大会讨论，80%以上的户主代表签名同意才算通过本村的美丽乡村创建方案，并按程

---

① 张仁寿、谭炳才、王利文：《推进广州社会主义新农村建设的研究》，载《现代乡镇》2006年第12期。

序申报美丽乡村建设。

三是全面开展村容村貌综合整治。即要做好试点村的村容村貌专项设计，实施村容村貌综合整治。全面清拆村庄内乱搭乱建的建筑物、构筑物，全面统筹改造危旧房和泥砖房，重点帮扶困难户修缮改造破旧住房；整饰建筑外立面，彰显属地人文景观和建筑特色；做好村内道路和公共活动场所的日常保洁，清理河道沟塘卫生死角，对村公共设施进行维护以保证能正常使用；大力推进村庄绿化美化工程，利用空闲地、边角地、道路两侧、村前屋后等地方，见缝插绿、铺石筑径、塑造园艺景观小品，开辟体育健身、休闲娱乐场所，营造村庄宜人的生活环境。

四是鼓励推进"村庄整理"试点。即要进一步探索泥砖房、危破房和空心村整治改造政策，科学谋划村庄整治的长远规划，推进"农民住宅社区化"，利用国家"城乡建设用地增减挂钩"政策，引导农村住宅建设集约节约用地，自然村向中心村、集镇集聚，鼓励统一建设多层公寓式住宅，充分盘活农村地区的泥砖房、危破房和空心村的土地资源，进一步解决符合分户条件的村民的住宅问题。

美丽乡村，承载着人们对乡村所寄予的美好期望与幻想。抛弃过往乡村所存在的诟病：垃圾围村、臭水横流、留守儿童、空巢老人、古宅凋敝、文化遗失。让这一切沉浸在历史的长河里永不复醒，顺应党十八大的号召，顺应广大民意，把生态文明建设纳入到中国特色社会主义事业"五位一体"的总体布局规划中来，明确努力建设美丽中国的战略目标。日前，中央一号文件《关于加大改革创新力度加快农业现代化建设的若干意见》提出，要把广大农村建设成为"美、富、强"的农民安居乐业的美丽家园。广州的美丽乡村建设，也应当顺势而为，根据乡村建设的美丽意蕴，从美丽广东，乃至美丽中国的高度进行顶层设计；把建设美丽乡村这项民生大计办好办实，努力开创广州农村精神文明建设工作的新局面。

第二章 美丽根基：广州乡村建设与新型城市化发展

"羊大则美"——东汉许慎在《说文解字》中对"美"做出了这样的释义。而"羊城"正是广州的别称。漫步广州街头，四季常绿的葱茏草木俯拾皆是，落英缤纷的浪漫惬意信手可拈，但在快速推进的城市化发展进程中，散落在城市角落的数百个村落以何种姿态完成他们的"广州式转身"，成为广州向国际大都市建设目标进军中必须跃过的门槛。近年来，广州市委积极推进城乡一体化工程建设，文化传承、资源整合、规划先行、产业推动，如同四个声部，共同奏响了广州美丽乡村建设的韶乐雅音。

第一节 美丽乡村在新型城市化中的地位和作用

自 2012 年开展美丽乡村试点建设工作以来，广州市农村精神文明建设与美丽乡村建设紧密结合、互促并进，积极探索以城带乡、典型引路、特色创建的路子，村居环境明显改善，乡风文明明显优化，涌现出许多新亮点、新经验、新典型。截至目前，广州有沙湾镇、东涌镇，增城有西南村入选全国文明村镇，有 15 个镇、34 个村进入广东省文明村镇的行列，有 203 个单位被评为广州市文明村镇，建成 10 个名镇、28 个名村和 794

个社会主义新农村示范村庄。① 美丽乡村建设的稳步推进，必将助力广州新型城市化的快速发展。

一、美丽乡村是广州新型城市化发展的外衣

新型城市化是广州落实科学发展观的创新实践，是城乡一体、城乡和谐发展的城市化。当前广州新型城市化发展已到一个新的历史转折点上，面临着二元结构和体制严重制约和束缚农村经济社会发展、城乡发展差距扩大、高度发达的城市经济与落后的农村经济并存、农村改革发展滞后、城乡资源配置不均衡等主要挑战。作为全国城市化水平较高的城市，广州如何在新一轮城市化发展中，妥善解决好城市化过程中出现城乡和谐发展问题，对于我们能否真正走出一条符合广州实际、可持续的新型城市化发展道路至关重要、意义重大。

（一）对新型城市化发展内涵的认识

目前，新型城市化内涵主要有以下不同的观点：

第一种观点：新型城市化是体现为政治、经济、文化、社会四位一体的城市化，集约发展、统筹发展、和谐发展的城市化，坚持以人为本的城市化。中国科学院可持续发展战略研究组组长、首席科学家牛文元认为：与传统城市化不同，新型城市化特别注重以"七大坚持"为核心：一是坚持实现城乡的统筹发展，在区域的基础上思考大、中、小城市与乡村的协调发展，逐步达到减缓和消除城乡二元结构，达到共同富裕的城市化之路；二是坚持实现城市的创新发展，在转变发展方式的基础上，提升城市发展的能级，创造更好更快的财富积累，提供更多的就业机会；三是坚持实现城市的绿色发展，走可持续发展的生态文明之路，达到域乡人口、资源、环境、发展四位一体的互相统筹；四是坚持实现城市的均衡发展，统筹城市内部、城际之间和城乡之间的和谐发展与包容性增长，大力克服城市病带来的交通拥堵、环境恶劣等问题；五是坚持实现城市公共服务的均

---

① 甘新：《建设美丽乡村 促进乡风文明 努力提升我市农村精神文明建设水平——在全市农村精神文明建设现场交流会上的讲话》，载广州文明网 2014 年 11 月 27 日。http://gdgz.wenming.cn/ldhd/201411/t20141127_2315558.html.

质化要求，对教育、医疗、住房、养老保险、社会保障等民生需求实施公平正义的国民待遇；六是坚持实现城市的宜居性和文化多样性，体现城乡居民的幸福感、安全感和有尊严的劳动与生活；七是坚持实现城市的现代化管理体系，对人口、就业、资源保障、产业布局、市政建设、城市安全、政策法规等进行科学的规划、设计与施行。

第二种观点：新型城市化是人口向城市转移，使城市结构发生变化；在继续推进人口转移型城市化的同时，大力推进结构转换型的城市化。新型城市化道路的核心是经济社会结构的城市化转型，在这个过程中，必然会发生人口由农村向城市的转移，但人口转移只是新型城市化道路的外延，它的内涵或实质是经济社会结构的城市化转型。城市化包括三个内容：一是城镇人口在全国和区域总人口的比重不断上升，农村人口比重相应下降；二是城镇分布形态由各自独立状况变成联系密切的城镇系统；三是城市物质文明和精神文明不断扩散，农村居民的生活方式日益接近城市居民。

经济社会结构的城市化转型应该包括四个方面：一是产业结构的城市化转型，二是就业结构的城市化转型，三是空间结构的城市化转型，四是文化与观念的城市化转型。可以说，这四个方面的结构转型是新型城市化的一般规律，也是走新型城市化道路的基本途径。

第三种观点：新型城市化应当是推动农村发展的城市化。新型城市化是全面的、综合的经济社会发展的道路和战略，绝不单纯是城市人口机械的扩大，农村人口表面的减少。而农村人口减少并不能像某些拉美国家那样迫使农村人口破产，被迫流入城市，成为城市的"贫民"。也不能像某些人所说的，把农村人口赶往城市，特别是大城市。我们的城市化，其本质是提升农民的经济地位，改善他们的生活状态，改变农民的身份，使农民享受与城市居民同样的经济权利和生活条件，获得同样的发展自己的机会。简言之，通过城市化让农民过上与城市居民一样的小康生活。所以，新型城市化与传统城市化的区别在于，新型城市化过程中，居民居住空间的转移并不是第一位的，而经济生活的改善，生活质量的提高是第一位的。

应该说，目前关于新型城市化的观点，已经明显扬弃了以前关于城市化就是人口城市化这一观点。提出新型城市化的概念，体现出对城市化综合的、较为全面的理解，如有形城市化、无形城市化、外延城市化、内涵城市化和人口转移型城市化、结构转换型城市化等；考察城市化水平，不能单看城镇人口比重，更应该看城乡一体化；从城市化的本质来看，城市化不仅是城市人口比重不断提高的过程，更应该是产业结构转变、消费水平不断提高、城市文明不断发展并向广大农村渗透和传播、人的整体素质不断提高、农村人口城市化和城市现代化统筹发展的过程，因此，从一定意义上说，缩小城乡差别是反映城市化进程的一个基础性指标。①

（二）广州新型城市化发展必须把握的几个问题

推进新型城市化是一项系统工程，涉及体制和机制诸多方面。主要应注意以下几方面的问题。

一是要深刻认识到广州新型城市化发展没有现成答案，要不断总结深化。从世界范围看，城市的出现和发展已有几千年历史，19世纪初，北京是世界上唯一一个人口超过百万的城市，到20世纪初人口超过100万的城市全球只有16个，20世纪末已达325个，到现在已有近400个。广州新型城市化发展道路，是一条创新之路，不能照搬世界上任何城市发展模式，没有现成的路径可循，只能立足广州的历史与现实，发动广大干部群众去探索实践。新型城市化发展的过程，是一个动态的过程，是不断探索、实践、总结、深化、完善的过程，我们组织开展新型城市化学习考察调研活动，其本质就是围绕主题主线进行的新一轮思想解放、创新发展的开始。改革开放30多年来，广州的活力来自于创新，广州能够领潮流之先，也在于持续创新。我们要通过走新型城市化发展道路，进一步发扬、展示、提升广州的这种城市创新品质。

二是要在政策策略和总体要求上实现自然环境优化和社会事业的发展进步相协调。如果说一个国家或地区的经济腾飞在其初始阶段往往是以量的增长为其标志、以自然环境恶化和社会事业滞后为其代价，那么，当经济发展到一定阶段之后，再进一步的发展就必须以质的提升为其标杆，以

---

① 花都区委宣传部：《对广州新型城市化发展及花都新型城市化中的美丽乡村建设的几点思考》，http://www.huadu.gov.cn/web/hdxcb/lltd/lltd/201208/t20120803_135574.html。

自然环境优化和社会事业的发展进步为其必要。在新的阶段，我们要在看到新型工业化这个"第一推动力"的同时，还要看到"新型城市化"对新型工业化的积极的反作用，看到"新型城市化"在提高新型工业化效益、加速新型工业化进程和提升新型工业化速率等方面的重要促进作用。我们必须在大力推进新型工业化战略的同时，以科学发展观为指导，强力推进实施"新型城市化"发展战略，以避免那种 GDP 有增长而居民无幸福、有数字进位而无实质进展、财政收入增幅大而居民财产性收入不大甚至倒退的有悖于科学理念的社会经济发展模式。"两型社会"建设的推进，一定要牢牢把握住资源节约和环境友好这一核心主题和发展目标，既要以新型工业化为抓手，努力促进经济快速发展，又要以"新型城市化"为依托，着力推进社会事业建设，使经济发展与社会建设和谐共进。

三是要在发展模式和具体措施上避免传统城市化那种单纯的规模扩张、面积增加和人口增长，更多地注重品质提升，更多地注重人文关怀，走集约发展、内涵拓展和功能提升的"新型城市化"之路。一要科学规划与设计，使城市具有自主性、内涵性、特色性和前瞻性。通过功能分区与定位，增强城市综合功能；通过提升窗口单位窗口行业的服务质量、拓展便民措施等途径，树立城市形象；通过增强楼宇经济品质以及文化底蕴和科技支撑等方式，提升城市品位；通过培育城市特色，增强城市辐射和承载能力。二要科学调控城市规模与城区面积。城市并非面积越大越好，而是功能越强越好，应通过"新型城市化"战略的推进，实现土地节约集约利用，充分挖掘城市的带动功能、辐射作用和承载能力。三要理性引导城区人口，使人口增加与就业、教育、就医、住房等社会保障以及城市的承载能力在总体上基本适应。当前全广州市子女入学入托难，流动人口子女在市区上学更难，医疗资源缺乏，看病宁可集中到大型医院排长队也不愿到社区、农村等基层医院的现象十分突出，银行业务、公厕保障等其他公共服务远远满足不了市民生活需求，办事排长队的问题屡见不鲜。所以，不能一味鼓励市民进城。

四是要在总体目标和路径选择上要坚持城市发展与社会事业和民生建设的协调共进，健全就业、教育、住房、医疗、养老等社会保障机制，真正实现发展成果由"全民共享"。一要使人人都有身份。凡城市居住者人人都有城市身份，是避免城市"歧视"、推进"新型城市化"的制度前提。尽快推进户籍改革，破除城乡二元户籍结构，打通城乡无障碍流动渠道。这个问题只有市以上决策部门方能制定相关政策解决，区一级无此权限。二要使人人都有职业。凡城市居住者人人都有城市职业，是避免城市"空壳"、推进"新型城市化"的保障基础。就业既是劳动者的事情，又是党和政府的事情，党和政府有责任予以保障。一方面要通过实施积极的就业政策，最大限度地促进就业；另一方面要大力鼓励创业，实现以创业带动就业。同时改革现有的分配制度，通过税收等手段避免收入差别上的"马太效应"，初次分配与再分配都要处理好效率和公平的关系，再分配要更加注重公平。三要使人人都有保障。凡城市居住者人人都有保障，是避免城市"骚动"、推进"新型城市化"、构建"两型社会"的坚强后盾。社会保障的推进必须主要依靠公共财政，通过调整公共财政的支出比例，加大对民生建设和社会事业的投入，保障资源真正"公平共享"，如居民住房、子女教育、医疗、失业、养老保险等民生问题。

五是要正确认识当前开展新型城市化发展学习讨论活动必须坚持实事求是的工作思路。活动不能一味乱忙，更不能虚张声势，搞花样文章，活动最终要落实到"目标、问题、对策"6个字上。

（三）美丽乡村建设是城乡一体化发展的必然要求

我国的美丽乡村建设发轫于浙江省安吉县，2007年该县提出建设"美丽乡村"的概念，并把生态文明理念融入美丽乡村建设的整个过程，创建中国第一个"生态县"。2008年，安吉县全面启动"中国美丽乡村"计划，着力建设宜居、宜业、宜游的"四美、三宜"美丽乡村，打造"村村优美、家家创业、人人幸福、处处和谐"的现代化新农村样板。安吉"美丽乡村"建设为我国社会主义新农村建设探索出一条创新的发展道路，形成了以中国美丽乡村建设为载体，着力推动经济发展转型升级，纵深推进生态文明建设的新农村建设模式。

2013年2月，农业部在总结浙江等省创建美丽乡村实践经验的基础上，发布了《关于开展"美丽乡村"创建活动的意见》，指出，为深入贯彻党的十八大精神，落实2013年中央1号文件关于推进农村生态文明、建设美丽乡村的要求，农业部决定从2013年起组织开展"美丽乡村"创建活动。从 2013—2015 年，在全国选择产生 1000 个"美丽乡村"创建试点单位。基于不同资源条件、经济发展水平和产业类型等因素，今年上半年遴选 300 个左右基础条件较好、领导班子得力、创建愿望强烈、有望较快取得成效的乡村，先期开展工作，下半年再遴选 700 个左右，2014—2015 年全面开展创建工作。要把"美丽乡村"创建工作摆在现阶段农业农村经济工作的重要位置，努力使"美丽乡村"的创建理念融入并成为幸福农村建设的重要组成部分，建设一批天蓝、地绿、水净，安居、乐业、增收的"美丽乡村"。从先行先试的浙江等省的实践来看，美丽乡村建设已成为当前社会主义新农村建设的重要抓手。美丽乡村的"美丽"主要包含两层意思：一是指生态良好、环境优美、布局合理、设施完善，二是指产业发展、农民富裕、特色鲜明、社会和谐。建设美丽乡村关键要实现四个层面的"美"，即村容村貌整洁环境美（自然之美）、农民创业增收生活美（发展之美）、乡风文明农民素质美（文化之美）、管理民主乡村社会美（和谐之美）。也就是说，美丽乡村之"美"，既体现在自然层面，也体现在社会层面。建设美丽乡村是集农村"五位一体"建设于一身的庞大社会系统工程，更是一项关系千万农民群众切身利益的重要民生工程。

美丽乡村是一个全面的、综合的、统领新农村建设工作全局的新提法，它不仅是指农村要环境优美，还要村民文化素质高，人文环境好。党的十八大提出"建设美丽中国"，从全国范围来讲，美丽乡村就好比是美丽中国的一个细胞工程，只有做好这一个个细胞工程，美丽中国才会建设得更好。

美丽乡村建设是城乡一体化发展的必然要求。城乡一体化是不可阻挡的历史趋势，美丽乡村建设必须顺应这一趋势，离开了统筹城乡发展，就不可能建设成美丽乡村；加快建设美丽乡村，就是要努力形成以工促农、以城带乡的长效机制，加快缩小城乡差别，促使农民群众全面奔小康。它要求我们必须树立统筹城乡发展理念，坚持走新型城镇化道路，把城镇与乡村作为一个整体来科学布局，加快形成以县域中心城市为龙头和中心镇中心村为纽带的城乡规划建设体系；要求我们切实加大城乡综合配套改革的力度，加快建立工业带动农业、城市带动农村的体制机制，促进城乡资源要素的合理流动；要求我们着力形成政府公共资源城乡共享机制，为城市基础设施、公共服务和现代文明向农村延伸与辐射提供有效通道，从而促进农村人口集聚和产业集约，进一步提高农业生产率和农民生活质量水平，让城乡群众共享改革发展成果。①

二、美丽乡村是生态广州的关键一环

发展生态文明，是关系人民福祉、关乎民族未来的长远大计。党的十八大把生态文明建设提升到"五位一体"总体布局的战略高度，提出"大力推进生态文明建设，努力建设美丽中国，实现中华民族永续发展"。把推进生态文明建设与建设美丽中国作为全新的理念郑重地提出来，这是十八大报告的一个突出亮点，标志着中国共产党对执政规律的把握更科学，对执政理念的认识更加深化，对执政能力的建设更加重视，承载着新一代中国共产党人对未来发展的美好愿景。笔者认为，要使中国美丽起来，首先要让我国广袤的农村美丽起来。要以生态文明理念引领美丽乡村建设，把建设美丽乡村作为建设美丽中国的起点。②

（一）生态文明已成为中国共产党的重要执政理念

"生态"一词最早源于古希腊语，意为房屋或环境，19世纪中叶以来被更多地赋予了现代科学意义，意指自然界诸主体、诸系统之间错综复杂的相互关系。生态文明是人类在不断改造自然、造福自身的过程中，为实现人与自然和谐发展所做出的不懈努力和所取得的全部文明成果。在当代，生态文明作为生态和文明的结合体，作为人类文明的一种新形式，不仅有利于优化经济建设，进一步平衡人与自然之间的关系，而且有利于缓解当前社会矛盾，改善我们的生活环境。在哲学层面上，生态文明不同于物质文明、精神文明、政治文明，是人与自然、人与社会生态关系的具体表现，是天人关系的文明，涉及体制文明、认知文明、物态文明和心态文明。由此可见，生态文明是一种超越民族、阶级、国家的人类社会全方

---

① 黄克亮、罗丽云：《以生态文明理念推进美丽乡村建设》，载《探求》2013年第3期。
② 胡锦涛：《坚定不移沿着中国特色社会主义道路前进，为全面建成小康社会而奋斗》，人民出版社2012年版。

位、系统、科学的文明,同时也是一种发展的文明生态文明建设可以分为若干个子系统,如生态意识、生态伦理、生态道德、生态产业、生态制度、生态文化、生态经济、生态政治建设等。简言之,作为人类文明的一种高级形态,作为中国特色社会主义事业总体布局的组成部分,生态文明建设主要涵盖先进的生态伦理观念,如发达的生态经济、完善的生态制度、基本的生态安全、良好的生态环境等。作为人类社会文明的高级状态,生态文明不是单纯的节能减排、保护环境的问题,而是要融入我国经济社会建设的总体布局,努力建设美丽中国,实现中华民族永续发展。

中国共产党人的生态文明观经历了一个不断深化、提升的发展过程。自党的十二大至十五大,主要强调建设社会主义的物质文明和精神文明。十六大在两大文明的基础上提出建设"社会主义政治文明"。第十六届三中全会确立"以人为本"为核心价值观的科学发展观,"以人为本"是贯穿于"三大文明"建设和"三个和谐发展"(人与自然关系和谐发展,人与人社会关系和谐发展,人的全面自由发展),是构建社会主义和谐社会的一条基本原则。党的十七大首次在党的重要文件中提出"生态文明",指出"建设生态文明,基本形成节约能源资源和保护生态环境的产业结构、增长方式、消费模式,……生态文明观念在全社会牢固树立"。[①] 从理论上说,党的十七大首次把"建设生态文明"的发展理念写在中国特色社会主义伟大旗帜上,使我们党最终确立了生态文明是一种独立的崭新的现代文明形态,是中国特色社会主义现代文明体系的一个重要组成部分,从而实现了社会主义现代文明的整体形态。第十七届五中全会进一步明确提出提高生态文明水平,"绿色发展"被明确写入"十二五"规划并独立成篇,表明我国走绿色发展道路的决心和信心。

在党的十八大报告的第八部分"大力推进生态文明建设"中,胡锦涛总书记进一步指出,必须树立尊重自然、顺应自然、保护自然的生态文明理念,并把它作为推进生态文明建设的重要思想基础。与十七大的有关论述相比,体现出内涵更深的生态文化价值观。十八大决定将生态文明建

---

① 胡锦涛:《高举中国特色社会主义伟大旗帜,为夺取全面建设小康社会新胜利而奋斗》,载《人民日报》2007年10月15日。

设写入党章并做出阐述，生态文明建设与经济建设、政治建设、文化建设、社会建设"五位一体"，作为社会主义初级阶段的总布局，使生态文明建设的战略地位更加明确，有利于全面推进中国特色社会主义事业。这是我们党秉持科学发展观，构建和谐社会理念的重大理论创新，在党的生态文明思想发展中具有里程碑意义，表明生态文明已成为我们党基本的执政理念，并成为定位中国发展的重要维度之一。

建设生态文明是对中国共产党民生思想的丰富和发展。在党 90 多年的奋斗历程中，改善民生、造福人民始终是目标追求。通过革命、建设和改革，我们党不断创新和完善民生的内涵、目标、动力和战略。习近平总书记指出，在前进道路上，一定要坚持从维护最广大人民根本利益的高度，多谋民生之利，多解民生之忧。生态环境一头连着人民群众生活质量，一头连着社会和谐稳定；保护生态环境就是保障民生，改善生态环境就是改善民生。走生态文明之路，既是当今世界发展的主流和趋势，也是人民群众的共同愿望和追求。①

（二）坚持生态文明理念是建设美丽乡村的需要

生态文明建设与经济、政治、文化、社会建设具有相互影响、互为因果、相辅相成、辩证统一的关系，经济、政治、文化、社会的科学发展方式必须体现生态文明的精神，必须体现人与自然、人与社会和谐共生、全面发展、良性循环的宗旨，必须有利于建立保护生态环境，有利于节约集约利用资源的绿色可持续的发展模式、科学健康的消费模式及和睦互助的人际关系，有利于实现人民大众的经济政治文化权益和生态权益的统一。因此，以生态文明建设引导经济、政治、文化、社会建设协调推进，就成为建设美丽中国的总方向、总原则。建设美丽乡村是建设美丽中国的起点，涵盖经济、政治、文化、社会建设等方面，生态文明建设理念的提出，进一步丰富了美丽乡村建设的内涵。

第一，生态文明建设是美丽乡村经济建设的重要基础。一方面，农业是自然再生产与经济再生产相互交织的产业，劳动过程归根到底是人和自

---

① 鹿心社：《建设生态文明 增进民生福祉——深入学习贯彻习近平同志关于生态文明建设的重要论述》，载《人民日报》2014 年 10 月 28 日。

然之间的物质交换。土地为财富之母，马克思说，土地是一切生产和一切存在的源泉。土地资源、水资源、气候资源和生物资源等自然资源是农业发展的最重要的物质基础。另一方面，良好的生态环境是提高农业、农村经济竞争力的重要基础，良好的生态环境能提高农产品质量安全水平，从而提高农产品的市场竞争力。随着人民群众生活水平的提高，老百姓对农产品的安全要求越来越高，无污染、安全、优质、营养等要素构成农产品消费时尚，无公害、绿色、有机食品备受消费者的青睐，绿色消费已成为国际性消费潮流。

第二，生态文明建设是美丽乡村政治建设的重要标杆。十八大报告指出，"解决好农业农村农民问题是全党工作重中之重"。① "三农"问题的核心是农民问题，农民问题的根本是利益问题。"任何时候都要把人民利益放在第一位，始终与人民心连心、同呼吸、共命运，始终依靠人民推动历史前进。"② 推进美丽乡村政治建设的根本目的就是最大限度地维护农民群众的合法权益，夯实我们党执政的群众基础。必须看到，长期粗放式增长方式的延续，固然使部分农村因经济的快速增长而带来了物质和财富上的增长，但毫无节制地消耗自然资源的生产方式，已经使农村经济社会的发展受到了极大制约，也对农民生命财产安全造成极大威胁，损害了农民的生存权益，广大农民对此是不满意的。因此，必须摒弃那种片面追求政绩而忽视生态保护和建设的不正确的政绩观，推行绿色 GDP，把生态文明建设作为美丽乡村政治建设的重要标杆。

第三，生态文明建设是美丽乡村文化建设的重要内容。文化建设是美丽乡村建设的灵魂。党的十八大报告指出，"让人民享有健康丰富的精神文化生活，是全面建成小康社会的重要内容"。③ 为此，必须加强精神文明建设，加快发展农村教育文化事业，培育造就新型农民。首先，生态文

---

① 胡锦涛：《坚定不移沿着中国特色社会主义道路前进，为全面建成小康社会而奋斗》，人民出版社 2012 年版。
② 胡锦涛：《坚定不移沿着中国特色社会主义道路前进，为全面建成小康社会而奋斗》，人民出版社 2012 年版。
③ 胡锦涛：《坚定不移沿着中国特色社会主义道路前进，为全面建成小康社会而奋斗》，人民出版社 2012 年版。

明建设能引领农村新风尚。生态文明建设的推进，有助于转变农民的生态伦理价值观，正确树立尊重自然、顺应自然、保护自然的理念，从而让农民形成珍爱地球、保护环境的新风尚。其次，生态文明建设能提高农民素质。生态文明致力于构建一个以环境资源承载力为基础、以自然规律为准则、以可持续社会经济文化政策为手段的环境友好型社会。最后，推进生态文明建设有助于转变农民的生产生活方式，树立主动以实用节约为原则，以适度消费为特征，追求基本生活需要的满足，崇尚精神和文化享受的科学发展观和绿色消费观。

第四，生态文明建设是美丽乡村社会建设的重要保障。改善民生是农村社会建设的主要任务。近年来，由水、空气、重金属、化学品污染等引发的突发环境事故在农村时有发生，一些地区污染排放量大大超标，严重危害人民群众身体健康，影响社会和谐稳定。农村生态环境的恶化，首先制约了农村经济发展，不利于农民增收，影响农民生活水平的提高。其次对农民生命健康造成恶劣影响，增加农民的医疗负担。对农民群众来说，没有健康，改善农村民生，提高农民群众生活水平就无从谈起。因此，全面建成农村小康社会，必须通过大力推进生态文明建设，重点解决影响科学发展和损害农民群众健康的突出环境问题，发动公众广泛参与，妥善解决环境问题，维护公众环境权益，确保农民群众的身心健康。①

（三）美丽乡村建设是发展农村生态文明的必由之路

生态是指生物体与其所处的自然环境进行互动连接，由此形成的一种生存和发展状态，它包含了生物体对环境的适应性以及生物体与环境的统一体。生态环境是人类赖以生存、持续发展和追求幸福生活的重要基础和制约因素。美丽乡村与生态环境具有密切的正相关性：第一、美丽的乡村依托于优美的生态环境。人直接地是自然的存在物，人类为了自身的生存与发展，必须依赖于自然提供的物质基础而生存和发展。第二，优化的生态环境又提升乡村的美丽指数。农村生态环境是村民追求幸福生活的重要制约因素。如果生态环境不断恶化且得不到有效治理将导致生态失衡，进而导致自然灾害的频发，威胁农村的生存与发展。可见，良好的生态环境

---

① 黄克亮、罗丽云：《以生态文明理念推进美丽乡村建设》，载《探求》2013 年第 3 期。

和生态的持续发展是实现乡村美丽的重要前提和基础。反过来说，良好的生态环境对于人类经济社会的可持续发展和人民群众幸福感的提升具有推动作用。第三，人与生态和谐统一，是美丽乡村的高级境界。人有需要满足和幸福感受的欲求，自然生态有保持平衡状态的需要，只有两者和谐共处，在自然保持平衡状态的基础上，达到乡村的真正美丽，这才是美丽的最高境界，即天人合一。

当前，随着工业化、城市化的加快推进，加上发展方式相对粗放，广州市农村资源过度利用和环境污染的问题仍较突出，农村经济社会可持续发展的压力日益加大。推进现代化美丽乡村建设有利于促进农民转变生产方式和消费方式，提升农村人居环境和农民生活质量；有利于节约集约利用各类资源要素，从根本上促进人口与资源环境的承载能力相协调，推动广州农村经济社会的可持续发展。只有加快建设现代化美丽乡村，把生态文明建设同社会主义新农村建设有机结合起来，才能把生态文明的发展理念、产业导向、生活方式、消费方式等融入农业发展、农民增收和农村社会等各方面，才能把农村生态文明建设落到实处。广州市第十次党代会提出要坚持生态立市，打响"花城绿城水城"品牌，建设"生态水城"。建设生态城市离不开农村生态环境建设，农村生态环境优劣直接影响并决定着广州整个生态环境建设的得失成败。这就要求我们必须把生态环境建设纳入广州农村经济社会发展全局，在推进农村经济和社会事业发展的同时，更加注重农村环境保护和生态建设。

三、美丽乡村是魅力广州的前提所在

城市化是世界发展的趋势。各国城市化的实践告诉我们，城市化在促进资源优化和合理配置、创造全新生活方式的同时，也会产生一系列新的问题。这其中，城乡一体化发展过程中如何对待乡村的问题是一个较突出的代表性问题之一。国内外的发展和广州的实践都已经证明，传统城市化模式已经走入穷途末路，走经济低碳、城市智慧、乡风文明、生态优美、乡村美丽的新型城市化发展道路是广州完成历史使命的不二路径。因此，在面临跨越的关键时期，广州适时提出了走具有广州特色的美丽乡村发展道路的战略构想，其核心就是坚持以科学发展观为指导，按照经济社会协调发展、人与自然和谐相处的要求，积极探索推进城乡建设发展的新路子，最终以美丽乡村为屏障和依托，建设广州魅力城市。

（一）魅力广州从建设美丽乡村开始

"乡村不美，羊城失魅"。在举国上下大力提倡城镇化建设的时候，广州却层层部署要建设美丽乡村。在当今充满美好梦想的年代，有人梦想城市化，有人梦想美丽乡村，这当中没有什么分歧，目标都是为了人民富足，生活过得舒适。今天人们谈论城市化，好像是很时尚很新鲜的东西，其实这种社会变革，早在改革开放初期就已经起步了。以广东为例，在改革开放以来，城市化的发展速度惊人，除了中心城市大面积扩展之外，还出现了深圳、东莞等新兴大城市。深圳、东莞是在特殊政策、特殊条件下发展起来的。深圳是经济特区，它的成功是特区政策的成功，它的创业精神可以学习，但它的模式却不能复制。东莞快速实现城镇化，是因为它把握住经济全球化的机遇，利用"三来一补"作起步，"筑巢引凤"让工商业全面开花，在短短二三十年，就凝聚了国内外上千万的劳工以及管理者，成为著名的出口基地，还被誉为"世界工厂"。它的经验也不可能从头再来。

要在广阔的乡村推进城镇化，以广佛为中心的珠江三角洲城市群的做法值得思考。早在改革开放初期，珠江三角洲就已经起动了城镇化工程。城镇化的第一波是城市的工商业下乡。"文化大革命"结束以后，珠江三角洲就成为城市工业的附属地带，工厂企业把粗放工序大规模流转到农村，几乎所有乡镇都有城市分流下来的工厂。工商业的流转，使刚从人民公社脱胎出来的乡镇出现了前所未有的繁荣，也促使部分农民"洗脚上田"，转行到工副业生产岗位，成为我国最早的"离土不离乡"的农民工。城市工商业流转，很快便把农村的交通运输、通讯、能源，以及为工商业服务的各项建设都带动起来。第二波的发展是外资企业的进入。外资进入为乡镇企业带来了跨越式的提升，使一些原先由城市流转下来的工厂受到先进技术的带动和现代观念的管理，在此带动之下，农村的民营企业也迅速发展。

农村的城镇化极大地改变了计划经济时期的发展生态，打破了先进产业、先进工艺都集中在大城市的格局。即如20年前,中国的铝型材产销中心就在南海的大沥镇,化纤布业的集散地也在南海的西樵,家用电器的重要产地在顺德容奇,全国著名的灯饰产地是中山小榄。这些著名的乡镇企业,如今有些已经成为跨国企业或上市公司了。这些出人意料的成就,原先并无什么周全的发展规划,基本是摸着石头过河,一切都顺着经济规律而水到渠成。令人感慨的是,很多企业的管理者和从业人员至今还是农民身份。所以,城镇化以后的农民,不一定需要广州或佛山市的户口。

(二) 只有乡村美丽,才有广州魅力

经过二三十年的发展,广州各地乡镇从原先的农业乡镇逐步变成了工商业乡镇。这些乡镇,无论道路建设、交通、通讯、企业分布都具备城市的元素,一些乡镇的建设甚至超越了传统的城市。种种因素表明,广州的农村已初步城镇化了。然而,它不能像深圳或东莞那样,大片大片地开发房地产。因为,珠江三角洲虽然集中了众多工商企业,但它又是发展现代农业的重要基地,每个乡镇都有大面积的"农田保护区",它的发展定位,注定了一部分农民仍然要从事农业生产。在体制上,珠江三角洲的农民还不是市民,他们在行政上份属乡镇底下的村民委员会和村民小组,他们的经济关系是农村合作联社底下的个体农户。

广州要建设魅力城市必须要解决好城乡发展严重失衡的问题。农业社会产生村庄,工业社会催生了城市。在农业社会向工业社会转型的过程中,人才、资源、资本加速向城市集聚,农村的发展往往容易被忽视,从而产生新的矛盾和问题。20世纪六七十年代,拉美国家就是因为在推进城市化过程中,没有能妥善解决好农村农业和农民的问题,城市化发展严重失衡,从而陷入了更为棘手的城市危机之中。我国在推进城市化过程也同样存在上述问题,城乡差距有不断拉大的趋势。中国经济体制改革研究会副会长迟福林就曾表示,中国在保持经济持续快速增长的同时,已成为世界上城乡差距比较大的国家之一。广州城乡差距虽然较内地为小,但"十一五"期间城乡居民收入差距始终在 2.4~2.5 之间徘徊,远高于世界银行公认的共同富裕国家 1.5 的比例。目前,广州农村特别是北部山区农村留守老人、留守儿童问题与内地农村没啥两样,农村"空心化"情况日益突出,对农业生产有很大影响,如果解决不好,将极大地制约城市

化发展及其自身形象。①

　　由于发展不平衡或建设不到位，不少乡村又成了大城市扩展以后新的"城乡接合部"，重蹈了大城市"城中村"脏乱差的覆辙。大城市的"城中村"，给了我们很多实在的借鉴，种种现象表明，部分"城中村"的农民不适应都市生活，很多人失去了原来的劳作而变得无所适从。农民的生计与市民的生计截然不同，因此说现在中国的农民，不是所有人都适合当市民，相当部分农民赖以安身立命的地方还是乡村。所以，不能说道路开通到那里，楼房扩建到那里，那里就是城市。处理好现代城镇建设与发展现代农业的关系，是珠江三角洲各市、县为政者的重大课题。现在广州推动建设美丽乡村，是对多年来农村城镇化的一种完善和提升。

　　经过多年的努力，广州的城镇化建设比过去有了较大的改观。畅通的道路、崭新的楼房以及同大城市接轨的各种设施已经逐步完善。经济流通使村与村之间如同城市中的街道或社区，繁密的公共交通使村镇四通八达，"城巴""县巴""镇巴"的公交车开到了自然村。城镇化的实质是要让更多农民享有城市人的待遇，一些经济条件较好的市县或乡镇还给农民办了社保和医保，让农民的日子过得像城里人一样舒坦。

　　建设美丽乡村的出发点是为了人民谋幸福，但同时也要避免与地方官的政绩观相冲突。一些地方领导急功近利，在全无都市氛围的乡村也搞什么文化广场，这就给土地不多的农村带来困扰。有的村庄因自然环境天然优美而极具观瞻，地方政府往往愿意主动出资为这些村进行美化，扩宽村前大道，还规划公园和"绿道"；这样一来虽然出发点和愿望是好的，但是由于要占用不少宝贵土地，因此村民并不领情，反复开村民大会都通不过。领导干部会认为群众思想落后，没有未来的眼光；群众则认为美化只是好看，而土地却能世代生财。所以，建设美丽乡村也要因地制宜，坚持自愿互利的原则，根本标准不是看政府给了村民什么，而要看村民需要政府给什么。因此，建设美丽乡村不是有良好愿望就能惠民，也不是政府出钱群众就会买账。

---

　　① 张晓蔚：《广州走新型城市化发展道路应注意的问题及对策》，载《探求》2012年第3期。

第二节　美丽乡村建设对广州新型城市化的意义

"农村不富，羊城不强"。中国现代化的关键标志是让农民富裕起来，而让农民富起来的重要途径之一就是通过统筹城乡发展，打破城乡二元结构旧格局，形成城乡一体发展新格局。城乡统筹是现阶段推动农村改革发展提出的根本要求，是具有重大创新价值的发展战略。当前，广州要实施新型城市化发展战略，加快城乡统筹进程，必须以现代化美丽乡村建设为导向，坚持生产发展、生活富裕、乡风文明、管理民主一起抓，把现代化美丽乡村建设的重点放在培育特色产业、促进农民创业增收、推进村庄综合整治、加强基础设施建设、强化基本公共服务、优化生态环境、发挥农民主体作用等方面，把建设让农民过上幸福生活的现代化美丽乡村作为广州社会主义新农村建设的根本出发点和落脚点。

一、统筹广州城乡一体化发展的重要途径

2015年年初召开的中共广州市委第十届第六次会议指出，要"加快城市有机更新，统筹城乡发展，加强城市精细化品质化管理，建设有文化底蕴、有岭南特色、有开放魅力的现代化国际大都市"。① 强力推进广州城乡一体发展，必须坚持推进以工促农，以城带乡，完善城乡一体发展的政策体系，加大城乡统筹力度，建设富裕、整洁、文明、和谐的社会主义新农村，推动城乡社会生活互动互补。贯彻广州市委第十届第六次会议精神，统筹广州城乡一体发展，提升广州新农村建设水平，现代化美丽乡村建设是重要的抓手。

（一）美丽乡村是农村传统文明转变为现代文明的必由之路

新型城市化是具有广州特色的经济形态、社会形态和文化形态的统一

---

① 《中国共产党广州市第十届委员会第六次全体会议决议》，载《广州日报》2015年2月1日。

体，是从传统农村文明走向现代文明的历史进程。传统农村文明虽然在继承和保持农村传统文化、形成良好的道德规范上发挥了积极作用，但也必须与时俱进，跟上时代发展的步伐，根据美丽乡村的建设要求和新型城市化的发展趋势，使农村经济发展、社会管理、乡村治理等加快向现代文明转变。因此，从农村传统文明向现代文明的转变，不仅是新型城市化发展的必然趋势，也是农村进一步增强美丽内涵、提升发展质量、促进发展方式转型升级的内在要求，更是生产方式、生活方式从外延发展走向内涵提升的内在要求和现实举措。①

（二）美丽乡村建设是缩小城乡差距的现实需要

尽管近年来广州城乡人均收入比逐年缩小，2011年为2.32∶1，但仍远高于世界银行公认的合理城乡收入比1.5∶1的水平，也比长三角的上海、苏州、杭州等城市及珠三角的东莞、中山、珠海等城市都要高。同时，在市政基础设施、公共服务体系等社会事业及人力资源配置等方面，从化、增城等北部山区农村与广州市区的差距还很大。如不解决广州城乡差距问题，将不利于广州农村的可持续发展，农业和农村活力难以增强，农村社会结构矛盾和社会稳定成本有加大的风险。

（三）美丽乡村建设是新型城市化发展的重要途径

从统筹城乡发展的高度看，新型城市化应是城乡一体、城乡和谐发展的城市化，是城乡经济互补发展的城市化，是公共资源在城乡之间均衡配置的城市化。走新型城市化道路，必须统筹城乡一体发展，从根本上破除城乡二元结构，实现城乡一体，共同富裕。建设美丽乡村则是城乡一体化的重要载体。通过优化提升农村人居环境，完善农村基础设施建设，让农民群众喝上干净的水，呼吸上清新的空气，生活在景色优美宜人的环境中，感受和体会幸福，是广州新型城市化进程的必经之路。这就要求我们必须树立统筹城乡发展理念，把城镇与乡村作为一个整体来科学布局，加快形成以广州中心城区为龙头和中心镇中心村为纽带的城乡规划建设体系，加大广州城乡综合配套改革力度，促进城乡资源要素合理流动，形成

---

① 郭艳华：《基于城乡和谐发展的广州新型城市化实现路径研究》，载《探求》2013年第4期。

政府公共资源城乡共享机制，让城乡群众共享改革发展成果。[1]

二、实现广州农村经济转型升级的必由之路

从城乡和谐发展的视角出发，美丽乡村建设是推进农村经济发展方式转型的必由之路。美丽乡村作为现阶段新农村建设的重要载体，其实质是在农村建设资源节约型和环境友好型社会，促进节约能源资源和保护生态环境的发展方式在农村的确立。当前，随着工业化、城市化的加快推进，加上发展方式相对粗放，我国农村资源过度利用和环境恶化问题突显，农村经济社会可持续发展的压力日益加大。加快推进美丽乡村建设有利于推动农村经济结构的调整，加快农村经济转型升级；有利于促进人们转变生产方式和消费方式，着力提升农村人居环境和农民生活质量；有利于节约集约利用各类资源要素，从根本上促进人口与资源环境的承载能力相协调，推动农村经济社会的可持续发展。[2]

（一）美丽乡村是城乡一体、城乡和谐发展的结果

由于城市与农村的地理区位、发展阶段和发展环境不同，因而城市与农村在空间、时间和速度的三维巨系统复合结构中的表现必然是非均衡、非对称和非线性的，但同时又不超出临界阈值、有合理梯度的城乡共同体。也就是说，城市与农村具有不同的生态位，不可能实际上也做不到完全同一化，新型城市化发展进程中的美丽乡村建设，在空间形态上存在一定的差别，城市更像城市，农村更像农村，农村既保留优美的田园风光，又达到城市的文明及生活的便利。美丽乡村建设就是要根据城与乡的不同功能定位和发展目标，促进公共资源在城乡之间均衡配置，生产要素在城乡之间自由流动，使城乡居民享受同样的现代物质文明与精神文明，享受同样的社会福利和公共服务，享受同样的国民待遇，最终实现城乡均衡发展。

---

[1] 黄克亮、罗丽云：《统筹城乡发展视角下的广州现代化美丽乡村建设研究》，载《探求》2012年第5期。

[2] 黄克亮、罗丽云：《以生态文明理念推进美丽乡村建设》，载《探求》2013年第3期。

（二）美丽乡村是城市经济与农村经济互为补充的产物

美丽乡村建设是以城乡和谐发展为标志，在城乡统筹、城乡协调、城乡一体的原则下，以要素互补、共同富裕、全面流动为特点，是城市经济与农村经济互为补充的乡村建设。新型城市化不仅需要高度发达的城市经济，更需要农村经济作为补充，只有把城市化的内涵扩展到包括农村经济和农业在内的区域经济发展坐标体系中，并且始终把农村作为区域的"基底"并统一实施联动发展、协同发展、和谐发展，消除传统城市化的弊端，才能真正使城乡从异化走向同化，从对立走向统一，从二元走向一元，从而将威胁社会和谐的深层次矛盾维系和控制在合理阈值之内。这种"结构有序、功能互补、整体优化、共荣共促"的区域经济社会一体化发展系统，通过寻求梯度合理分布、资源空间优化和系统运行流畅的"区域交集最大化"为根本出发点，才能使统筹城乡的区域"红利"得到充分涌流。

（三）美丽乡村建设要实现工业与农业良性互动共赢

城乡协调发展、实现共同富裕是新型城乡关系和谐的最终目的，也是广州建设美丽乡村的关键所在。实行工业反哺农村，城市支持农村，就是要更加关注农业和农村问题，而农村的发展也离不开城市的辐射和带动，城市的发展同样也离不开农村的促进和支持。美丽乡村建设就是要统筹城乡经济社会发展，使城市和农村、工业和农业紧密联系起来，在理顺城乡关系的基础上加快传统农业向现代农业的转变，以工业化、市场化、商品化的理念发展现代农业，不断壮大工业反哺农业和城市支持农村的物质基础，实现新型工业化和农业产业化互促共进，建立地位平等、开放互通、互补互促、共同繁荣的城乡现代产业体系。

三、提高广州农民生活品质的客观需要

建设美丽乡村，改善农村人居环境，承载了成千上万广州农民的新期待。而近年来，一些地方在这一过程中也出现了不少问题，如大拆大建、"被上楼"、千村一面失去特色与文化等。下一步推进村庄整治、建设美丽乡村之路该如何走，尤其是如何让农民真正得到实惠，从根本上提高农

民的生活品质和幸福指数，是一个需要认真探讨和总结的问题。

（一）美丽乡村建设要实现风光"乡村化"、服务"城市化"

没有完善公共服务的美丽乡村无异于空中楼阁，难以扭转农村人口加速外流的趋势。广州美丽乡村建设不光要整治村庄环境，更要推动资源要素向农村倾斜，让基本公共服务实现城乡均等，使广州的农民市民待遇同等。当前，尽管广州农民外出务工者不少，但许多并没有在城市安家。这其中有诸多制度层面的限制，理想的改革是，给予农民更多的保障和权利，让他们从自己的实际出发，做出选择。同时，从另一个角度看，为了避免农民无序涌入城市，就必须保持农村繁荣，改善农村环境和生产生活条件，提升农村公共服务水平，做到"城市让农村更美好，农村让城市更向往"，而保持乡村繁荣最迫切的任务就是改善农村人居环境。

（二）美丽乡村建设要提升农村公共服务、改善农民人居环境

建设美丽乡村的过程中一定要坚持一条主线、双轮驱动。一条主线就是着眼于统筹城乡发展推进城乡一体化这一总目标，推动城乡地位平等、开放互通、和谐发展。双轮驱动，就是一方面要顺应城镇化发展趋势，让更多的农民可以进城安居乐业，即"人的城镇化"要提速；另一方面，尽管农村人口大幅缩减，但农村会长期存在，需要提升农村公共服务，改善农民人居环境。农村环境整治、美丽乡村建设的重点就是以保障农村居民住房安全、饮水安全、出行安全为基本目标，以垃圾、污水治理为重点，加快农村基础设施建设，全面改善农村生产生活条件，同时"有条件的地方要努力推进美丽乡村建设"。每个农村都应成为美丽乡村，既是农民幸福生活的家园，也是市民休闲旅游的乐园，让村里人像城里人一样享受便利和完善的公共服务，理应成为广州统筹城乡发展的根本目标。

（三）美丽乡村建设要做好传统村落保护、夯实农村文化的"软实力"

广州进行农村环境整治和美丽乡村建设，一个核心问题与关键环节就是如何做好传统村落的保护和传承工作。广州村落是岭南农村文化的典型性代表，有必要也有责任对它进行保护和传承。一个地区不能失去文化的记忆。规划要让专家和农民的意见紧密结合，基层政府、村委会不能替农民做主。这一方面是为了工作顺利推进；另一方面也是让最了解当地人文特征、地域文化的人加入到规划中来，真正做到农耕与市井、传统和现代

的结合。村庄规划要特别体现历史的传承性、发展的动态性、农民的主体性。对于传统村落,需要注意,要保护的不仅是物化的遗产形式,比如村落的建筑,同时还要保护非物质的遗产,比如那些活态的文化样式。更为重要和特别的是,这些村落至今还在生长着、发展着。村里的建筑还可能会改造、修整,村里的人们在传承文化的同时还在与时俱进地创造着活态的文化。因而,传统村落成为物质文化与非物质文化的完美结合,不仅蕴含历史,而且面向未来。因此,在当前推进村庄整治、建设美丽乡村的过程中,一定要充分认识传统村落特色、人文精神和文化内涵,力求保持传统与现代的统一,推动美丽乡村建设始终处于科学的轨道。

(四) 美丽乡村建设要让农民"回得去故乡、记得住乡愁"

有人感慨农村是"回不去的故乡",因为在经济发展大潮下,农村已经失去本色。新一轮村庄整治、美丽乡村建设如何保持乡土底色与村庄特色?这对广州建设美丽乡村提出了重大的现实考验。解决的路径选择,除了上述规划为先外,还需重视文化的作用。优秀传统文化的确在流失,迫切需要以人文精神来建设美丽乡村。农村一些问题的出现和优秀传统文化缺失有关系,天人合一、顺天应人、上善若水、敬畏自然都是传统文化的精神内核,需要以此提升村庄的文化层次。美丽乡村建设要让农民生活得更快乐、更自豪,自豪感很重要一方面是来自于传统文化的传承,培养农民对家乡的自豪感和责任感。浓浓的乡情就是吸引农民留下、促进农村繁荣的保证。所以广州的村庄建设,外在要美丽、要健康、要富裕,内在则需要善文化与孝文化的支撑。乡村如果只有美景没有美德,那么美景也是留不住的。文化为魂,美德为先。对新农村建设来说,仅有物质富裕显然是不够的。许多人没有意识到农民对文化的强烈需求。物质生活丰富后,应当建立起农民群众安放心灵、寻找归属、寄托情感的精神家园。这是美丽乡村建设中一个十分重要的内容。①

---

① 魏董华、王政、姜磊:《美丽乡村建设启示录:亿万农民在期待》,原载半月谈网 2013 年 11 月 21 日。http://cq.ifeng.com/world/detail-1_2013_11/21/1490638_2.shtml。

四、推进广州社会主义新农村建设的重要抓手

推进美丽乡村建设，是广州市委、市政府进一步统筹城乡发展，坚持走新型城市化发展道路的一项重要举措。2012年10月，广州市启动了城郊街西和村等22个行政村的美丽乡村试点建设工作。根据广州市创建工作要求，从2012年起至2016年年底前广州市要完成22个行政村的美丽乡村创建工作。其中，城郊街西和村为广州市级美丽乡村创建点，须在2013年年底前完成创建考核验收工作；其余21个村作为从化区级（8个）、镇（街）级（13个）美丽乡村创建点，逐年分批进行考核验收。太平镇三百洞村等8个从化区级试点（每个镇街各1个）2014年年底前完成；余下的13个镇（街）级试点在2016年年底前全部完成。

（一）美丽乡村建设要实现公共资源在城乡之间均衡配置

由于受到多年来二元体制和结构的影响，传统城市化是以牺牲公共资源、公共服务、公共设施在广大农村地区的缺失为代价的，造成公共资源在城乡之间配置不均衡。美丽乡村建设就是要旗帜鲜明地高举公共服务均等化的旗帜，在大力发展农村经济、增强农民获取财富能力的同时，努力构建城乡一体的公共服务体系，不仅城乡居民间的收入、分配和消费水平接近，而且享受的公共资源、公共服务也基本均等化，实现均衡配置，不再区分孰重孰轻、孰主孰次、孰先孰后，这既是美丽乡村建设的难点也是重点所在。

（二）美丽乡村建设要实现生产要素在城乡之间自由流动

从世界各国城乡发展历程来看，几乎都经历着乡育农村、城乡分离、城乡对立到城乡融合的发展阶段，城市之所以能够成为地理单元或空间意义上的增长极，是因为城市具有良好的区位优势、资源优势、科技优势和市场优势，加上城市从农村吸引人、财、物等生产要素的渠道顺畅，因而乡村资源向城市的流动加速，导致城市在配置资源上占据主动地位；相反，由于制度缺陷和缺失，农村的人、财、物等生产要素向城市的流动则设置了很多障碍和门槛，使农村经济社会发展缓慢，美丽乡村建设就是要打破这种障碍和门槛，加速农村资源向城市的合理流动，加快整合各种城

乡资源，实现劳动力、资金、信息、技术、土地等要素在城乡之间有序流动。

（三）美丽乡村是城乡二元结构向城乡一体发展的过程

城乡二元结构是导致目前城乡发展差距不断扩大的直接制度因素和体制障碍，因此，破除城乡二元结构是实现新型城市化的先决条件。要进一步打破横亘在城乡之间包括户籍、土地、财政、金融和公共服务等领域的二元体制障碍，逐步缓解和化解城乡二元体制的矛盾，实现城乡共同富裕和共同发展。美丽乡村建设要求在城市走向现代化的同时，农村地区也要走向共同富裕之路。通过推进现代化美丽乡村建设，加快传统农业向现代农业的转变，加快城市基础设施向农村延伸，城市公共服务向农村覆盖，城市现代文明向农村辐射，以城乡居民全面发展为核心，以城乡之间财富获取与分享的机会平等为标志，以城乡一体化为目标，建立和形成一套城乡之间开放互补、要素自由流动、城乡公共服务均衡发展、城乡共同繁荣进步的机制体制。[①]

[①] 郭艳华：《基于城乡和谐发展的广州新型城市化实现路径研究》，载《探求》2013年第4期。

第三章 美丽烦恼：广州美丽乡村建设的成就与问题分析

为全面深入贯彻落实广州市十届六次全会及第十次党代会做出的"12338"决策部署，坚定不移走有广州特色的新型城市化发展道路，深化落实"天更蓝、水更清、路更畅、房更靓、城更美"，广州市实施"美丽城乡行动计划"，全力推进现代化美丽乡村建设，建设独具岭南特色、生态宜居的都市美丽乡村和农民幸福生活的美好家园。

第一节 广州建设美丽乡村的主要成就

广州市共计1142个行政村，6138个自然村，2012—2016年确定的美丽乡村试点村共计10个区、122个村庄，其中市级14个，区级40个，镇（街）级68个，包括了乡土生态型、都市农业型、村庄整理型、古村落保护开发型和改制社区环境优化型五种类型，安排122家市属单位实施美丽乡村建设"规划到村、责任到人"对口帮扶工作。2012年10月开展美丽乡村建设工作以来，各级、各部门高度重视、主动谋划、积极推进，取得了初步成效。

一、第一批市级美丽乡村试点初显成效

（一）第一批 14 个美丽乡村试点成功验收

广州美丽乡村的愿景是"规划建设有序、村容村貌整洁、配套设施齐全、生态环境优良、乡风文明和睦、管理机制完善、经济持续发展"的宜居、宜业、宜游的社会主义新农村。

2012 年 9 月，广州开始第一批 14 个市级美丽乡村试点。通过一年多的综合整治，花都区梯面镇红山村、番禺区南村镇坑头村、白云区太和镇白山村、南沙区南沙街金洲村、萝岗区九龙镇莲塘村、萝岗区永和街禾丰新村、从化市城郊街西和村、增城市中新镇霞迳村、海珠区华洲街小洲村共 9 个试点村被授予"广州市美丽乡村"称号。通过验收考核的荔湾区石围塘街山村、荔湾区海龙街增滘经济联社、天河区珠吉街珠村、海珠区琶洲街黄埔村、黄埔区长洲街深井社区等 5 个试点，鉴于这些试点已转制为社区并与城市建成区连片，这 5 个社区改为纳入幸福社区继续创建。2014 年第二批 28 个市级美丽乡村试点建设工作已全面启动。

据了解，这 28 个市级美丽乡村试点各具特色、美景如画。如：从化市良口镇溪头村群山环绕，地处流溪河的源头，周围空气清新，万树梅花飘香；南沙区东涌镇大稳村河涌纵横，绿道上瓜果丰熟，农艇来往穿梭；增城市荔城街莲塘村邻近增江河畔，建设有古荔台、荷花池、古榄园、樱花园、竹林鸟语等多处景点，350 年树龄的荔枝树已成为亮点；白云区钟落潭镇寮采村游乐设施完备，通过发展生态旅游产业，每年吸引 100 多万人次前来休闲消费，年营业收入达 1000 多万元；花都区洛汤村通过对古村民居建筑的保护和开发利用，发展文化创意和特色餐饮产业，吸引众多游客驻足；番禺区新水坑村村民群众"我要美丽"意识较强，积极配合村委会推进美丽乡村的建设工作，古旧建筑得到很好保护，村容面貌焕然一新。

（二）完善各项配套措施，实现公共服务均等化

1. 基本实现试点村庄公共基础设施的"七化工程"和公共服务设施"五个一"工程，构建"20 分钟服务圈"。围绕着"美丽乡村"建设目

标,广州市 2012 年开展第一批 14 个市级创建点,分别打造五种类型的试点村。按照公共服务均等化原则,让城市公共服务要素向农村延伸,让村民共有共享基本的公共服务,共享新型城市化建设的成果。破解农村发展瓶颈,补齐广州发展的短板,必须创新体系,优化发展环境,配套完善农村基础设施和公共服务体系,重点是农村基础设施"七化工程"和公共服务"五个一"工程。"七化工程"即完成道路通达无阻化,自然村村际道路 100% 水泥化、村内道路 100% 硬底化,实现道路通达风雨无阻;农村路灯亮化,试点村要率先实现"十大惠民工程"之农村光亮工程计划;100%饮水洁净化,试点村自来水普及率达 100%;生活排污无害化,试点村生活污水 100% 不直排;垃圾处理规范化,建立垃圾分类处理机制,有害垃圾推行"户集、村收、镇运、市处理"制度;卫生死角整洁化,清理藏污纳垢场所、治理坑塘沟渠,消除蚊蝇"四害"滋生地;通讯影视"光网"化,实施"宽带广州""光网广州"战略,试点村 100% 自然村通"光网",达到高速数据下载、高清视频点播等高带宽、高速率的要求。"五个一"工程即实行一个综合服务中心(维稳、健康、计生服务等),一个不少于 200 平方米、1500 册藏书的文化站,一个户外休闲文体活动广场,一个不少于 10 平方米的宣传报刊橱窗,一批合理分布的无害化公厕。

2. 全面开展试点村的村容村貌综合整治。对试点村的村容村貌专项设计,实施村容村貌综合整治。全面清拆村庄内乱搭乱建的建筑物、构筑物,全面统筹改造危旧房和泥砖房,重点帮扶困难户修缮改造破旧住房;整饰建筑外立面,彰显属地人文景观和建筑特色;做好村内道路和公共活动场所的日常保洁,清理河道沟塘卫生死角,对村公共设施进行维护以保证能正常使用;大力推进村庄绿化美化工程,利用边角地开辟体育健身、休闲娱乐场地。增城市为每条自然村配套垃圾收集箱,定时收运;花都区为港头村等村对绿化统一招标,造价约为 31.5 元/平方米,区政府发动全区领导到村开展植树活动;白云区在全区开展农村清洁绿化工程。通过建设美丽乡村,农村环境处理能力、互相监督能力显著提高,村民环境保护、维护观念明显增强,农村环境质量大为提升,为下一步打造奠定良好的基础。

（三）全面实现规划格局，构建良好人居环境

近年来，广州市先后制定了加快社会主义新农村建设的实施意见，加快形成城乡经济社会发展一体化新格局的"1+12"综合配套文件（内容涉及城乡基础设施建设、农民建房、城乡社保、城乡规划、产业布局、公共服务、土地管理、中心镇建设等方面），惠民66条和惠民补充17条，加强农村扶贫开发工作，名镇名村创建等一系列文件，建立健全了一套强农惠农富农政策体系。在每年政府重点抓的十件民生实事中，有关农村的内容占据了较大比重。特别是自广州市第十次党代会提出实施"美丽城乡行动计划"近一年来，美丽乡村建设已形成稳定格局：一是成立美丽城乡行动计划工作领导机构。目前各区（市）都已成立了美丽城乡行动计划工作领导小组，各个镇（街）也相应成立工作领导小组，由镇（街）主要负责同志任组长，加强对美丽乡村建设工作的领导。二是推进名镇名村建设。在全面完成了广州市1142个村庄规划的基础上，重点打造名镇名村。在2011年的美丽乡村建设中，确定并已启动建设的名镇有10个，名村有28个。其中市级名镇3个，市级名村4个，区（县级市）名镇7个、名村24个。据相关部门初步统计，这10镇28村涉及总资金约为131亿元，其中市级名镇名村投资约53亿元，区（县）级名镇名村投资约78亿元。上述建设资金主要用于完善名镇名村的水、路、电、气和信息网络、垃圾处理、污水处理等公共服务配套。三是加强村庄综合整治，搞好农房改造。自2010年以来，广州通过"双到"扶贫等方式，以泥砖房改造为切入点，已完成北部山区8个镇8000多户危房的改建任务，为美丽乡村建设奠定了基础。[①]

二、广州市行政村村庄规划工作扎实推进

（一）制定总体目标，确定整体思路

1. 制定美丽乡村建设五年总体目标。从2012年开始试点，选择一批

[①] 黄克亮、罗丽云：《统筹城乡发展视角下的广州现代化美丽乡村建设研究》，载《探求》2012年第5期。

基础较好的村作为美丽乡村试点进行重点打造，2013 年年底建成第一批美丽乡村示范点，2016 年年底实现广州市 10% 的行政村完成美丽乡村创建工作。美丽乡村试点分市级、区（县级市）级、镇（街）级三级创建，10% 的行政村全部分解到三级层面统筹谋划，一次性确定所有创建点，2012 年全面启动，分年度完成创建任务。具体来说，从 2012 年 8 月起，除越秀区外，广州市 11 个区（县级市）选择 122 个群众意愿强烈的村（或社区）作为美丽乡村试点，按照"一村一案"的原则，精心策划，扎实打造，市级创建点作为第一批美丽乡村的示范点，2012 年年底见成效，2013 年年底完成；区（县级市）级创建点 2012 年为每个镇 1～2 个；其他为镇级创建点。从 2013 年起，把创建效果明显的创建点提升为上一级创建点，逐级打造，逐级提升，逐年验收，2016 年年底实现广州市 122 个行政村或社区完成美丽乡村创建工作。在取得第一批试点建设经验的基础上，进一步研究完善广州市美丽乡村建设标准，并谋划广州市美丽乡村 10～20 年的发展大计。

2. 确定工作思路，把握建设方向。第一，以人为本，民意为重。坚持把农民群众的利益放在首位，坚持以民主促民生，尊重农民群众的知情权、参与权、决策权和监督权，有条件的可建立美丽乡村村民理事会，充分发挥农民群众的主体作用，激发农民群众建设美丽乡村的主动性、积极性和创造性，充分发挥他们的智慧，按照自身的意愿和要求，用自己勤劳的双手来建设自己的美丽家园。第二，规划先行，加强引导。以行政村（或社区）为单元，以生态优先、景观优先、公建优先为准则，高标准、高起点地深化村庄规划编制工作，实现经济社会发展规划、土地利用总体规划、村庄规划"三规合一"，确保美丽乡村建设项目顺利"落地"和快速推进，强化规划的前瞻性、科学性、指导性和可操作性，确保规划落地、项目顺利实施，并切实解决农民建房问题。第三，因地制宜，分类指导。坚持立足实际，因地制宜，区分功能，科学谋划发展思路，准确把握工作重点，走特色发展、差异发展之路，依托各村（或社区）不同的资源禀赋和区域优势，发掘内涵、培育特色，探索不同类型的乡村采用不同的创建路径。根据不同的阶段和任务，分市级、区（县级市）级、镇级创建点，在市级试点的引领下分层次逐步推进。第四，生态优先，绿色发展。坚持把生态保护放在首位，正确处理城乡建设、产业发展与生态保护的关系，实现经济社会发展与生态保护的有机统一，各地要着力做好生态保护，保护好秀美山水、优美环境。①

（二）明确各方职责，共推村庄规划

1. 强化领导，推进村级组织建设。①实行常委挂点指导，着力完善领导联系制度。广州市美丽乡村建设实行市委常委挂点联系制度，1 位市委常委挂点 1 个区（县级市）督导各区（县级市）从贯彻落实市委、市政府的新型城市化战略的高度，扎实地推进美丽乡村建设试点工作。据初步统计，2012 年 10 月至今，14 位市委常委先后约 50 次视察美丽乡村工作，市委书记 9 次赴增城市（县级市），市长 5 次赴从化市（县级市），市委副书记 4 次赴花都区，常务副市长 5 次赴白云区，市委秘书长 8 次赴番禺区等挂点区（县级市）视察指导美丽乡村建设，为村庄规划、村容村貌整治、基层组织建设、项目推进等协调难题。市委常委领导的高度重视，提升了基层狠抓美丽乡村建设的积极性，提高了责任感和战斗力，增强了村民积极改善生活环境的决心，是推进农村综合提升、加快美丽乡村建设步伐最重要的措施。②加强基层组织建设，创建村民理事会。第一，广州市美丽乡村试点的基层组织建设方案，用于指导广州市美丽乡村试点的乡村组织建设工作。各级各部门通过试点村探索工作重心下移到农村基层，调动村干部工作积极性，以抓党组织建设为核心的村级组织建设，深化村级管理体制改革，把村级组织建设成为推动发展、服务群众、凝心聚力、促进和谐的坚强战斗堡垒。市委组织部将美丽乡村试点的考核结果作为有关单位领导班子和领导干部奖惩和任用的重要参考依据。第二，建立美丽乡村建设村民理事会。为充分调动村民参与美丽乡村建设的主动性、积极性和创造性，发挥村民在美丽乡村建设中的主体作用，完善村民自治制度，在各区（县级市）政府的统筹指导下，在村党支部、村委会的领导下，有条件的村可组建美丽乡村村民理事会，协助村两委开展美丽乡村建设。在区（县级市）政府、镇（街）政府的指导下，村民理事会负责拟定本村美丽乡村建设方案、研究协调涉及美丽乡村建设的重大事务、发

---

① 《广州市美丽乡村试点建设工作方案》（穗办电〔2012〕92 号）。

动与组织村民参与美丽乡村建设、协调解决美丽乡村建设过程中的问题和困难。美丽乡村建设方案按照《中华人民共和国村民委员会组织法》有关要求，召开村民会议表决通过并签名同意，按程序开展美丽乡村建设。

2. 全面开展村容村貌综合整治，清理农村"无证"建设遗留问题。第一，做好试点村的村容村貌专项设计，实施村容村貌综合整治。全面清拆村庄内乱搭乱建的建筑物、构筑物，全面统筹改造危旧房和泥砖房，重点帮扶困难户修缮改造破旧住房；整饰建筑外立面，彰显属地人文景观和建筑特色；村内设有垃圾集运点和垃圾箱，实行定时定点清运，做到日产日清，生活垃圾集运点规范美化，周边环境整洁干净，合理设置垃圾收集点或垃圾房，推广建设卫生厕所；大力推进村庄绿化美化工程，利用空闲地、边角地、道路两侧、村前屋后等地方，见缝插绿、铺石筑径、塑造园艺景观小品，开辟体育健身、休闲娱乐场所，营造村庄宜人的生活环境。第二，加大对农村违法建设的清理力度，集中力量摸清农村违法建设底数，根据是否符合土地性质、土地利用规划、城乡规划等定性意见进行分类处理，该拆除的拆除，该罚款的罚款，该没收的没收；对符合"两规"及"一户一宅"等政策规定的村民住宅，依法处理后补办规划、用地、验收手续，办理土地及房地产登记；对符合"两规"但存在"一户多宅"现象的村民住宅，探索建立农村宅基地有偿转让的处理机制，依法处理并完善有偿转让手续后，办理土地及房地产登记。

3. 大力促进农村经济发展。推进落实各项强农惠农政策，推进农业科技创新，加快农业转型升级；大力发展都市型现代农业，打造市级现代农业发展平台；大力发展农民专业合作社，提升基层农业生产组织化水平；大力发展农村集体经济，提升农村集体经济收入水平，培养、扶持农业龙头企业，完善农业龙头企业带动农户机制；发掘美丽乡村试点村观光休闲农业资源禀赋，鼓励、引导当地群众发展观光休闲农业和农家乐，发展乡村旅游业。同时，构建城乡一体化的劳动就业服务体系，开展农村劳动力技能培训，引导农村劳动力转移就业，促进农民致富增收。

（三）典型示范实施，落实保障有力

1. 选择典型，通过示范带动美丽乡村建设。①科学组织美丽乡村基础性、前瞻性研究，保障美丽乡村试点工作经验在广州市推广。第一，统筹开展三级美丽乡村试点村庄"村情"综合摸查分析。包括土地利用、人口状况、人文遗产、旅游资源、基层组织、乡村经济、农林资源、水利水系等,把这些涉及多部门的基础资料收集起来,经系统地核对、整理分析,找出内在规律,为谋划广州市乡村的可持续发展提供系统、可靠的第一手资料。第二,在系统摸清"村情"的基础上,按照"微干预、微改造、原生态、分类指导、四规合一、规划落地"的思路,系统地实施不同类型美丽乡村的发展模式,达到对症下药、少花钱、成效实的效果。以上工作需要分门别类、设立不同研究课题,对美丽乡村试点工作进行总结、评估。课题费用及美丽乡村办公室工作经费(包括宣传发动、检查评比、调研考察、工作交流、人员培训、专家评估等)按实际需求纳入市建委年度经费预算。②积极探索村庄整理试点。科学谋划村庄整治的长远规划,推进"农民住宅社区化",充分利用国家"城乡建设用地增减挂钩"政策,积极筹措金融资本和社会资金,盘活农村地区的泥砖房、危破房和空心村的土地资源,引导农村住宅建设节约集约用地,自然村向中心村、集镇集聚,鼓励统一建设多层公寓式住宅,进一步解决符合分户条件的村民的住宅问题。

2. 循序渐进,探索长效机制。①循序渐进,逐步推进。增城、从化、花都等作为广州美丽乡村建设的"主战场",美丽乡村建设正有条不紊地进行着。增城按照"规划先行、分步实施、一村一策"的原则,把示范点打造成功能配套合理、整洁美丽的现代化新农村,全面启动美丽乡村建设。增城美丽乡村规划建设主要包括四个方面:一是村庄各功能分区明确,村容整洁。二是产业特色鲜明,因村制宜,宜工则工,宜商则商,宜旅则旅。三是完善农村基础设施建设和公共服务设施建设。四是以泥砖房改造为切入点,整合土地,折旧建新,规范农村建房。增城通过实施美丽乡村行动计划,环境秀丽、设施完善、产业发展、村民富裕的"最美荔乡"已呼之欲出,为广州推进美丽乡村建设提供了样板。花都区为加快推进美丽乡村建设工作,在《花都区建设美丽乡村行动计划》中明确以"点—面"结合的形式推进美丽乡村建设。重点抓好两个点的规划建设:一是北部梯面镇的美丽乡村建设,在目前红山村和镇区建设的基础上,在其他主要的村每个村投入500万~1000万元进行整体整治,重点发展乡村旅游业；二是在西部涉及赤坭、炭步、狮岭等镇 10 个村的 25 平方公里农田生态示范区推进美丽乡村建设。在基础设施建设和管理方面，把城区的管理模式逐步延伸到乡村去，提高村庄规划水平，推进基础设施和文化体育设施建设，重点突出村容村貌整治。通过扶贫开发和名镇名村建设，打造以梯面片区为样板的花都美丽乡村。从化市围绕广州北部城市副中心的发展定位，着力打造生产持续发展、生活不断改善、村容整洁美丽、乡俗文明和谐、公共配套完善、智能信息覆盖的现代化美丽乡村。① ②探索村庄建设和管理的长效机制。做好美丽乡村试点村建设和管理工作。积极探索村庄基础设施和公共服务设施，包括清洁卫生、绿化管理、污水治理等建设与管理的长效机制。由市财局牵头，区（县级市）政府和相关部门配合，摸清各试点村的财力状况，制定市、区（县级市）、镇（街）财政的补贴额度和管理办法，理顺卫生保洁、绿化养护、污水治理等方面的长效管理机制，调动农民清洁家园的积极性，建立评比监督制度，建立红、黑榜公示制度。

  3. 完善保障措施，确保稳步推进。①完善用地保障。科学安排美丽乡村试点项目用地指标，充分利用村庄低效、废弃、闲置建设用地，确需使用新增建设用地的，纳入辖区年度土地利用申报计划，由市统筹安排，重点保障，主要用于试点村基础设施、公共服务设施、农民住宅和村集体经济发展物业建设。市国土房管局预留适量市级统筹用地指标，建立市级美丽乡村创建点用地保障快速申报通道，指导基层快速报批，2013 年年底完成市级创建点美丽乡村示范点建设的用地需求。推进集体建设用地使用权依法流转，促进农村建设用地节约集约利用。把产权清晰、符合土地利用总体规划和城乡规划的合法集体建设用地纳入统一的市场，允许通过出让、出租、转让、转租和抵押等方式盘活高效利用，切实增加农民收入。②多方筹资，保障资金投入。第一，市、区（县级市）按照有关规定的出资比例配套财政专项资金进行美丽乡村的建设。市本级财政原预算的涉农建设资金优先用于美丽乡村建设，重点保障市级创建点，保障美丽

---

① 黄克亮、罗丽云：《统筹城乡发展视角下的广州现代化美丽乡村建设研究》，载《探求》2012 年第 5 期。

乡村试点建设资金需求和项目顺利实施。美丽乡村试点村建设资金需求按建设项目申报，经市美丽乡村办按门类归口梳理核实，建立市级美丽乡村试点建设项目库和资金计划。其中，凡能纳入涉农建设资金安排的，由市财政局负责统筹涉农对口部门落实相应建设资金并负责指导建设，该资金纳入相应部门的年度预算；未能在涉农建设资金中安排的，由市财政局在市本级财政预算中安排专项资金，纳入市美丽乡村办（市建委）部门预算中。区（县级市）财政要参照市本级财政模式安排相应预算用于美丽乡村建设。第二，积极引进各类社会资金。引导商业银行、小额贷款公司等金融机构对美丽乡村建设给予资金支持，市及区（县级市）财政给予贴息贷款支持。按照"谁投资、谁受益"的原则，动员和鼓励社会资本和产业资本投资美丽乡村建设村庄，参与历史文化古村、休闲旅游生态村等建设，参与观光休闲农业、生态农业、设施农业及产业化基地，参与农村集体闲置用房综合利用和村级标准厂房及商贸项目建设，实现优势互补、合作共赢。村集体和村民投资投劳。本着群众自愿、量力而行的原则，发挥镇（街）、村，尤其是发挥美丽乡村建设村民理事会的组织作用，积极引导和发动村集体和群众投劳投资，充分发挥村民在美丽乡村试点中的主体作用。

三、村庄规划编制和信息化试点有条不紊

（一）区分建设类型，明确规划编制

1. 确定建设类型，梳理深化村庄规划。第一，广州市确定美丽乡村的五种类型。一是乡土生态型，主要是充分利用乡村的生态环境资源，进行村庄综合整治和配套完善公共设施，挖掘乡村旅游资源，发展农家乐旅游等；二是都市农业型，主要是推进农村土地流转，促进农业产业化经营，建设现代农业并开展特色农业体验旅游等；三是古村落保护开发型，主要是拓展古村落历史文化资源，对村庄文化进行保护和开发利用，发展古村特色旅游业等；四是转制社区环境优化型，主要是对城乡接合部的转制社区进行综合整治改造，改善社区基础设施和公共服务设施，把现状脏乱差、消防和社会治安隐患突出的城中村转变成整洁有序的宜居新社区；

五是村庄整理型，主要是对村庄整体拆迁复建或者对"空心村"进行改造，集中建设农民新村，做到"住宅进社区"。力求通过重点打造不同类型的美丽乡村试点，探索广州市不同地域、不同类型的美丽乡村建设经验，带动广州市美丽乡村建设。第二，梳理深化村庄规划，落实村庄土地利用总体规划。因地制宜，科学编制试点村村庄土地利用专项规划，与村庄规划充分衔接，注重村庄人文环境、建筑环境和艺术环境的统一规划，统筹安排农村经济社会发展各类各业用地，促进城乡公共服务均等化。全面核查试点村的土地利用总体规划，使试点村庄建设用地选址符合土体利用总体规划。推进集体土地管理制度改革试点，盘活美丽乡村建设试点的土地资源，把土地资源转变为美丽乡村试点建设的资本。同时，广州市制定《广州市农村村民住宅规划建设工作指引》，并制定配套相关文件，为村民提供《美丽乡村民居设计图集》，建立符合广州市实际、便捷的村民住宅报建渠道。

2. 建立规划制度体系，形成规范系统。广州市深化美丽乡村试点村村庄规划，组织开展试点村规划编制工作，建立"市指导、区（县级市）负责、镇（街）具体组织、村参与"的村庄规划编制和管理工作机制。第一，要发挥规划引领作用，规划编制过程要充分征求村民意见，成果要公示，通过科学民主的方式，打造"阳光规划"，编制出能够"落地"的村庄规划，指导美丽乡村建设。规划在总结提炼市级美丽乡村试点村规划编制经验的基础上，通过梳理和检讨现行规划，拟定广州市美丽乡村规划编制指引，指导美丽乡村规划的编制和修编工作，推动规划"落地"，为村庄建设和管理提供科学依据。为了深入指导各区（县级市）美丽乡村建设，广州市出台了一系列美丽乡村政策性文件。2012年9月，市委办公厅、市政府办公厅印发实施《广州市美丽乡村试点建设工作方案》，紧接着市委办发布了《美丽乡村结对帮扶工作方案》，市档案局、民政局、建委联合发布《关于做好广州市美丽乡村和幸福社区试点创建档案工作的意见》，市发改委、建委联合发布了《关于加快推进美丽乡村建设立项等工作的意见》，市建委发布了《广州市农村村民住宅规划建设工作指引》，市规划局发布了《广州市村庄规划编制实施工作方案》和《广州市村庄规划编制指引（试行）》，市国土房管局发布了《关于美丽乡村项目安排使用新增建设用地指标有关问题的通知》，市财政局、建委、发改委联合发布了《广州市本级美丽乡村建设资金管理办法》等。至此，美丽乡村试点工作文件体系已基本完善，对美丽乡村建设工作有着政策性指导。各区（县级市）也根据实际情况制定了一系列政策文件，且有很多独创性政策，如花都区发布10多份政策，其中《美丽乡村专项资金奖补暂行办法》明确资金分配方式、补助范围、绩效管理等，有效推进美丽乡村基础设施建设，成效显著。

2012年11月底，包括14个市级美丽乡村试点在内的广州市26个示范村村庄规划顺利审批，以此为基础，市规划局制定了《广州市村庄规划编制实施工作方案》和《广州市村庄规划编制指引（试行）》。2013年4月，市委、市政府召开"村庄规划编制实施工作动员大会"，部署2013年完成广州市1142个行政村村庄规划编制工作，实施"三规合一"，不同村庄类型采取不同的规划方法，积极探索村庄独特发展路径。在规划编制过程中，将"自下而上"和"自上而下"的规划方法结合起来，安排访谈、问卷调查、规划工作坊、规划公示、村民集中审议等五个村民参与环节，充分听取民意。围绕村庄规划和村庄建设发展，从化市（县级市）提出将城郊街西和村、红旗村、光辉村等万花园沿线11个村整体谋划，建设全国最大最好的"美丽乡村群"；白云区邀请著名策划公司及市规划设计研究专家为白山村量身定做村庄长远发展大计；萝岗区通过集约节约用地，通过规划全面改造禾丰村，改善农民居住环境、完善配套设施、增加农民收入、盘活土地资源；南沙区围绕区域美丽乡村规划建设，实施村庄规划大会战战略。

（二）成立领导小组，项目引导建设

1. 成立领导小组，形成组织保障。在市委、市政府统一部署下，广州市迅速成立了市、区（县级市）、镇（街）、村四级美丽乡村工作机制，成立了以政府一把手为组长的领导小组，组建协调有序的办公室，具体负责辖区内美丽乡村建设综合统筹、协调指导工作。各区（县级市）均已出台了《美丽乡村试点工作实施方案》，明确工作目标和任务，每项工作明确具体承担部门，安排专人跟踪，务求做到工作机构纵向到底，横向到边，层层抓落实。各级各部门联动，全面动员，全面开展创建工作，在广州市形成一盘棋格局，掀起美丽乡村建设热潮。花都区成立了 10 个督查工作组和专门考核小组，分别由 10 位区人大、区政协的领导班子成员牵头负责，每月进行 2 次定期督查；广州市副市长、增城市委书记在霞迳村前期拆迁建设任务重时，每周召开美丽乡村建设工作例会，有效推动了霞迳村建设进程；白云区牛和平区长亲自为白山村美丽乡村发展规划、建设方案、项目实施把脉，凝聚区内各部门力量，快速推动白山村美丽乡村建设。

2. 注重项目引导，推动信息化试点。广州市委、市政府明确，市财政每年安排不少于 30% 涉农资金用于美丽乡村项目建设，各区（县级市）安排不少于 40% 涉农资金用于美丽乡村项目建设。据市财政局统计，2013 年市本级财政涉农资金可统筹用于美丽乡村建设的资金总额为 9.14 亿元。广州市 14 个市级美丽乡村试点村，除海珠区琶洲街黄埔村没有申报项目外，其他 13 个试点村经审核总投资约 80200 万元，其中市财政 4659 万元，区（县级市）财政 59343 万元，其他（村集体自筹及企业等社会资金）16198 万元。涉及市财政资金投入的"七化""五个一"工程和村容村貌综合整治建设项目总投资为 8809 万元，其中市财政 4659 万元，区（县级市）财政 4150 万元。市已有专项资金补贴、自筹资金、社会资金投资的项目及南沙区、萝岗区自筹资金解决均不用市财政出资。项目库从去年 8 月开始申报，陈如桂常务副市长召开 5 次协调会议，各区（县级市）按要求先后申报 5 次，广州市办组织了 4 次专题会议，现场实地考察 1 次，并征求 3 次意见，经修改完善后的项目库已报领导小组审核，待批。

目前，广州市 187 个项目中年前已有项目完成 31 个，完成投资 15749 万元，现在建项目仅 11 个，未开工 130 个，南沙区、萝岗区由于均为自筹资金，前期工作已全部完成，部分项目已开始建设，其他试点村的项目仍在等待项目库批复。项目的实施将进一步完善农村基础设施，进一步提升农村宜居水平，为引进其他资金进行美丽乡村建设提供了良好的基础。同时，广州市委办公厅设立工作专员制度、简报制度、督办制度、检查考核制度、QQ 群联络制度等，把美丽乡村建设引向规范化、制度化。

（三）多方联动，加大帮扶力度

美丽乡村建设实施"规划到村、责任到人"结对帮扶政策，122 家市属单位结对帮扶 122 个美丽乡村试点,广州市办出台了《美丽乡村建设结对帮扶工作方案》政策性文件,以"政府主导、农民主体、企业主唱"为原则,指导各区(县级市)及帮扶单位开展美丽乡村结对帮扶工作。各帮扶单位深入基层,全面了解帮扶挂点村基本情况,重点推进美丽乡村建设,结合本单位特性,开展特色帮扶,为帮扶村解决美丽乡村建设过程中遇到的困难和问题,及时向有关部门反映情况,并按要求制定切实可行的实施方案,明确目标、任务、工作计划等内容,形成强而有力的长效机制,确保工作落到实处。市城管局向海珠区小洲村派驻了驻村干部,全面协调区、街、村开展美丽乡村建设;市林业和园林局除做好广州市美丽乡村绿化建设工作外,为南沙区金洲村绿化规划全面谋划;市水务局结合天河区珠村城中村河涌截污工作开展帮扶工作;市国土房管局在增城高滩村开展农村建设用地增减挂钩、低丘缓坡等土地政策试点;市城投集团投入 50 万元作为从化市红旗村美丽乡村建设起动资金。

第二节 广州建设美丽乡村面临的问题

尽管广州市美丽乡村建设取得了显著成绩,在国内也产生了显著的影响,但在进一步推进相关工作中仍存在一些问题,乡村生态文明形势仍不容乐观,城镇化造成了农村环境超出负荷,政府和乡村的建设理念仍滞后于形势发展,建设的制度障碍凸现出来。

一、乡村生态文明形势不乐观

(一)乡村生态文明总体不乐观

广州在美丽乡村建设仍存在不少矛盾和问题,生态文明形势总体上不容乐观,严重影响人们的身心健康和经济社会可持续发展,主要表现在以下五个方面:一是土地资源紧缺、人均土地和耕地资源不到全国人均水平的一半,可供开发的后备土地资源有限;二是生态屏障的生态保护、水源保护、生物多样性保护等生态效能较低,导致自然生态系统抗灾能力降低,洪涝、干旱等灾害频发,生物多样性受到严重破坏;三是水资源时空分布不均,夏秋易洪涝,冬春常干旱,水质污染较严重,部分江河断面水质为Ⅴ类和劣Ⅴ类。四是能源匮乏,能耗巨大,空气、酸雨污染问题突出,温室效应和热岛效应加剧。五是近海生态环境不断恶化,入海排污口部分超标,海洋环境突发事件风险加剧。①

(二) 具体方面的问题繁杂

第一,土地利用效率不高。广州市国土房管局为美丽乡村建设预留了800亩建设用地指标,至目前为止,未有项目申请使用。美丽乡村建设重要内容之一是大力促进农村经济发展,提升农村集体和农民收入,实现农村经济持续增长。市国土房管局明确,农村经济发展项目需首先用村的建设留用地指标。此前建设留用地指标的取得需有历史征地,市国土房管局最近发文明确可按10%预支留用地指标,但缺乏具体操作指引。如从化市西和村花卉科普展示馆、草堂农家乐等项目,白云区白山村的老年公寓、乡村旅馆(一期)等项目,虽经多方沟通及申请,仍未解决留用地指标问题,其项目无法进行项目用地选址。建议各试点村优先盘活集体存量闲置土地,以农村土地综合整治和城乡建设用地增减挂钩为主,提供美丽乡村建设用地指标;另外《关于美丽乡村项目安排使用新增建设用地指标有关问题的通知》明确:美丽乡村建设的产业、商业等经济发展项目用地应首先抵扣留用地指标;没有留用地指标的,可以预支使用留用地指标,今后项目建设征收该村土地需要安排留用地时予以核销。请各区(县级市)在市级美丽乡村试点村中率先采用预支留用地指标政策,破解经济发展建设项目用地难题。市国土房管局出台预支使用留用地指标的工作指引,并明确800亩建设用地指标使用条件,加强区(县级市)国土房管部门的指导。

第二,污染较严重,处理仍不尽如人意。经过乡镇以点带面的带动作用,经过农村规划和治理的一系列工作,广州市农村面貌改善较快。但是目前来讲,广州市农村基础设施和生态环境仍有许多不尽如人意之处,特别是垃圾处理和污染治理方面,仍有大量工作要做,大多数村庄没有进行

---

① 梁志伟、高菊:《幸福广东的生态依托》,载《探求》2014年第2期。

垃圾集中处理场所及简单污水处理设施，垃圾随处乱倒，村庄环境脏、乱、差现象严重。目前，广州市只有小部分村庄对生产、生活垃圾进行集中处理，大多数村民随意乱倒，就近倾倒生产、生活垃圾，有的乡村人畜混居，农村村庄人居环境较差。

二、城镇化造成农村环境负荷

2011年广州人口城市化率已经达到83%，常住人口达到1270.08万人，加上短期居住流动人口，总人口达到1500万人甚至更多，这意味着广州美丽乡村建设不可避免地与新型城市化建设交叉进行。

（一）城乡收入差距较大

农民增收基础薄弱，城乡居民收入差距较大。在城乡居民收入方面，广州城乡居民消费水平和生活质量差距仍较为明显，城市居民恩格尔系数为33.3%，农村居民为45.91%。"十一五"期间，广州农村居民人均纯收入从2006年的7588元增加到2010年的12676元，年均增长12.4%。但城市居民人均可支配收入与农村居民人均可支配收入之比，只是从2006年的2.55:1微调到2011年的2.32:1。2011年广州农村居民人均纯收入14700元，在全国大城市中只排名第八，低于苏州（17226元）、宁波（16518元）、杭州（15245元）、北京（14736元）等市，也低于珠三角的东莞市（22125元）、中山市（15536元）。2011年，广州北部山区8个镇农民人均收入只有8000元左右，有部分农民年人均纯收入低于6000元。另外，广州农民收入构成也不尽合理，工资性收入成为主要来源，家庭经营收入退居第三位，财产性收入还较低。

（二）农村公共服务与社会保障依然薄弱

广州城乡基本公共服务不均衡的问题仍较突出。以教育为例，城乡教育资源分布不均，教育投入差距较大，如以2010年广州市十个区和两个县级市的小学生生均教育经费进行比较，最高的越秀区超过12000元，而最低的从化市还不到7000元，两地相差近一倍。广州城乡医疗卫生资源配置不合理，城市中心区域与北部山区、农村及基层医疗卫生和健康资源分布不平衡，表现为"看病难"问题较为突出。农村医疗网点少、水平低、设施差,广州城市居民每千人拥有职业医师、助理医师的人数是农村居民的 20.3 倍。花都、增城、从化至今没有一所三甲医院,但是越秀区就有 14 家三甲医院。在社保方面,2011 年广州城镇职工月人均养老金 2413 元,农村居民是 627 元,城乡差距近 4 倍。全市城镇平均低保标准为 516 元,农村平均低保标准为 430 元,农村低保标准只达到了城镇标准的 82%。

(三) 农村规划不足,基建不完善

近几年来,在城乡规划方面,广州编制了中心镇和中心村建设规划,针对城中村与旧村改造,提出了"一村一策"等工作方案。但对照沪杭、成渝等市的城乡规划,广州还存在不少差距:一是城乡规划仍不够科学合理,统筹力度不大。规划只注重城区和近郊,对中远郊农村各镇和行政村(尤其是自然村)的规划相对滞后。二是规划没有走在前面,部分规划人员对农村的情况不熟悉,造成制定的规划脱离农村实际,起点不高或不够全面。三是"城中村"建房规划落后,乱搭乱建现象严重,远郊出现"空心村"。虽然部分村通过环境整治和旧村改造,村庄格局有所改善,但由于广州一直以来用地紧张,加上没有统一的建房标准,农村建房总体较为混乱。同时,在农村基础设施建设方面仍有欠账,城乡的"五网"(路网、水网、电网、广播电视网、通信网络)建设差距较大。目前,广州市仍有 18% 的自然村未通水泥路,50 户以下的自然村还未实现通洁净水,近 200 个自然村尚未开通有线电视。另外,由于部分村级集体经济薄弱,农村基础设施和公用事业的经营管理效率低下,致使大量的基础设施损坏严重。①

三、乡村建设的理念更新滞后

乡村的美丽不仅体现在住房、村庄等物质条件的优越舒适,还要体现在老百姓精神面貌的积极、友善,以及整个农村人文环境的和谐。乡风文

---

① 黄克亮、罗丽云:《统筹城乡发展视角下的广州现代化美丽乡村建设研究》,载《探求》2012 年第 5 期。

明素质美是美丽乡村的灵魂。建设美丽和谐的农村人文环境,既要育新风除陋习,又要重传统承血脉,让现代文明与乡风民俗共筑的美丽乡村的精神家园。

(一) 认识不到位,思想不统一

由于对美丽乡村建设认识不够,不同层级政府和不同职能部门在具体实施或参与美丽乡村建设时所表现出的积极性和行动力必然不同,难以形成建设合力,达成整体联动、资源整合、社会共同参与的建设格局。对于美丽乡村建设,不能仅仅停留在"搞搞清洁卫生,改善农村环境"的低层次认识上,更不能形成错误观念,认为它只是给农村"涂脂抹粉"、展示给外人看的。而应该提升到推进生态文明建设、加快社会主义新农村建设、促进城乡一体化发展的高度,重新认识美丽乡村建设。开展美丽乡村建设,是贯彻落实十八大精神、实现全面建成小康社会目标的需要,是推进生态文明建设、实现永续发展的需要,是强化农业基础、推进农业现代化的需要,是优化公共资源配置、推动城乡发展一体化的需要。诚如习近平总书记所言,即使将来城镇化达到70%以上,还有四五亿人在农村。农村绝不能成为荒芜的农村、留守的农村、记忆中的故园。城镇化要发展,农业现代化和新农村建设也要发展,同步发展才能相得益彰,要推进城乡一体化发展。建设美丽乡村是亿万农民的中国梦,作为落实生态文明建设的重要举措和在农村地区建设美丽中国的具体行动,没有美丽乡村就没有美丽中国。可以说,开展美丽乡村建设,符合国家总体构想,符合我国城乡社会发展规律,符合我国农业农村实际,符合广大民众期盼,意义极为重大。

同时,重建设轻规划的现象比较突出,项目建设规划和标准缺失。广州市一些地方在美丽乡村建设试点中,注重硬件设施建设的多,但不注重美丽乡村建设的总体规划和长期行动计划的科学制订,导致同质化建设严重、特色化建设不足,短期行为多、长远设计少,以及视野狭隘,缺乏全域一体的建设理念。①

---

① 王卫星:《美丽乡村建设:现状与对策》,载《华中师范大学学报》(人文社会科学版) 2013年第1期。

（二）对农村传统文化的保护与传承力度不够

广州美丽乡村建设目前以示范村为抓手，在此背景下，从挖掘具体应用价值为主，比如在岭南文化的价值形态上，广州乡村中依然存在的粤剧、采茶山歌、客家山歌、饮食文化、茶文化、宗教文化、三雕一彩一绣等美术工艺等文化形态采用，既能增加乡村的文化价值，提升乡村文化软实力，也能丰富村民的精神文化生活，同时作为乡村旅游的诉求点进行推广。但在广州美丽乡村建设中，除了部分被列为各级文物保护单位的古村落得到较好保护外，其余的古村落得不到有效的保护与开发。在旧村改造过程中，部分基层干部存在急功近利思想，以牺牲古村落为代价，随意推倒重建或盲目"大拆大建"，置乡村特色、地方特色于不顾，搞"千村一面"的形象工程，"一村一策"的改造原则未得到很好的贯彻，农村传统文化未能得到很好的传承，美丽乡村的文化韵味已荡然无存。

（三）农民主体作用未能充分发挥

个别职能部门及镇村干部对美丽乡村建设的内涵及要求认识不足，认为美丽乡村只是简单的修个广场、建个祠堂，让村民集中居住和建造新房子、道路等基础设施，不顾农村实际情况和农民意愿，搞面子工程和形象工程，盯着村容村貌做表面文章，结果是有了面子失了里子，有了外形没了精神，引起村民的反感。在规划建设美丽乡村过程中，有的村没把村庄规划、环境整治、土地流转等的主动权交到农民手中，没有真正体现党委领导、政府主导、农民主体、部门协作、社会参与的建设原则，农民在美丽乡村建设中丧失话语权。

四、乡村建设的制度障碍突出

（一）城乡二元体制形成制度藩篱[①]

美丽乡村建设为要求强化农业的基础地位，用城乡统筹的大视野和思维方式，把工业与农业、城市与农村作为一个紧密相连的联合体，以同样

---

① 郭艳华：《基于城乡和谐发展的广州新型城市化实现路径研究》，载《探求》2013 年第 4 期。

的重视程度、同样的力度加快其发展，力戒以往重工业、轻农业，重城市、轻农村发展弊端的重演；新型工农关系、城乡关系的形成，一定要有破旧立新的勇气，要敢于"革"现有二元体制的"命"，否则，将难以有效推动美丽乡村发展。在统筹城乡发展、加快推进美丽乡村的新形势下，如果对强化农业基础地位只是做点表面功夫的话，则对广州农村发展不会有实质性的推动，而只有持之以恒地深化改革，才是推动农村发展的真正良策。

第一，二元结构和体制严重制约和束缚农村经济社会发展。改革开放后，广州大力推进工业化和城市化进程，经济社会发展取得了举世瞩目的成就。与辉煌的工业化和城市化发展成就相比，农业和农村领域的发展与改革步伐却明显缓慢。城乡二元结构和体制的存在，严重制约和束缚了农村经济社会发展，越来越成为广州经济持续健康快速发展的主要障碍。从总体上说，农业基础仍然薄弱，最需要加强；农村发展滞后，最需要扶持；农民增收仍然困难，最需要加快。没有农业的现代化，就没有整体国民经济的现代化；没有农村的文明进步，就没有整个社会的文明进步；没有农民生活的全面小康，就没有全市人民的全面小康。因此，从缩小城乡差距、统筹城乡发展、推进新型城市化的战略高度来看，客观上要求必须加快农村经济发展。

第二，城乡发展差距扩大使和谐社会建设面临严峻挑战，统筹城乡经济社会发展，必须提高农民收入水平，缩小城乡发展差距。2008 年以来，广州农村居民收入的增长速度均快于城市居民收入增长速度，但因为农民收入水平仍然较低，所以城乡差距还是比较明显。2000 年广州城乡居民收入差距比为 2.29:1，到 2007 年达到 2.61:1，从 2009 年开始比值差距在逐步缩小，但城乡居民收入差距要想达到一个理想的状态（2015 年达到 2:1，2020 年达到 1.5:1）仍然任重道远。

第三，农村改革发展滞后影响工业化、城市化发展进程。改革开放 30 多年来，与轰轰烈烈、风生水起的城市和工业领域的改革进程相比，广州农业和农村的改革步伐明显滞后，不仅使农村发展受到严重阻滞，而且城乡发展差距日趋扩大，已严重影响到工业化、城市化发展目标的实现和广州的发展后劲。经过改革开放后多年的发展与积累，广州已初步具备了工业反哺农业、城市支援农村的条件、基础与能力，因此，要毫不动摇地推进农村改革发展的伟大实践，以不断解放思想的精神和勇气，以新的理念和思路破解农村发展难题，给农村发展注入新的动力，为整个经济社会发展增添新的活力，促进农业增产、农民增收、农村繁荣，为广州经济社会全面可持续发展提供有力支撑。

第四，高度发达的城市经济与落后的农村经济并存。进入"十一五"以来，广州新农村建设取得了长足进展，农村经济社会发展形势喜人，但是，全市的工农差别、城乡差别和地区差别日益扩大的趋势尚未根本改变，"三农"问题依然严峻，高度发达的城市经济与落后的农村经济同时并存既是广州现阶段城乡发展的基本特点，也是未来广州经济社会发展面临的最为严重的挑战之一。从广州目前发展的实际情况来看，一是城乡经济互动不足。城市经济是一种高度集约、集聚、大规模、市场化的产业发展模式，而农村经济则是分散、小规模、市场化发育不足的产业发展模式，两者互补互动的发展模式和各自的产业结构特点彼此实现对接有现实难度。二是城市与农村相互支援机制不对称。农村为工业化、城市化提供了大量土地资源以及廉价的劳动力，也就是说，工业化、城市化是充分分享了农村土地、劳动力而带来的发展"红利"；相比之下，工业反哺农业，城市回馈农村的通道不够顺畅，农村经济从城市经济得到的"益处"远远小于其为对方所做的贡献。

（二）参与部门多，组织协调难度较大

美丽乡村建设是一项系统工程，需要各级政府、各个相关部门以及社会力量的积极参与。但是，在具体实施中由于缺乏统一的组织协调机构，美丽乡村建设往往缺乏顶层设计和统一的政策指导。不少地方存在着一定的滞后性、不连贯性，政策引导的盲目性也存在，导致上下各部门在新农村建设的这条绳子上合力不够、方向不一致、后劲不足。需要在财政、金融、领导班子、土地流转制度等方面加大改革创新、提升执行力。

2012年，各区（县级市）在市规划局的指导下完成了14个市级美丽乡村试点村村庄规划的修编和审批工作。此次修编把美丽乡村近期急需建设的项目纳入村庄规划中重点考虑，并在建设时序和用地保障上进行重点编排，基本实现近期建设项目的规划"落地"，是美丽乡村建设的重要基

础,但部分村庄规划仍与土规存在矛盾,尚不能完全合一"落地"。其原因为:一是土规调整是省及中央的权限,一般每五年调整一次,且从申报到批复需材料较多,时间较长,短期内调整土规不可实现,只能在现有村庄建设用地规模上进行优化,重点落实基础设施"七化"工程和公共服务设施"五个一工程";二是广州市农村地区已经大大突破2020年的建设用地规模,按照用地计划,广州市农村应做"减量"规划,即不仅不可新增建设用地,还应逐年减少建设用地,直接导致美丽乡村急需的建设项目无建设用地可建。如从化市西和村休闲文化活动广场、村入口停车场等项目,增城市霞迳村公寓房、村委楼、乡村公园等项目,均不符合土规,不能依法建设。建议由市国土房管局指导,各区(县级市)政府利用本次功能片区土地利用总体规划编制的契机,开展美丽乡村试点村的土规调整工作,尽快破解土规难题,争取项目用地早日调整好,确保项目年度建成验收。

(三) 政府唱独角戏,市场机制和社会力量的作用发挥不够

许多地方在进行美丽乡村建设时,没有积极探索如何引入市场机制、发挥社会力量作用,而是采取传统的行政动员、运动式方法,尽管一些设施(如垃圾处理、生活污水处理设施等)一时高标准建成了,却难以维持长期运转,缺乏长效机制。尤其是政府主导有余、农民参与不足的现象比较普遍,农民主体地位和主体作用没有充分发挥,以致部分农民群众认为,美丽乡村建设是政府的事,养成"等靠要"思想。这就难免会出现美丽乡村建设"上热下冷""外热内冷"的现象,甚至出现"干部热情高,农民冷眼瞧,农民不满意,干部不落好"的情况,其主要症结就在于农民群众的积极性没有充分调动起来,农民群众的主体作用没有发挥出来。所以,美丽乡村建设必须明确为了谁、依靠谁的问题,要充分尊重广大农民的意愿,切实把决策权交给农民,让农民在美丽乡村建设中当主人、做主体、唱主角。在20世纪二三十年代,我国曾有一大批知识分子来到农村,进行乡村建设实验,但当时的乡村建设之所以没有显著长效,一个主要原因便是没有注重调动起广大农民的积极性,乡村建设的主体发生了错位——建设主体不是生于斯长于斯的农民群众而是城里来的社会精英,不

可避免地形成"乡村运动、乡村不动"的悖论。①

（四）美丽乡村建设资金"结构性矛盾"问题

市委、市政府决定，市财政每年安排不少于30%的涉农资金，区（县级市）安排不少于40%的涉农资金用于美丽乡村建设。即美丽乡村建设的资金来源主要为现有的涉农资金。经市财政局梳理，各涉农资金绝大部分有规定的使用范围，必须专款专用，不能用于资金使用范围以外的其他项目，如涉水的资金不能用于道路建设等。广州市从2012年8月开始组织第一批市级创建点申报项目库，目前仍在进一步细化中，进展缓慢的主要原因是：涉农资金由于专款专用，结构性矛盾十分突出，市财政局要求每一个项目必须按照涉农资金的来源、构成和使用范围进行细化。例如，白云区白山村沿河涌修建的村道"白良路"，其涌边路基堤岸、道路主体、沿线绿化、涌与路间的绿道、管网系统等就要对应由水利局、发改委、建委、林业园林局、电力、电信等部门列计划和实施，常规一个完整的项目需被动地拆分成很多条块分割的子项，很难统筹协调，严重影响建设效果。由于缺少明确指引，各区（县级市）对拆分子项认识不一，深度很难把握，虽经多次反复修改，但仍难达到按部门出资细分项目的要求，导致各区（县级市）项目统筹非常困难，项目库的申报、梳理、审批非常复杂，经审批后的项目库可能在设计和实施时又会派生出其他部门负责出资的子项，且将进一步影响到项目的实施、结算等工作。建议：一是建议市财政局解决资金"结构矛盾"，避免被动地过细拆分项目计划，回归到常规科学的项目建设模式上来；二是设立市级财政专项资金，专项用于美丽乡村"七化""五个一"等公共基础设施和村容村貌综合治理工程；三是实施美丽乡村建设奖补办法，验收通过后一次性补贴或者分年度补贴。

---

① 王卫星：《美丽乡村建设：现状与对策》，载《华中师范大学学报》（人文社会科学版）2013年第1期。

第四章 美丽之鉴：广州美丽乡村的"他山"之石

2015年4月25日颁布的《中共中央国务院关于加快推进生态文明建设的意见》明确提出要"大力推进绿色城镇化""加快美丽乡村建设"。① 事实上，广州并不是国内第一个提出建设美丽乡村的城市。国内外一些有代表性的乡村建设成功模式，诸如"湖州模式"、"安吉样本"、韩国"新村运动"以及美国的农业现代化运动，都提供了丰富的建设经验和有益启示，这些都为广州的美丽乡村提供了"他山"之石。

第一节 "湖州模式"的经验与启示

湖州市地处浙江省北部，东邻上海，南接杭州，西依宣州，北濒太湖，与无锡、苏州隔湖相望，为沪浙苏皖四省市结合地带，现辖安吉、德清、长兴三县和南浔、吴兴两区，幅员5818平方公里。湖州是长江三角洲地带著名的鱼米、丝绸、茶文化、湖笔及竹木之乡，自古享有"湖苏熟，天下足"的盛誉。在经济发展史上，湖州的历史地位同样独特。湖商是继徽商、晋商之后，与潮州帮、宁波帮同时涌现的具有强烈地域特征的商人群体，对近代中国的政治与经济影响深远。"十一五"时期，湖州

---

① 《中共中央国务院关于加快推进生态文明建设的意见》，载《人民日报》2015年5月6日。

市以建设"美丽乡村"为目标,整体提升了新农村建设水平,促进了城乡经济社会发展。2010年,全市户籍人口259.8万人,其中市区人口110万人,加上县城和中心镇人口,城市化率达到58%,年均增长1.9个百分点,大大高于全国和浙江全省水平。[1]

一、重视富民为先

经过数年持之以恒的美丽乡村建设,湖州农村经济蓬勃发展、社会事业蒸蒸日上、环境优美靓丽、社会和谐稳定、人民安居乐业,通过不懈的努力,美丽乡村的建设取得了明显成效。

(一) 依靠产业支撑,持续夯实美丽乡村建设的经济基础

湖州市"美丽乡村"建设的顺利推进,得益于其具有扎实的经济基础。"十一五"期间,湖州市地区生产总值由640亿元增加到1302亿元,年均增长12%,人均生产总值由不足3万元到突破5万元;规模以上工业总产值由1071亿元增加到2678亿元,年均增长20.1%;二、三产业优势明显,三次产业结构为8:54.9:37.1,块状经济和产业集群优势进一步增强,全市培育了12个销售收入超50亿元的区域产业集群,如德清的生物医药、安吉的竹业椅业、长兴的蓄电池及新能源、吴兴的金属材料、织里的童装、南浔的木业和节能电梯等,这六大重点特色产业规模以上工业产值突破1000亿元。全市拥有湖州、长兴2个国家级经济技术开发区;省级有德清、安吉、南浔3个经济开发区,德清、吴兴2个工业园区,以及南太湖产业集聚区。上市企业达到13家,有10家企业跻身全国民营企业500强,其中升华拜克、天能集团年营业收入实现超百亿元。

湖州工业中农产品加工业占比重大,而农产品加工业又扎根于当地的特色农业是一大特点。如安吉县的规模以上工业企业中,从事木竹加工、食品、皮革、家具等以农产品为原料的企业就占到45%左右。该县目前有108万亩竹林,10多万亩白茶,竹产业让农民人均年增收约6500元,

---

[1] 谢培秀、庞振月、郭云:《湖州市"美丽乡村"建设及对安徽的启示》,载《铜陵学院学报》2012年第4期。

白茶让农民人均年增收约 2742 元，仅此两项全县农民人均年增收就达约 9242 元。经济实力壮大了，建设"美丽乡村"的资金投入自然增多。2006—2010 年，全市财政预算内用于"三农"资金约达 154 亿元，平均每个农业人口受惠近 1.4 万元，保持了年均 29% 的高幅增长。截至 2010 年年底，全市金融机构涉农贷款余额达到 691.4 亿元，平均每个农业人口 6 万多元。

（二）重视富民为先，不断做大扶助农户的"亲农"产业

湖州历史上农业基础较好，有淡水鱼、蚕桑和毛竹，改革开放后又陆续开发出高档水产养殖、茶叶、花卉苗木、农家乐等"亲农"产业。这些产业与农户有着天然联系，产业链条长，方便农业接"二"连"三"，俗称"六次产业"（即一二三产业或加或乘均为六），即以农户为主体，在家庭经营基础上实现特色农产品的产加销一体化经营。这一"亲农"产业有利于让农民接近和参与市场，自然有利于农民增收。

在"美丽乡村"建设中，安吉县提出的目标是"村村优美、家家创业、处处和谐、人人幸福"，其中"村村优美、家家创业"是关键。为此他们注重抓新村建设的特色和亮点，有的村发展农家乐休闲旅游，有些村发展特色畜禽养殖或现代家庭工业，还有些村大力发展花卉苗木、蚕桑、白茶、高山蔬菜、笋竹和有机绿色农产品，这些产业与农户的"亲和力"强，促进农民增收效果明显。德清县则以"农家富"为抓手，除大力发展都市型高效生态农业和农村现代家庭工业外，还通过改造重组、科企联姻、外部引入等方式，培育和引进了一批投资规模大、辐射范围广、竞争能力强的农产品加工企业和农业产业化龙头企业，重视发展农产品深加工业，有效促进了农村工业转型升级。重视富民为先缩小了城乡居民收入差距：2010 年全国城乡居民收入比为 3.23∶1，湖州市已缩小到 1.9∶1。

（三）发展现代农业，日益为美丽乡村建设夯实基础

2010 年上半年，浙江省现代农业园区建设工作协调小组办公室公布的省级现代农业综合区创建点名单，湖州十大综合区全部列入，成为全省唯一一个每个县区都有 2 个省级综合区创建点的地市。另外，还有 17 个主导产业示范区和 24 个特色农业精品园列入省级创建点。安吉溪龙乡黄杜村，近年来在大山坞等一批白茶龙头企业带动下，家家户户种白茶，发展白茶产业，平均亩效益高达 5000 元以上，大部分农户家庭种植面积差不多都在 10～20 亩之间，户均纯收入 10 万元左右。开着小轿车到茶园干活在当地一点都不稀奇。

南得区菱湖镇陈邑村，是湖州市有名的特种水产养殖专业村。近年来养殖、销售加州鲈鱼，村民们都富了起来，村级集体经济也得到了壮大。2010 年，村里民主决议改造建设几个自然村出行道路和村事务中心办公楼，约 200 万元的投资，尽管有上级项目经费和财政补助 70 多万元的资金缺口，由村级集体经济负担一部分、村民自主筹集一部分，很好地得到了解决。如今的湖州大地，现代农业发展不仅势头强劲，并且产业水平大幅提升，涌现出了一大批一村一品产业特色村，成为当地农户家庭增收致富的主要途径。物质文明是精神文明的基础，产业发展了，老百姓口袋殷实了，生活富裕之后，对精神文明等的目标追求也就更高了。[①]

二、突出环境和谐

"湖州模式"之所以具有很强的生命力，一个重要的原因是湖州因地、因时制宜，顺应社会和市场需求，充分利用当地的自然资源、人文条件和可供开发的要素，走出了一条差异化的农村发展路子。

（一）塑造生态文化，为美丽乡村注入更多的内涵

独特的生态与文化是湖州的最大特色，是湖州长期持续发展的最大优势，湖州将其融为己身，充分发挥其在建设中的作用。其中生态优势的发挥，表现在农村生态人居建设、农村生态环境提升和农村生态经济推进。一是体现在充分利用自身生态优势，走差异化发展道路。如安吉以"中国美丽乡村"建设为总载体，立足自身生态优势，形成了以"环境保护"和"资源永续利用"为核心的生态文明建设指标体系，初步建立了"环境优美、人与自然和谐，产业协调、发展潜力强劲，现代文明、生态文化活跃"的生态文明建设示范模式，打响了以环境优美、生活甜美、社会和美的"中国美丽乡村"为代表的生态文明建设县域综合品牌，走出了

---

① 张智颖、汪锡平：《美丽乡村的"湖州模式"》，载《中国乡镇企业》2013 年第 3 期。

一条差异化的发展道路。二是体现在大力发展生态经济，强化经济实力支撑。如安吉严格强制性准入标准，做大做强生态产业，大力发展生态农业、生物医药、生态休闲、生命养老等绿色产业。三是体现在利用生态优势效应，提升创业人居品位。如安吉在生态环境保护上，加大重点饮用水水源地、生态公益林、自然生态植被和生态敏感点的保护力度；实施土壤、矿山、河道等生态修复保护工程，完善生态补偿机制。在生态环境整治上，重点推进水污染治理和工业污染防治，抓好城乡污水处理、生活垃圾分类处理、河道流域与城郊接合部环境卫生综合整治，完善农村污染治理长效机制。在生态环境建设上，抓精品提高带动力，做活山水文章，建设一批有竞争力、有震撼力的精品，如生态湿地、国家级生态文明村、生态文明特色示范乡镇（村）和特色行业污染治理精品示范区等。

而文化在湖州建设中的发挥则渗透到经济社会生活的各个方面。具体表现在：一是农村区域品牌塑造。如安吉根据区位、生态、自然资源特点和经济发展阶段，塑造农村区域品牌——"中国美丽乡村"。二是农村产业转型升级。通过构筑多层次的全景产业链，通过创意把文化艺术活动、农业技术、农产品和农耕活动，以及市场需求有机连接起来，形成彼此良性互动的产业价值体系，为农业和农村发展开辟了全新的空间，并实现了产业价值的最大化。三是农村产品开发。通过文化因素的引入，提升了当地一些产品的观念价值，包括在产品设计中融入更多的文化元素。例如，在竹产业和转椅产业中，通过色彩调节人们的心情，以形状满足人体的舒适，以独特的造型给人们以丰富的想象；在白茶产业营销中，融入文化创意，引起消费者的文化认同，产生共鸣或好奇心，拓展了市场。四是人的精神生活丰富。观念层面上的文化对经济发展影响很大。通过思想观念转变，市场经济意识确立，特别是"以人为本"科学发展观的深入人心，来激发民众发展农村经济的积极性、主动性和创造性，实现了文化惠民的作用。①

（二）突出环境和谐，因地制宜搞好农村村庄改造

湖州市在新农村建设中强调自然、个性美。根据各村产业类型、生态

---

① 张智颖、汪锡平：《美丽乡村的"湖州模式"》，载《中国乡镇企业》2013 年第 3 期。

特色、村容村貌、人文等特点进行适当分类，如安吉县将187个行政村划分为40个工业特色村、98个高效农业村、20个休闲产业村、11个综合发展村和18个城市化建设村，按照"因地制宜、分类指导"原则和"一村一业（品）、一村一景"要求，抓村容村貌的自然布局，不搞大拆大建，少追求洋气和阔气，彰显出依山傍水、因势因地而建的生态环境特色。各类别村中再错位建设，不搞一刀切，做到移步换景、看景辨村，充分体现新村风貌的差异化、多元化。农村实现城镇化，有一个农业人口向城区和中心小城镇转移问题，但这是一个随着各种产业、企业集聚发展的自然过程，不是靠简单的"拆庄并村"去强制人口集中，那样搞是得不到群众拥护的，也必然是要失败的。

即使从建设新农村角度考虑，为了有利于农民过上像城市一样的现代文明生活，通过发展分门别类的农村产业、企业作支撑，正确引导农民向规划布局合理的农村社区集中是必要的，但也要因地制宜，坚持农民自愿原则。浙江农村大多地处山区、水乡，同平原地区差别甚大，湖州的办法是按自然区域走向，"顺藤结瓜、天女散花"，因地制宜而又各具特色地发展不同类型的小城镇、中心村、农村社区，这样群众比较拥护，也会较快见到成效。浙江也不是绝对地一概否定和排斥"拆庄并村"，这要看具体情况。那种单纯为了城市扩张用地，实施"占补平衡"，甚至单纯为了"土地财政"收益而"拆庄并村"，这是绝对不允许的。至于按照科学规划并遵循合理合法程序而兴办的工业园区，需要"拆庄并村"，则必须和建设"美丽乡村"有机结合起来，一般来说这会得到群众拥护。

三、强化考核评比

2007年，中央党校校长王伟光专程来到湖州调研。经过一番考察，他把"湖州模式"凝练地概括为"一种党政主导、农民主体、社会参与、市场运作、改革推动和统筹城乡为主要做法的发展路径"。这与湖州市在建设美丽乡村过程中强化考核评比、抓好项目切入以及开展市校合作是分不开的。"人心齐，泰山移"，湖州的新农村建设纵向从各级党委政府干部到普通老百姓，人人参与；横向是军民共建、村企合建、省部联建、群团参建等共建活动广泛开展，形成新农村建设合力，劲往一处使，正所谓五指收拢握成拳头打出去才有力。确保了美丽乡村建设一批，成功一批。

（一）强化考核评比，有效实现美丽乡村的科学管理

为了有效推动美丽乡村建设，湖州市实施了"明确目标、强化考核、鼓励先进"的激励机制，建立健全"美丽乡村"的长效管理机制。安吉县按 36 项考核指标对创建村进行百分制打分，考核总分在 80 分以上的按等级（增加 5 分晋一级）分别授予特色村、重点村和精品村称号，以奖代补奖励额在 37 万～300 万元之间。建立"美丽乡村物业管理基金"，采取县财政拨一点、乡镇财政拿一点、村民自筹一点的办法，用于日常村容卫生保洁和公共设施维护。每年度进行一次授牌村复评，合格的按等级给予奖励，二次复评不合格的取消称号。德清县则从以奖代补资金中扣除 5% 作为保证金，用于精品村长效管理考核奖励。考核合格的村按等级给予奖励，不合格的通报批评并扣取 50% 的保证金，连续两年不合格的取消称号。

（二）抓好项目切入，分批、有序推进美丽乡村建设

湖州美丽乡村建设采取抓点连线成片方法，实施"全域规划、以点带面、分步实施"推进机制，坚持分类指导、分批推进。县区按照规划的近中远期目标，按年发布重点建设区域，由符合条件的行政村自主申报，再由乡镇推荐，领导小组确认后即作为创建村立项。立项村庄要按照土地利用总体规划和村庄布局规划"两规合一"要求，编制创建村实施方案，使项目建设贯穿于新农村建设整个过程中。如安吉县 2008 年通过考核验收的 50 个创建村，共实施了各类项目 562 个，建成 379 个，完成总投资 2.74 亿元。"美丽乡村"建设投资巨大，德清县有效整合各部门资金，仅 2010 年就整合了 14 个县级部门支农涉农项目 200 余项，资金 1.25 亿元。

（三）开展市校合作，为美丽乡村建设明确目标[①]

2006 年 5 月 21 日，浙江大学紫金校区，湖州市与浙江大学正式签署协议，双方决定开展全面、长期的战略合作，举全市、全校之力，在湖州

---

① 张智颖、汪锡平：《美丽乡村的"湖州模式"》，载《中国乡镇企业》2013 年第 3 期。

共建省级社会主义新农村实验示范区。一所国内一流的大学与一个素有"鱼米之乡""丝绸之府"美誉的地级市联手,探索在新形势下建设社会主义新农村这一重大课题。湖州与浙江大学的市校合作,按照中央提出的新农村建设"生产发展、生活宽裕、乡风文明、村容整洁、管理民主"20字方针,紧紧围绕推进农村全面建设为目标,全面启动"1381"行动计划。其中,"1"是指建设一个社会主义新农村实验示范区,把整个湖州市5818平方公里作为新农村建设的实验示范区。"3"是指着力构建科技创新服务、人才支撑和体制机制创新"三大平台"。"8",就是全面实施产业发展、村镇规划、基础设施、环境建设、公共服务、素质提升、社会保障、城乡综合改革"八大工程"。最后一个"1",是实施百项以上重大项目。

市校合作之后,湖州各项建设扎实有序推进。例如,在浙江大学生命科学学院科研基地专家的巧手改良下,长兴县原本废弃的老梅树枯木逢春、身价陡涨。当年,有的农户仅此一项收入就高达数十万元。最终发展到数千户农民从事观赏植物嫁接,形成了一个种植面积达到上万亩的嫁接花木产业。通过市校合作共建,湖州市产业发展明显提升,高效生态现代农业发展迅速,2012年全市已建成250万亩特色优势农产品基地;公共服务不断完善,社会保障水平明显提高,素质提升工程有效促进了农民素质的提升;城乡综合改革工程全面铺开。

四、培养专业农民

"农家+景区""生态+文化""中方+西方""农庄+游购",这是浙江省湖州市创新建立的4种乡村休闲旅游模式。2012年上半年,湖州依托乡村旅游,培养现代化专业农民,共接待国内游客2039万人次,同比增长18.08%;接待入境游客0.29万人次,同比增长22.5%;实现旅游总收入161.33亿元,同比增长20.56%。

(一)"农家+景区"

"农家+景区"式,就是以景区景点为依托,鼓励周边农民包装农家庭院建筑,发展休闲观光农业,以形成景区与农家互促共荣的乡村旅游发展格局，促进乡村旅游由传统观光向现代休闲转型发展。

长兴县位于湖州的太湖沿岸，这里有山有水，风光旖旎。这些年长兴县已培育出农家乐经营户500余户。该县水口乡顾渚村三面环山，一面毗邻太湖。相传春秋战国时期，吴王夫差至此，顾其诸而忘返，顾渚由此得名。这里的"农家乐"，三步一家，五步一户，"沪"字"苏"字打头的车辆随处可见。在一家叫"年年红"的"农家乐"，老板倪学龙还学了一口沪语接待客人。他笑着说："这样接待，客人们听到乡音会很亲切，有些客人还会惊奇地问我是不是从上海来的。"

为配合"农家乐"，长兴每年还举办樱桃节、葡萄节、银杏节等农事节庆活动10余场次。蓬勃发展的"农家乐"，也带动了长兴一些景区的发展，十里银杏长廊、中华鳄鱼园、大唐贡茶院等景区，正在长三角乃至全国叫响。

（二）"生态+文化"

"生态+文化"式，就是以美丽乡村为载体，把农村生态资源和农村特色文化融入乡村旅游，促进乡村旅游拓展内涵、彰显特色、提升品质。

湖州的安吉县，以大竹海而闻名。安吉以大景区理念建设美丽乡村，充分发挥田园、竹海、溪流、山野等生态资源优势和乡村地域文化优势，推动旅游、文化和生态建设融合式发展。该县先后启动了天荒坪、报福等5个风情小镇建设，实施了畲族风情文化特色村郎村、少儿农业科普文化基地尚书该村等美丽乡村经营试点，建成了18个地域文化展示馆和一批生态型主题农庄，实现了山地生态旅游和多元文化体验的深度契合，推动了以生态和文化为特色的乡村旅游繁荣发展。

（三）"中方+西方"

"中方+西方"式，就是以优势资源为吸引，鼓励旅游发展公司、国际友人、文化创意人士投资乡村旅游，融合当地民俗与西方文化、传统理念与现代文明，开发新兴旅游产品，促进乡村旅游发展的品牌化、国际化。该模式以德清县的"洋家乐"为标志。德清县莫干山景区海外闻名，该县积极发展融本地特色和国外文化为一体的"洋家乐"新兴业态，至今已吸引英、法等十多个国家外籍人士投资经营三九坞国际乡村会所等具有异国风情的"洋家乐"35家，开发了乡土体验、湿地休闲、避暑度假、健康养生等一系列新兴旅游产品,深受国内外高端客户的青睐。德清县莫干山被美国《纽约时报》推荐为2012年全球45个最值得一去的地方之一。

(四)"农庄+游购"

"农庄+游购"式,就是以城乡互动为抓手,着力整合城乡资源优势,积极培育乡村休闲农庄,发展旅游购物平台,开发旅游特色商品,打造集休闲、观光、购物等于一体的游购式乡村旅游产品,促进城乡旅游互动,提高乡村旅游发展效益。目前,湖州市郊已初步形成滨湖休闲乡村旅游带、移沿山生态乡村旅游区、妙峰山生态乡村旅游区、获港渔庄乡村旅游区"一带三区"新格局。①

此外,湖州还着力机制创新,调动各方积极性参与新农村建设。湖州市在"美丽乡村"建设中十分重视机制创新,提出"党政主导、农民主体、各方参与"的推进机制,组织和引导广大农民积极参与,真正变"要我干"为"我要干"。采取"市校合作""军民共建""省部联建""村企合建"等多种方式,动员社会各界力量参与"美丽乡村"建设。如与浙江大学合作,成立了浙江大学(长兴)现代农业科技示范园和湖州农民学院。与湖州驻军合作开展了"百连结对百村、携手共建新农村"活动。实施"村企心连心、共建新农村"工程,促成千家企业与千村结对参与新农村建设,美欣达集团、大港集团等一批骨干企业先后投入数千万元用于结对村建设。安吉县共有186个行政村,目前已有175个行政村与200多家企业实行合作共建。湖州市还十分重视调动各级政府力量参与,共有农业部等中央7个部委局、43个省级部门积极支持湖州"美丽乡村"建设。如市公安系统积极构建"三好六有"农村警务新模式,团市委开展了"新农村、新青年"发展计划,市妇联开展"新农村、新女性、新家园"活动,市卫生系统组建卫生支农医学专家服务团,市科协组织千名专家结对千户农业科技示范户,等等。在"美丽乡村"建设投入上,着重建立和完善了"财政引导、多元筹措、市场运作"的投入机制,除不断增加财政投入,还通过"政银企合作"引导金融机构加大对"三农"

---

① 张智颖、汪锡平:《美丽乡村的"湖州模式"》,载《中国乡镇企业》2013年第3期。

投入，部门投资也逐年增加，如市电信部门投资2亿多元改善农村通信基础设施，市电力部门投资4亿多元用于新农村电气化建设。

第二节 "安吉样本"的经验与启示

自2008年在浙江省率先开展"中国美丽乡村"建设行动以来，安吉全县187个行政村以"村村优美、家家创业、处处和谐、人人幸福"为目标，统一规划，各展所长，梯度发展，一个可憩可游、宜商宜居、且安且吉的新农村业已初步显现。可以说，安吉县"中国美丽乡村"建设行动，走出了一条新农村建设与生态文明建设互相促进、城镇与乡村统筹推进、一二三产业相互融合的科学发展之路，对广州的美丽乡村建设来说是科学发展、统筹发展、和谐发展的一个成功范例。

一、坚持分类指导

当初，"中国美丽乡村"只是一个概念。如何不照搬照抄建出特色，又博采众长建出水平？安吉县委、县政府进行了大胆的探索和创新：在继续修订完善现有的新农村建设考核验收办法的基础上，围绕农村产业发展、农村公共事业建设、农村生态环境保护、农村事务管理等方面工作，构建了"美丽乡村"标准化建设体系，规范有序地推进"美丽乡村"各项建设，使各个环节操作有据，各个项目实施有法，各个岗位考核有章。

（一）推行农村生态文明建设标准化

生态文明是一项系统工程，涉及经济社会的方方面面，必须有一个统一而系统的规划来指导和规范。在完善《县域总体规划》的基础上，安吉县编制完成六大《县域分区规划》，在《生态功能区规划》的基础上，编制完成《主体功能区规划》，科学确立全县产业和空间布局，委托国内权威机构编制《生态文明建设纲要》，制定《美丽乡村建设行动纲要》和《总体规划》，调整完善生态农业、工业、旅游、城市、文化、人居等六大专项规划，15个乡镇和97个行政村编制生态乡镇、生态村建设规划，形成了横向到边、纵向到底的建设规划体系。

科学合理的规划成为工作推进和考核评估标准。"有了规划就有了建设的参照标准，明确了工作流程，量化了建设内容，也强化了落实的责任，让我们基层干部对生态文明从纸面的认识上升到地面的实践"，安吉县一位乡镇干部如是说。

这些年来，为加快生态文明建设，安吉县借鉴各地经验，提炼形成了涉及生态基础设施建造、生态环保技术应用、加强生态管理等方面的一系列通用要求和规范标准，并将生态保护的要求和标准编写成生动的教材用于培训和推广。

（二）推行农村产业发展标准化

自 2007 年推广养殖以来，安吉县以打造小龙虾标准化无公害基地为抓手，以合作社为龙头，运用现代科技手段，在生产上统一苗种、养殖技术标准，统一饲料供应规范，实行标准化养殖，在流通上统一渠道营销，采用标准商标，保障了产品消费安全，正是因为标准化的实施，仅用 3 年时间，安吉小龙虾养殖面积就已超过万亩，产业规模已过亿元，养殖和繁殖技术都处在全省领先位置。

近年来安吉积极开展农业标准化工程，按照"简化、统一、协调、优选"的原则，加快建设万亩农业标准化示范园区，大力兴建标准农田、水塘、水利设施，严格执行农业绿色、有机标准，加快农业科技标准化普及，将标准化融入农业生产流通的各个环节，从选种、育苗、种植、养殖，到收购、贮存，再到加工、包装、运输等各个环节均按照规范要求和统一的标准精细化操作，大大提升农业产业化的发展水平。

农家乐是蓬勃发展的乡村旅游业的一枝奇葩，在安吉，农村旅游业完全按照规范标准和通用要求经营，在经营规模、从业资格、服务设施、服务质量、服务安全等方面均有明确的具体标准，在旅游价值链条的各个环节中均有细致的规范说明，解决了乡村旅游业服务行为无章可循、服务质量良莠不齐的问题。目前，已成功培育了一批采用国际、国家先进标准的旅游龙头企业。

（三）推行农村公共服务标准化

近年来，安吉县比照城市公共服务水平，优化城乡公共资源配置，明确制定农村公共服务标准,推进农村公共服务规范化供给,确保农村医疗、教育、社保、文化、通信等基本公共服务项目与城镇种类无差异,质量相一致。

目前已初步形成全面覆盖的城乡社会保障体系,被征地农民基本生活保障、农村最低生活保障实现应保尽保,农村"五保"对象集中供养率、养老保险制度覆盖率、重大疾病医疗救助率均达到100%,每年15万农民享有免费健康体检,90%以上的农民参加新型城乡合作医疗,三级卫生服务网络全覆盖,农村社会助学、法律援助、慈善资助和民情反应机制更加健全,安吉广大农民不再因村庄的偏僻而被现代社会所忽略,他们从农村公共服务标准化的供给中得到了真正的实惠。

(四)推行农村事务管理标准化

近年来,安吉县紧紧结合"美丽乡村"建设的目标和任务,以规范化的指导措施和明确的指标考核要求,制定明晰的组织运作规范,细化工作流程考评控制,将农村事务的各个环节、各项内容以及各自承担的责任用标准的形式加以确定,提升农村民主法制建设和党的建设规范化水平。"农村工作的标准化、规范化,彻底改变了以前农村工作布置随意、考核软散、过程不透明的问题,也鞭策村两委班子更好地为村民服务",安吉县农办的一位领导这样说。

"美丽乡村"标准化的实施使理念宏伟但又内涵抽象的新农村建设战略成为抓手明确、便于细化操作的工作系统,使内容丰富但又体系庞杂的新农村建设工作成为条理清晰、科学规范的责任体系,使经验鲜活但又观念朴素的"美丽乡村"建设实践上升为体系健全、范式规范的安吉理论模型,使安吉的"美丽乡村"建设真正实现"立足县域抓提升、着眼全省建试点、面向全国做示范"的定位目标。①

根据建设中国美丽乡村的总体规划和总目标,安吉县十分注重目标的统合、工作的统筹,强调标准的统一性,实施的分类差异性,制定美丽乡村标准化指标体系。首先,修订完善了《中国美丽乡村建设考核验收办

---

① 赵伟峰、王甲:《美丽乡村标准化建设的"安吉示范"》,载《今日浙江》2010年第18期。

法》，设置了 36 项考核指标，根据工作权重，实行百分制考核，又根据考核分值高低，各村的不同情况和基础，划分精品村、重点村、特色村三个档次，按不同要求，给予相应的奖励补助，做到先易后难，梯度推进。在此基础上，又收集相关标准，通过整合、提炼、完善，制定《中国美丽乡村建设规范》等标准，出台《中国美丽乡村标准化示范村建设实施方案》，形成了完整的"中国美丽乡村"建设标准化体系，基本涵盖美丽乡村的建设、管理、经营等各方面的内容，使美丽乡村建设各个环节操作有据、各个项目实施有法、各个岗位考核有章，由安吉县创建的中国美丽乡村建设指标体系在国家标准化管理委员会的指导下，已成为国家级新农村建设的标准，2010 年安吉县也被国家标准化管理委员会命名为"中国美丽乡村国家标准化示范县"。其次，在创建过程中，安吉县坚持以人为本，把全面优化农村人居环境作为建设美丽乡村的重点和突破口。几年来，通过开展以"改水、改路、改线、改厕、改房和美化"为主要内容的村庄环境整治，使村庄人居环境达到"八化"（即布局优化、道路硬化、村庄绿化、路灯亮化、卫生洁化、河道净化、环境美化和服务强化）标准，农村村容村貌和生态环境得到全面改善，农村干部群众的环保意识也明显增强。现在，全县所有乡镇全部建成污水处理设施，农村生活污水处理受益率 77.3%；建立了"户收、村集、乡运、县处理"的垃圾收集运模式，在全省率先实现收运一体化、处置无害化；引入低碳生活理念，实施农村沼气系统建设，农房节能改造，推广农业生产节水节肥节能新技术；太阳能特色村覆盖面达到 98.3%。建成精品村 150 个、重点村 14 个、特色村 4 个，创建覆盖率达 89.8%。最后，安吉十分重视美丽乡村建设的过程管理和长效管理，严格实行建设项目申报和公开招标制度，每年组织创建村复评，巩固建设成果，对连续两年社会管理、长效保洁不达标的予以摘牌。积极探索城市物业管理进农村社区的做法，建立了县、乡镇、村、个人每个月各出一元的管护保洁经费筹措机制，确保农村环境长期保洁。[①]

[①] 杨晓蔚：《安吉县"中国美丽乡村"建设的实践与启示》，载《政策瞭望》2012 年第 9 期。

二、尊重农民意愿

安吉在美丽乡村建设中，始终坚持以人为本，重点突出以农民为本的发展理念。在县域经济发展中，安吉重点兼顾发展与公平，充分考虑富裕起来的农民对于良好的生态环境、充分的民主参与、丰富的文化生活、充分的社会保障和均等的公共服务的追求；在新农村建设的实践中，创新推出了美丽乡村建设工程，集中反映农民的发展诉求，真正做到了以人为本。安吉在美丽乡村建设中充分尊重农民的发展意愿，充分尊重农村的人文传统，美丽乡村建设没有出现大拆大建，但却时时处处显露出农村的新与美，成为全国新农村的样板，是科学发展的典范。

（一）民主决策，尊重农民

安吉县美丽乡村建设规划设计，按照"专家设计、公开征询、群众讨论"的办法，经过"五议两公开"程序（即村党支部提议、村两委商议、党员大会审议、村民代表会议决议、群众公开评议，书面决议公开、执行结果公开），确保村庄规划设计科学合理，达到群众满意。在"政府主导，社会参与"的基础上，安吉县充分发挥财政杠杆的调节和激励作用，从农民意愿出发，县财政每年安排专项资金1.2亿元，实行"以奖代补"，变"给钱办事"为"以结果奖钱"。并按照特色村、重点村、精品村人均250元、500元、1 000元标准给予奖补，对全覆盖乡镇给予300万～500万元奖励。同时引导乡村主体积极投身于美丽乡村建设。

安吉县结合当地集体经济较为发达、村民收入水平较高的优势，引导村集体资金和农民自有资金投入到美丽乡村建设中，5年来村集体累计投入达到7.7亿元，农户投入达到1.2亿元，有力支持了美丽乡村建设。依托美丽乡村建设成果，强化政策支持，通过积极盘活村庄存量资产、闲置资源，鼓励农户土地规模流转，统筹开发利用村集体6%留用地等方式，让农民通过拿"四金"（薪金、租金、股金、保障金）实现增收致富；积极探索乡村旅游、物业开发、规模农业等乡村多元化经营，壮大村集体经济。此外，安吉县鼓励引导民间资本、工商资本、金融资本投入到效益农业、休闲产业等生态绿色产业，5年来共撬动社会资金60亿元投入到美丽乡村建设之中。

（二）发展产业，强县为民

安吉积极引导农民充分利用生态资源，增强农民经营生态环境和生态资源的意识，重点培育白茶、毛竹等特色资源性产业，鼓励农民利用农村特色风貌、农业生产景观和农民生活场景，发展农家乐等各种形式的休闲农业，将生态资源转变为农民致富的生态资本，使农民致富有了产业支撑。

安吉在发展中，积极推行强县富民政策，着力实施政策聚焦，积极引导农民按照自愿、有偿的原则，推进土地依法流转，做好流转土地农民的再就业工作，确保农民的土地权益和工资性收入，实现了农民收入渠道的多样化；高度重视家庭工业的发展，围绕当地家具转椅和竹制品两大支柱产业，引导农民发展家庭工业，促进了农民收入增加，实施产业发展激励政策，围绕白茶和毛竹产业，提供多种政策套餐，引导农民通过发展产业实现收入增加。

（三）完善机制，致富增收

安吉积极推进农民专业化合作社建设，强化农民、合作社和企业之间的利益联结，成立资源利用、产业发展、社会化生产服务、劳务用工等多种类型的合作社，巩固合作社在利益联结中的桥梁和纽带作用，使分散的土地资源得到集中利用，使之成为农民致富增收的重要资产。美丽乡村建设的新共识源于安吉新农村建设的长期实践探索，是对安吉发展的科学凝练，是对安吉农民意愿的深切尊重，也是安吉未来持续发展的重要基础。[①]

自2003年以来，安吉县通过环境整治和美丽乡村创建，大大改善了社会经济面貌。地区生产总值从2003年的66.3亿元增加到2012年的245.2亿元，年均增长12.3%；财政总收入由7亿元增加到36.3亿元，年均增长20.1%（其中，地方财政收入由3.4亿元增加到21.1亿元，年均增长22.5%，比全省高3.3个百分点）；农民人均收入由5402元增加

---

① 王秀忠、严端祥、王桂玲、徐有才、向世涛：《美丽乡村，幸福安吉——浙江安吉县推进美丽乡村建设的新实践、新形势、新对策》，载《中国乡镇企业》2013年第9期。

到 15836 元，年均增长 12.69%，由低于全省平均水平转变为高出全省平均水平 1000 多元。①

总之，尊重农民意愿不是给农民什么，而是要弄清楚农民真正需要什么。安吉始终把幸福安吉建设的落脚点放到富裕农民上，坚持以人为本、服务为先的理念，以增进农民幸福为宗旨，积极创新社会管理方式，大力推进公共服务向农村倾斜，社会保障向农村覆盖，有效缩小了城乡基本公共服务差距。

三、多样性原则

安吉以科学发展观为指导，坚持实事求是，以优良的生态环境为基础，以乡村文化为内涵，以美丽乡村建设为抓手，大力发展现代特色农业，积极发展农产品加工业、休闲农业与乡村旅游，强力推进绿色环保高效工业，促进县域经济社会又好又快发展、城市乡村共同繁荣进步，走出了一条多样化的美丽乡村之路。

（一）生态产业化

安吉坚持生态立县，理念优势逐步转变为生态优势，同时注重将生态优势转变为资源优势，把资源优势转变为产业优势，生态产业化特征明显。一是理念优势转变为生态优势。安吉县委、县政府多年以来，始终坚持生态文明的发展理念，坚持走生态立县之路，经过多年的共同努力，安吉的理念优势逐步转化为生态优势，县域内空气、水、土壤等均处于优良的状态。优良的生态环境成为安吉发展的根基。二是生态优势转变为资源优势。安吉坚持生态环境与生态产业互促共进，在实现生态优势的同时，安吉目前拥有 108 万亩竹林、10 万亩白茶园及其他特色农产品，安吉的毛竹、白茶等特色农产品在全省乃至全国都具有明显优势。三是资源优势转变为产业优势。安吉重点选择具有优势的毛竹、白茶等资源，积极推进特色资源产业化。目前，安吉毛竹产业的年销售收入已达 150 亿元，白茶

---

① 吴理财、吴孔凡：《美丽乡村建设四种模式及比较——基于安吉、永嘉、高淳、江宁四地的调查》，载《华中农业大学学报》2014 年第 1 期。

的年销售收入也达 10 亿元。围绕优良的生态，安吉大力发展休闲农业与乡村旅游，2011 年营业收入已达 53 亿元，生态产业不断发展壮大。安吉生态产业化的发展，将安吉的绿水青山转变为金山银山。

（二）产业绿色化

安吉在注重生态产业化的同时，也坚持产业绿色化发展。一是第一产业的绿色生态化发展。安吉优良的生态，确保毛竹、白茶及其他特色农产品的生态化发展。在毛竹、白茶及其他特色农产品的生产过程中，注重化肥、种子、农药等实现减量化，以确保生产过程的绿色化。二是第二产业的绿色集群化发展。在第二产业的发展过程中，注重向园区、小城镇集中，实现企业集中、行业集聚、产业集群式发展；并注重实现园区集群产业的循环式发展，实现绿色清洁发展。三是第三产业的高效低碳化发展。安吉在第三产业发展中，注重大力发展休闲农业与乡村旅游、发展乡村文化产业及其他现代服务业，实现高效低碳化发展。安吉产业绿色化发展构筑了县域绿色经济体系，成为安吉可持续发展的重要基础。

（三）品牌体系化

安吉以美丽乡村品牌建设为抓手，带动区域品牌的建设，促进企业品牌的培育。品牌建设呈现体系化发展的态势。一是依托乡村建设，打造美丽乡村公共品牌。通过保护和优化农业农村生态环境、提升农村人文环境、改善农村基础设施环境，使安吉农村真正成为名闻遐迩的美丽乡村，使美丽乡村成为安吉的靓丽名片。二是依靠特色产业，壮大区域品牌。立足安吉白茶、安吉毛竹的资源优势，培育壮大安吉白茶等区域品牌，统领特色资源的产业化开发和品牌化经营。三是依托特色产品，打造企业品牌。安吉发挥公共品牌的优势，以企业为主体，制定和实施品牌培育规划，并以企业经营、研发人员及从业人员高尚的品格保障企业产品优秀的品质，以优秀产品品质塑造企业响亮的品牌。安吉白茶和竹制品企业品牌建设，形成了完整的品牌系列，引领传统农业向品牌农业转变。通过品牌建设，形成了美丽乡村公共品牌带动区域品牌，公共品牌、区域品牌引领企业品牌的良性发展格局，促进了安吉美誉度和知名度的显著提升。

（四）文化多元化

安吉历史悠久，人文荟萃，在长期的历史发展中，人与自然和谐共生,形成了璀璨而多元的地方文化。一是交相辉映的移民文化。安吉同时由于是吴越文化和楚文化圈交融之地,外来移民众多,中原文化、湖湘文化、徽州文化和畲族文化等各种文化在此融合,为建设各具特色的美丽乡村奠定了文化基础。二是光彩夺目的生态文化。安吉在与自然的相处中,发展了和谐向上的生态文化,竹文化、茶文化、蚕桑文化体现出了安吉人的品格和追求。三是积淀深厚的历史文化。源自《诗经》"安且吉兮"的安吉是古越国重要的活动地和秦三十六郡之一的古鄣郡郡治所在地,境内上马坎遗址发现的旧石器将浙江人类活动历史向前推进了120万年以前,涌现出南朝梁文学家吴均,三国东吴大将朱然,近代艺术大师吴昌硕、画家诸乐三等一批名家巨匠,历史文化资源众多,昌硕文化、孝文化、邮驿文化、尚书文化源远流长。多元文化的交汇和融合使安吉成为中国文化的聚散地和大观园,形成了各具特色的风俗习惯,为社会经济发展奠定了深厚的文化基础。

(五) 城乡一体化

安吉将城乡一体化发展作为解决"三农"问题的根本举措,坚持顶层设计和高端规划,重点在城乡规划、基础设施建设、产业布局、公共服务和社会管理等方面,加大对农村的投入,持续推进城乡一体化发展。一是统筹推进城乡发展规划建设。对城乡建设发展实行一体化规划,同时保持相关投入向农村倾斜,农村基层设施条件不断改观,城乡产业布局更趋合理,环境面貌焕然一新。二是着力推进城乡公共服务均等化。推进社会保障向农村覆盖,形成全面覆盖的城乡社会保障体系;促进公共服务延伸到农村各个角落,形成覆盖全域的社会公共服务网络,确保农民公平均等地享有社会发展成果。三是同步推进城乡社会管理。以网格化为重点,推进社会管理向社会服务转变,将社会服务的触角延伸到乡村的方方面面,提升了社会管理与服务的精细化水平。通过统筹城乡发展,实现了农民与市民共沐改革春风,共享发展果实。

总之,安吉美丽乡村建设的多样性原则是2009年以后安吉持续推进新农村建设所呈现出的新亮点。美丽乡村建设所呈现出的勃勃生机离不开科学发展观的指导,离不开安吉人民的实践探索。安吉人民在建设美丽乡村的实践中开展积极探索,达成了一系列的新共识,成为安吉各界凝心聚力建设美丽乡村的新动力。①

四、力避"一刀切"

提起美丽乡村,很多人都认为就是拆房子、盖大楼、修马路,让农村和城市"接轨"。其结果就是,乡村和城市一样,没有了自己独特的地域文化,这种片面认识,造成了千城一面。美丽乡村,绝不是简单的拆旧建新,而是要体现新与旧的统一,村落与自然的和谐,历史与现代的交融。安吉的美丽乡村建设对于广州如何走出"千城一面"怪圈提供了许多可资借鉴之处。

(一)把握时代特点,注重地域特质,突出文化内涵②

一是把握时代特点。安吉美丽乡村建设一方面通过发挥农村的生态资源、人文积淀、块状经济等优势,积极创造农民就业机会,促进农业的转型升级,加快发展农村休闲旅游等第三产业,拓宽农民增收渠道;另一方面通过完善道路交通、医疗卫生、文化教育、商品流通等基础设施配套,全面改善农村人居环境,着力提升基本公共服务水平,解决农民群众最关心、最直接、最现实的民生问题。

二是注重地域特质。安吉美丽乡村建设立足于现有的资源禀赋、生态条件和地形地貌,尊重农民的生活习惯和传统习俗,彰显乡土和山水特色,精心规划、建设和经营。安吉紧依乡村特有的山水资源、产业资源、农耕资源、民俗资源以及乡土建筑资源等进行提炼和定位,尽量避免城市元素在美丽乡村建设上的过多体现。真实呈现出美丽乡村的美就在于建筑与山水的协调之美,在于建筑材料的本土之美和建筑风格的传统之美,只有浓妆山水,淡抹村庄,尊重自然,融入自然,这种美才是城市可望而不可即的美,才是生活品质之城不可或缺的美和人类向往的独特之美。

三是突出文化内涵。安吉乡村的"美丽",不仅体现在住宅、村庄等固物质的舒适、洁净和宜居,同时必须表现为百姓精神状态上的积极、进

---

① 王秀忠、严端祥、王桂玲、徐有才、向世涛:《美丽乡村,幸福安吉——浙江安吉县推进美丽乡村建设的新实践、新形势、新对策》,载《中国乡镇企业》2013 年第 9 期。
② 盛会:《美丽乡村须走出"千城一面"怪圈》,载《农村工作通讯》2013 年第 11 期。

取和人的生存环境的和谐、生态。安吉美丽乡村建设不仅突出了物质空间的布局与设计，同时也嫁接了生态文化、传承了历史文化、挖掘了民俗文化，将孝廉、农耕、书画、饮食、休闲、养生等文化融入美丽乡村建设之中，提升了建设的内涵和品质，满足了老百姓的文化需求，丰富了老百姓的精神生活，使美丽乡村真正成为安吉老百姓的精神家园和生活乐园。

（二）走生态经济化道路，构建绿色家园，弘扬绿色价值[①]

走进"中国美丽乡村"安吉，犹如走进一幅动人的山水画卷。连绵不绝的竹海，漫山遍野的树林，清澈的溪流，古朴的民居，村在林中，林在村中，活脱脱一个如梦如幻的美丽花园。安吉境内"七山一水二分田"，层峦叠嶂、翠竹绵延、河流清澈，被誉为气净、水净、土净的"三净之地"，植被覆盖率75%，森林覆盖率71%，空气质量优良率95%。安吉是全国首个生态县、国家可持续发展实验区和全国首个休闲农业与乡村旅游示范县，也是国内联合国人居奖唯一获得县，被誉为世界上最绿色城市之一。

一是走生态经济化道路。安吉曾是浙江20个贫困县之一。20世纪八九十年代，为发展经济，造纸、化工、建材、印染等企业曾遍布全县，青山被毁，污水横流，严重的水污染危及下游的太湖。1998年，国家有关部门发出黄牌警告，安吉被列为太湖水污染治理重点区域。十多年过去了，安吉县凤凰涅槃、浴火重生，让绿水青山真正变身为金山银山。安吉恪守绿色发展的核心是绿色产业的发展的发展准则，严守生态红线，通过做精休闲农业、做强生态工业和提升地方特色产业这三种方式，用环境保护倒逼产业转型，探索生态经济化、经济生态化发展道路。

二是构建绿色家园。走过10余年的生态之路，安吉的山青了，水绿了，景美了，民富了，"好生态"成了这个浙江省北部山区县响当当的牌子，远近闻名。通过实施优雅竹城、风情小镇、美丽乡村三级联动，营造了令人艳羡的绿色生态人居家园。位于山区的安吉做足了竹文章，依托竹产业，营造竹景观，渗透竹元素，彰显竹气质，增强城市的竹韵。依靠生

[①] 牛禄青：《"美丽乡村"安吉：点绿成金》，载《新经济导刊》2014年第5期。

态整治、建设布局、道路延伸等手段，把山水路景有机融合，形成群山环绕水穿城、青山绿水绿绵延的城市形态。

三是弘扬绿色价值。安吉在加快生态文明建设步伐中，力求生态文明从娃娃抓起，把生态教育作为学生素质教育的重要内容。新学期开学，不仅是章村镇中心小学，全县其他小学的高年级均开展了"生态文明第一课"教学活动。继安吉生态博物馆正式开馆后，这个县又加快启动了《安吉县生态文明教育读本》的编写，并将其与原有的《生态安吉县民守则》《美丽乡村村规民约》一起，构筑起安吉生态文明建设的三维教育网络，在全县开展生态文明教育。实现"美丽"安吉的同时，更要成为"幸福"安吉。安吉正在开展幸福指数的创新实践，量化评分，提升公众的参与度，自律倡导绿色生活。

2013 年 11 月 17 日，新华社国家金融信息中心指数研究院、新华社金融信息交易所在北京联合发布《安吉幸福指数报告（2013）》：43 项指标证明安吉幸福指数呈现出持续增长态势；总得分为 84.36，证明安吉民众整体幸福感强，社会满意度高，安吉是一个宜居宜业宜游宜乐的好地方。

（三）从实际出发，坚持因地制宜、分类指导

浙江省农村经济基础、地形地貌、文化传统各不相同，每个地方都有自己不同的区位条件、地缘优势、产业优势，在建设美丽乡村时，应从实际出发，因地制宜，分类指导，不拘一格，建设多模式、多形式的美丽乡村，切忌千人一面，搞一刀切。要根据各地自身的特色优势，创造性地开展工作，像安吉那样坚持宜工则工、宜农则农、宜旅则旅、宜文则文、宜居则居，充分展示不同的个性、风格和内涵，体现不同的田园风光、乡村特色，努力做到"一村一景，一村一韵"。

安吉坚持因地制宜、分类指导，找准美丽乡村建设突破口，从农村基础设施建设和公共服务上着手，努力从农民最关心、最直接、投入少、见效快的项目入手，让农民在美丽乡村建设中感受到家乡面貌的变化，得到实实在在的好处。安吉以科学发展观为指导，以农村生态环境为基础，以建设美丽乡村为抓手，促进县域经济又好又快发展，实现了经济社会同步协调、城市乡村和谐相融，形成了"生态为本、农业为根，产业联动、

三化同步,乡村美丽、农民幸福"的安吉发展模式。①

总之,安吉美丽乡村建设是我国新农村建设创新发展的成功典范。在深入贯彻落实"中国梦"、建设美丽中国、发展生态文明的时代背景下,持续追踪安吉美丽乡村建设的实践探索,及时总结美丽乡村建设出现了新的特点、新成效和新启示,能够为类似地区推进新农村建设和县域经济发展提供了新的借鉴。安吉美丽乡村建设的成功实践启示我们,没有美丽乡村就没有美丽中国,新农村建设要勇于突破传统发展道路的局限,坚持一切从实际出发,积极推进发展方式转变,不断推动城乡一体化进程,才能促进农村实现物质文明、精神文明、政治文明、社会文明和生态文明共同发展、协调发展。

第三节 韩国"新村运动"的经验与启示

韩国农业与中国一样,同属东亚小农生产,且深受儒家文化的影响,两国地缘相近,经济、社会和人文背景相似,韩国新村运动的许多经验,值得中国在美丽乡村建设中大力借鉴和吸纳。20世纪70年代韩国的农业、农村状况和现阶段的中国农业、农村状况在发展阶段与基本情况等方面有很多的相似之处,都处于由农业国向工业国、由传统社会向现代社会转型过渡时期,在现代化进程中所碰到的难题自然有类似之处。韩国新村运动的经验为包括广州在内的中国美丽乡村建设提供了有益的启示。

始于20世纪70年代的韩国新村运动是一场以改善农村生活环境、促进农业发展、提高农民生活质量为主要内容的自上而下的农村现代化运动。运动以勤勉、自助、合作为基本精神,以振兴国家为动力,通过政府支援、农民自主的方式,设计实施了一系列开发项目,带动农民自发开展家乡建设活动。新村运动在农村率先开展后,迅速波及工厂、学校及城市,逐步发展成为全国范围的国民运动,对促进韩国经济和社会现代化做

---

① 严端详:《美丽乡村,幸福农民——安吉县推进美丽乡村建设的研究与思考》,载《中国农垦》2012年第12期。

出了巨大的贡献。探讨韩国农村实现现代化的发展路径对广州当前的美丽乡村建设有着极大的借鉴意义。①

一、政府主导是关键②

韩国新村运动是一场政府主导的自上而下、群众广泛参与的运动。新村运动的成功开展与韩国政府的高度重视密不可分。韩国从中央到地方政府建立了一整套严密的组织领导体系，内务部在道（省）、郡（县）、面（乡镇）建立了相应行政机构对新村运动进行协调、服务、培训、指导；政府还为新村运动提供了有效的资金和技术支持。据统计，从 1970—1980 年，韩国政府财政累计向新村运动投入 2.8 万亿韩元（约相当于 1972 年其国民生产总值的一半）。韩国的新村运动以培训新村指导者为着力点，有效解决了新农村建设中农民参与积极性不高、政策执行力低下等问题。韩国把新村指导者培训的重点放在工作伦理的养成上，主要采取了小组讨论、案例教学、后续跟踪教育等方法，有效地激发了新村指导者的新村精神，使他们全力以赴地投入到新农村建设之中，成功地领导村民建设新农村。这种成功经验对于广州当前的美丽乡村建设有一定的借鉴意义。

（一）工作伦理教育：新村指导者的培训重心

按照韩国农林部最初制定的计划，每个村庄提供一名青壮年农民担任新村指导者，在 1 年之内将培养约 35000 名新村指导者，主要是学习政府政策和农作物增产新技术。显然，官员们并不擅长针对农民的村庄发展培训。朴正熙认为这个计划不切实际，建议换一个方案，精心挑选 20～30 名致力于村庄发展的农民，让他们接受 2～3 周的培训，重点是培植他们服务于村庄发展的观念，发扬光大勤勉、自助和协同（合作）的新村精

---

① 韩秀兰、阚先学：《韩国新农村什么样？——韩国农村现代化的路径及启示》，载《中国农村科技》2011 年第 11 期。

② 宣朝庆：《政府如何主导新农村建设——基于韩国新村运动的分析》，载《社会科学战线》2011 年第 10 期。

神。这些伦理价值曾经在韩国历史上为应对各种挑战和困难发挥过重要作用。①

新村指导者的培训方法在许多方面不同于正规的学校教育。针对农民的文化状况，研修院的培训不追求高深复杂的理论，而以实践和实际经验为重点，在实际练习中培养新村精神，促成学员在精神与行为上发生变化。在入学之初，学员们即被要求填写一份评估表，内容包括个人背景、对新村运动的了解与态度、对培训的需求和预期等。研修院在分析之后按照学员实际情况和要求调整培训方案。在培训过程中，从早晨8：00到下午6：00课程被安排得满满的，包括营农知识、农协运动、新村事业、精神教育等方面，以新村精神养成为主要着力点，强调新村精神对农村发展的重要作用。②

为了加强学习效果，进入研修院的学员们不允许与外界有任何的联系或信息交流。所有的教员都和学员们同吃同住在一起，早晨他们很早起床，带领大家散步和体育锻炼，晚上则指导学员们开展小组讨论。这种特殊的教学方式，使双方很快就建立起一种极为密切的联系，有效地激发了学员们的新村精神。③

（二）小组讨论：民主参与式教育唤起建设热情

首届培训结束后，学员们接受了问卷调查以检验培训效果。他们在小组讨论和成功农民的案例教学等方面给出了高分，而在政府官员讲解农业政策和建造公共设施的基本技术、生产技术介绍等方面给出了低分。根据调查，研修院调整了既定的科目，大力压缩了不受欢迎科目的时间。20世纪70年代以前，普通农民还不熟悉参与小组讨论的规则与方法。学员

---

① 崔敏浩、李洛薰、闵炳敦：《韩国传统思想与新村运动精神的比较研究》，载《首尔大农学研究》1981年第6卷第1号。

② 新村指导者研修院：《新村指导者研修院创立10周年纪念——新村教育研究论文集》，高丽书籍株式会社1982年版，第19页。

③ 新村指导者研修院最初设置于首尔西郊的农业合作学院，但这个地方紧挨着一个高尔夫球场。在20世纪70年代，韩国农民的收入还很低，高尔夫运动尚不为农民所熟悉，很容易引起他们的好奇和观望。在第二次培训期间，朴正熙到研修院视察，发现了这一问题。他认为，周末的高尔夫运动将对参加培训的学员产生消极影响。1973年4月，新村指导者研修院搬迁到水原，借用农村振兴厅的农民大厦为教学地点，此后这里成为新村领袖培训的固定地点。

们在调查中给了这个科目最高分，是因为它是一种民主决策的方法。此后，小组讨论这种方法在农民中间广泛地推广开来，在新村项目的实施中发挥了重要作用。

为了使每个人都积极地参与到小组讨论中去，研修院将学员按15人一组进行编组，并为每个小组分配一名指导教师对讨论加以督导。小组讨论的固定时间是每晚的7：00—10：30。每组选举一名主持人和一个记录人，由他们选择讨论的话题。在培训的最后一天，小组向全体学员汇报每次讨论的纪要。然后，研修院把这些纪要装订成册，作为培训的珍贵成果分发给大家。

小组讨论能够有效地激励学员们的思想。在参加培训之前，每一位学员都在实施新村计划方面积累了相当的经验。在小组讨论中，他们与他人分享这些经验，也自由地提出各种个人关心的问题。一些学员本来以为自己已经工作得够努力了，但在讨论中他发现原来别人比他做得更好，"回到村子后一定要做得更好"的想法在反复讨论的过程中日益强烈。

（三）案例教学：成功经验激发新村精神

新村指导者研修院使用案例教学，以成功农民和先进农村的事迹激发学员们建设家乡的热情，一系列的案例学习使学员们加深了对新村运动的目标和意义的理解。因为案例学习效果非凡，研修院非常重视挖掘合适的案例。学员们非常喜欢那些成功农民的事迹。在一周的培训期内，约有10名男女农民受邀来介绍他们的成功经验。这些案例反映了韩国农民的历史，他们曾经长期生活在贫穷的漩涡中不能自拔，现在进入到经济起飞的新时期。在听讲的过程中，学员们回忆起自己的过去，体察报告人的艰苦生活，很容易就理解了新村运动的基本理念和要求。

案例教学的另一个方式是观摩先进农村。在新村运动之始，韩国政府就对全国村庄进行了分类，约有三分之一的村庄被认为缺乏参与积极性，属于后进村。因此，引导这些村庄的农民实施新村计划是一个很严峻的问题。新村指导者研修院为此设计了参观学习科目，仔细挑选了15个先进村庄，安排学员参观学习。在每期培训班里，会有75名从落后村来的学员实地参观这些先进村庄，每村分配5名学员，观摩学习时间为4天。

在进入先进村参观之前，这些后进村来的学员要先接受一周的常规培训，然后才能去先进村。进村后一切开销由研修院承担。他们在驻村期间，要比较先进村与本村在农耕、村庄生活和农民态度等方面的不同，找出影响村民积极参与新村计划的各种因素，获得发展本村的理念和积极性。4天后，所有的学员返回研修院，分组汇报他们的学习体会。最后，他们每个人要准备一个本村的发展计划。为了激励这些受过特殊训练的新村指导者，地方政府会提供给他们水泥和钢筋等，用于实施课程中学到的东西。参观学习科目持续了好几年，直到新村计划在所有村庄得到实施为止。

（四）后续跟踪教育：新村精神持久不衰的支持机制

在接受新村教育的时候，绝大多数学员会想着在返乡后如何实践新村精神。但事实上，这种决心往往随着时间的流逝而淡化。所以，很多学员要求有一个夜校性质的再教育项目，以重温新村精神。研修院考虑到他们的要求，就周期性地举办夜校，每一期夜校班总有数百名结业学员报名参加。此外，研修院还出版《新村运动》通讯，按月寄发给结业学员，通讯的内容包括学员来信、散文和工作近况等。

每当水稻的忙季到来，培训就要暂停两个星期。作为后续跟踪教育的一部分，研修院安排老师们利用假期时间到各村走访以前的学员，一名教师一天要访问几个村庄。走访鼓舞了学员们的工作热情，每一个参加者报告他们的工作进展和遇到的困难。教师们也能通过深入实地了解他们的实际需要，有助于改进研修院的培训科目。随着结业学员越来越多，教师们只能走访其中很少一部分。为了在有限的时间里约谈更多的人，走访不得不采用集体聚会的形式，一个县里的所有结业学员在某一天集中起来重温新村精神。到70年代后期，一个县的学员数量往往在100人以上，庞大的数量不允许在一天内让所有人都报告他们的实践活动，因此大型集会并不适用于新村教育后续跟踪项目。

新村指导员培训计划，加强了农村领导力建设，彻底改变了新村建设初期农民的观望态度，激发了农民自立自强的精神和平等民主意识，树立了自力更生改变家乡面貌的信心，使政府的资金投入发挥了最大效益，有效地保障了政府支援开发项目的实施。这个计划的成功是建立在一个基本规律之上的，那就是农民为了现代化进程也在不断地探寻、改善他们适应社会变迁的技巧。相信农民，不断地帮助他们提升适应能力，也理应成为广州政府在美丽乡村建设中的重要着力点。

二、农民主体是基础

新村运动中尊重农民的主体性，是韩国新村建设取得成功的另一个重要经验。政府虽大力支持新村运动，但绝不包办。上什么项目，完全由农民自己选择。允许推进速度有快有慢，不搞齐步走。政府确定若干项目，包括屋顶改造、道路硬化、建设自来水管等，由村民讨论选择最急需的项目。项目获得批准后，政府再发水泥、钢材支持。政府是给农民配套，而不是自上而下选择项目。而农民从村中选出指导者，来组织项目的实施。

（一）激发村民积极投身新村运动

韩国政府认识到农村开发事业，需要广大农民提高认识，主动、积极、自发地开展各项建设工作，政府重点进行科学引导和扶持，事事先征求村民的意见，绝不强制推行。为了调动农民的积极性，韩国政府重点推行以下三项措施：

一是以村为单位实施各类开发建设项目。每年2—3月，各村开展有计划的新村工作，由村总会研究决定具体项目内容、规模、实施范围、预期目标，村开发委员会研究制定具体实施操作计划，如资金分配、劳动力安排、工作日程等，还要记录每天或每周的工作进度，并依此制定相关的措施，如动员村民补充劳动力，向政府通报信息，求得人、财、物支援和对策分析等，以保障新村开发项目按时完成。

二是实施奖优罚劣的开发政策。新村运动中，政府在人财物的支援上，没有采取平均分配政策。刚开始，以村为单位，平均免费提供300袋水泥用于村里的公共事业，根据各村完成公共事业的成绩好坏，把全国3.5万个村划分成自立、自助、基础三级，成绩最好的划为自立村，最差的划为基础村，第二年政府的援助物资只分给自立村和自助村，平均增加到800袋水泥和1吨钢筋。经过几年的建设，积极参与的农村发生了明显的变化，抱着消极旁观态度的村见邻近村庄都发生了很大的变化，又从政府的奖励先进和重点扶持、援助中受到刺激，奋起直追，到1978年，韩国全国绝大部分村都成为自立村或自助村。

三是实施村民监督制度。新村运动中,政府投入了大量的财力和物资,如何保证这些财物有效地应用到农村建设中是政府考虑得较多的问题。所有的财物以村为单位申报领用,政府各部门不参与工程建设。政府每村只委派一个公务员具体负责统计工作,并接受村民监督,政府把能否及时、准确无误地将中央分配下达的支援物资送到村里作为考核公务员素质的重要标志,公务员的晋职升薪与每个公务员在新村工作中的政绩、水平有关。

另外,各村的村民代表可参与郡、县政府的有关决策会议,可以约见市长、郡守,并当面提出问题、批评与建议。农民乃至全社会的积极参与是新村运动取得成功的关键。①

(二) 围绕农民增收致富为核心

自 1970 年开始,政府无偿提供钢筋水泥等物资,提高农民自主建设新农村的积极性、创造性和主体性。由中央内务部直接领导和组织实施,建立了全国性组织新村运动中央协议会,这是韩国新村运动最高领导机构,其职责是负责制订支援农村开发的政策措施、基本方针以及财政预算等。韩国各地方也建立了相应的新村运动协议会,形成了自上而下的全国性网络。政府着力改善农民居住环境和生活质量,修建了村民会馆、自来水工程、改建住房、加大农村基础设施的建设和村容环境的整治。20 世纪 70 年代中后期,政府鼓励发展特色农业、渔业、畜牧业、农产品和水产品加工业和特产农业,积极推动农村保险业和金融业的发展。1980 年 12 月 1 日,韩国创建了全国性民间组织"新村运动"中央本部,形成全国性网络。从此开始,"新村运动"逐渐完成了由民间主导加政府支持到完全由民间主导的过渡。②

一是美丽乡村建设必须立足于调动广大农民的积极性,使其"当家做主"。这既是韩国新村运动的经验,也是中国农村改革 30 多年来的实践总结。美丽乡村建设,农民既是受益主体,更是建设主体。如果广大农

---

① 韩秀兰、阚先学:《韩国新村什么样?——韩国农村现代化的路径及启示》,载《中国农村科技》2011 年第 11 期。
② 褚海龙:《韩国新村运动及其经验启示》,载《河南广播电视大学学报》2012 年第 1 期。

民对新农村建设无动于衷,消极懈怠,新农村建设将一事无成。农民的积极性、主动性、主观能动性程度如何,直接关系到新农村建设的成败。因此,一定要尊重农民的实践创造和选择,围绕农民的需求谋划美丽乡村建设,根据农民的意愿推进美丽乡村建设,依靠农民的力量搞好美丽乡村建设,激发和培养广大农民的主动意识和参与意识,提高农民的主动性,减少依赖性,健全村民自治机制,充分运用"四议两公开"工作法和"一事一议"的筹集办法等开展美丽乡村建设,真正做到建设项目让农民自己议、自己定、自己干,实施过程和结果要接受村民监督,使农民充分享有知情权、参与权、管理权、监督权,真正成为参与者、推动者,成为建设美丽乡村、管理美丽乡村的主人。

二是美丽乡村建设必须围绕农民增收致富这一核心。美丽乡村建设首先是生产发展。农村的落后关键是经济落后,城乡差别的核心是收入差别,突出是农民增收困难。因此,坚持以发展农村经济为中心,增加农民收入、提高农民生活水平和质量,这是美丽乡村建设的出发点和落脚点。要因地制宜发展"一村一品""一村一特"产业,引导农民什么赚钱就种什么;帮助农民找销路,提供市场信息。韩国农村与广州有许多相似之处,都属山多地少、人多地少,小规模经营农业类型。韩国观光农业的经验,值得学习和借鉴。可以通过先行试点,把不同村庄建设成观光、休闲、绿色、健康的、文化的村庄,体验的农村,引导城市到农村消费。既教育了市民,又增加了农民收入,融洽城乡关系。在发展生产、调整产业的同时,要注意增强农民的环境保护意识,着力发展绿色的、人与自然和谐、可持续发展的产业,达到增加农民收入,提高农民素质,保护生态环境。

三是美丽乡村建设必须提高农民组织化程度。当前,农民还是一个弱势群体,小规模或单家独户从事农业生产的经营格局没有改变,组织化程度低、抗自然灾害和市场风险能力很弱,经济效益难以得到保障。在韩国,农民有自己的全国性、地方性、行业性组织,如韩国的中央农协会,在提高农民的经济、社会和文化地位,维护农民权益等方面发挥重要作用,一直是农民可以依靠和信赖的坚强后盾,目前韩国99%的农户都是农协会员。相比之下,中国农民组织化的程度很低,参加各种专业协会和合作社的农户不到农户总数的 4%，农民的呼声听不见，农民的利益缺乏保证。因此，一方面鼓励和引导企事业单位、农民经纪人、农村能人、大户牵头创办或领办各类农民专业合作社组织（农协组织），提高农民生产组织化程度；另一方面，借鉴韩国的经验，培养愿意扎根农村、组织农业生产经营的农业部门的 CEO（首席执行官），采取定向招生专门培养，特殊政策扶持，使他们成为农业产业化经营的 CEO，农民组织化程度领头人，新农村建设的骨干力量和精英，村级班子的后备力量。农业、农村要发展，必须拥有这样一批人才。当前，这是我们的软肋，应引起高度重视。①

（三）尊重农民地位发挥农民作用

韩国政府虽大力支持并主导新村运动，但并不包办一切。上什么项目、项目的进度如何完全由农民自己选择，充分尊重农民的主体地位。新村运动的组织实施者是从农民中选出的"指导者"，而不是具有准公务员性质的"里长"（相当于中国的村主任）。即使是政府认为对农民有益的事情也要先征求农民的意愿，真正让农民成为各项农村建设事业的主体，绝不强制推行。因此，新村运动获得了农民的广泛支持。在美丽乡村建设中广州也应充分尊重农民的意愿，注重激发农民的自信心、创造性。如果过分强调政府的主导地位，沿袭过去那种行政推动的强制式、命令式工作作风，势必抑制农民的主动性和积极性，得不到广大农民的支持，美丽乡村建设也不可能取得成功。

韩国新村运动特别注意尊重农民的主体地位、发挥农民主体作用。在新村运动中，韩国政府确定的工程项目都是确实可行的项目，与农民的生活息息相关，改善生活的作用立竿见影，让农民得到了看得见、感受得到的实惠，从而调动了农民的积极性，激发了农民的进取精神，培育了农民的自发、自助、勤勉、协力精神之后，由扶着农民走路，转到看着并引导农民走路，从而使新村运动最终转变为农民主导型的群众运动，进而是新农村具有持续发展的生命力。②

---

① 潘志刚：《韩国新村运动对新农村建设的启示》，载《当代贵州》2010 年第 21 期。
② 褚海龙：《韩国新村运动及其经验启示》，载《河南广播电视大学学报》2012 年第 1 期。

三、统筹规划循序渐进是原则

统筹规划、循序渐进、突出重点、注重实效是新村运动的主要原则。韩国新村运动从农民实际需要出发,以村庄建设为着力点,以国家财力支持为基础,注重因地制宜,因陋就简,实施了先易后难、量力而行、注重实效、重点突出、循序渐进的战略,保证了新村运动的顺利推进。[①] 韩国新村运动设计了五个依次递进的阶段,体现了从低级到高级、从量变到质变、从形式到内容的哲学理性辩证发展观念。

(一)改善环境阶段

从改善农民最基本的生存和生活条件入手,容易得到广大农民的响应和支持。因此,这一阶段的目标是改善农民的居住条件,推动农村基础设施建设。1970 年 11 月至 1971 年 7 月,韩国政府为全国 315 万个村庄平均每村提供 335 包水泥,用于改善乡村环境的 10 大事业 20 个项目,主要是拓宽村庄马路,改良屋顶围墙,改善饮水条件,建设公用洗衣场、澡堂,架设桥梁和整治溪流,等等。强调每项工程都要按村民意愿进行,每项事业要符合 4 个条件:一是全体村民受益又急需要办;二是因地制宜,切合乡村实际;三是发展潜力大;四是投资小、效果好。发起"新村运动"的第一年,村民的反映比政府预期的效果还要好。第一年全国 315 万个村庄有 116 万个表现积极,成绩显著;第二年政府对这些成绩显著的乡村继续提供支持,每村增加 500 袋水泥和 1 吨钢筋。据此,政府制定了"支援优秀乡村"原则,进行区别性支援。全国 315 万个村以乡村发展阶段划分为"基础、自助、自立"三个类型,成绩最佳的划为自立村,最差的划为基础村,政府的援助物资只分配给自立村和自助村。1973 年,全国 1/3 的村划为基础村;到 1978 年基础村基本消失,约有 2/3 的村升为自立村。

(二)增加收入阶段

这一阶段主要是以增加收入为主的全面发展阶段。政府推出增加农

---

① 王金红、胡泽洪:《广州新农村建设研究》,广州出版社 2008 年版,第 168 页。

民、渔民收入计划，支持农村调整农业结构，推广种植业、养殖业良种和先进技术，普及高产水稻新品种"统一稻"，1974年达到大米自给。与此同时，政府支持乡村动员村民开展较大规模的乡村基本建设事业，像整理耕地、开辟道路、整理河川、开发农业用水等开发项目。这些项目有的是乡村独立完成，有的是与附近乡村联合进行以提高投资效果。1971—1975年，全国共架设桥梁6.5万座，每村都修了315米宽、长2~4公里的进村道路。新建自来水管4440公里，新建会馆3.6万座。这一阶段，农业连年丰收，农民收入大幅度提高并超过城市居民。

（三）充实提高阶段

随着城乡差距逐步缩小，社区经济开发越来越红火。政府推进"新村运动"的工作重点也放在鼓励发展畜牧业、特色农业和兴办乡村工厂上，并积极推动农村保险业发展。同时，为广大农村提供各种建材，支援农村的高档住宅建设和农业开发区建设，推动"新村运动"向纵深发展。1980年，韩国农村企业达384个，1986年增加到790个。1977年，作为农村贫困标志的草房顶全部更换为彩钢或瓦顶。1978年，全国98%的农户用上了电。

（四）全民参与阶段

这个阶段，韩国政府大幅度调整了有关"新村运动"的政策措施，从政府主导的"下乡式运动"转变为民间自发，更加注重活动内涵、发展规律和社会实效的群众活动。政府建立和完善了全国性"新村运动"的民间组织，设立了"新乡村庄建设中央会"，下设"新乡村庄指导者（男性）、新乡村庄妇女会、新乡村庄读书委员会、工厂中央委员会、新乡村庄金库联合会"5个会员团体。设立了中央新村运动研修院。培训和信息宣传工作改由民间组织来承担。政府通过规划、协调、服务及提供一些财政、物质、技术支持和服务等手段，推动调整农业结构，进一步发展多种经营，大力发展农村金融业、流通业，进一步改善农村生活环境和文化环境，继续提高农民收入。当时，农村居民普遍认为其经济收入和生活水平已接近城市居民。

（五）创新发展阶段

随着经济的快速发展，一派繁荣气象自城市开始逐步向农村地区扩散,"新村运动"也带有明显的社区文明建设与经济开发特征。政府倡导全体公民自觉抵制各种不良社会现象,并致力于开展国民伦理道德建设、共同体意识教育和民主法制教育,同时积极推动城乡流通业的健康发展。"新村运动"转为国民自我发展阶段以后,运动初期为推动运动开展,启动农村经济、文化活动而设立的政府机构,活动内容和形式逐步弱化,而具有客观生存与发展规律、有助于农村经济文化发展的机构、活动内容和形式比较活跃,如农业科技推广培训组织、农村教育机构、农协、农村综合开发、农村经济研究等组织机构应运而生,并在不断优化其结构中传承着"新村运动"的精神和理念,推动"新村运动"迈向了"变化、挑战、创造"的更高发展阶段。[①]

四、建立各种有效机制是法宝

有效的激励机制、监督机制、保障机制和教育机制是韩国新村运动取得成就的四大重要法宝。

(一) 建立奖勤罚懒的激励机制

20世纪70年代初,韩国政府开始推动新农村建设,在基础建设上他们拿出政府财政支出的1%来为农村买水泥、钢筋等支持农民改善自己的生产生活条件,同时更重视调动农民的积极性,他们的口号就是:勤俭、自助、合作。据介绍,韩国在建设农村经济的过程中采取了一个很好的鞭策机制,那就是"奖勤罚懒"。比如说当第一年政府把水泥发给农民了,然后政府就会派人去调查,看谁搞得好,搞得好的第二年再加发50%的物品,搞得不好的就不发了。[②]

对政府官员的激励同样也不含糊。"新村运动"是由当时的政治强人朴正熙总统亲自倡议、启动并支持的一场由上至下进行动员的乡村发展运动,地方官员政绩的考核和升迁直接与当地"新村运动"的实施情况挂钩,如果当地出现全国瞩目的成功案例,基层地方官员还可与政府共进午

---

① 李显刚:《关于韩国"新村运动"考察报告》,载《中国乡镇企业》2010年第12期。
② 黄建伟、江芳成:《韩国政府"新村运动"的管理经验及对我国新农村建设的启示》,载《理论导刊》2009年第4期。

餐。可见，对地方官员的激励也主要是针对其成长需求和关系需求。

（二）建立民主决策的监督机制

韩国农村建设还有一个非常好的经验就是"民主决策"。比如，韩国农村建设项目的最终确定是有一个民主选择过程的。政府先因地制宜地为某一个地区设计出 20 个左右的建设项目供农民选择，农民根据自己的需求选择项目，然后上报。正是这种符合实际需求的建设对韩国新农村的经济发展起到了重大作用。①

为避免给村庄的政府援助在行政系统内被截留，韩国政府采取了简单、透明的做法，并尽可能采取直送的方法，省去中间环节盘剥。如政府资助农村的水泥和钢筋无差别提供给村庄，任何官员无权改变分配数量，从而形成从下而上的层层监督机制。在播种季节，政府资助的资金和肥料直接送农村，避免了中间人从中牟利。

（三）建立配套政策的保障机制

自新村运动启动以来，韩国政府对农村实行了大幅度的政策倾斜，特别是进入 20 世纪 90 年代，韩国政府制定一系列扶持农业和全面发展农村经济、社会、文化、教育的政策措施，以促使新时期韩国农村与新村运动有机衔接、相互促进、协调发展。

1994 年，韩国政府研究制定了有关促进农渔村发展的 14 项 40 条政策措施。另外，在扩大非农收入、建设现代化的农（渔）村、鼓励经营农业、增加信用保证基金、搞活农用耕地交易、健全食品加工制度等方面推出了诸多具体措施。为了加大各项配套政策的力度，韩国国会还加强了有关配套政策的立法工作，如韩国国会于 1999 年 2 月 5 日，以法律第 5758 号和 6018 号颁布新的《农业、农村基本法》和《农业协调组合法》。前法自 2000 年 1 月 1 日起施用；后法自 2000 年 9 月 1 日起施行，其中有关农村金融的规定则自 2002 年 9 月 1 日起施行。②

（四）建立智力支援的教育机制

新村运动的重要内容是培训教育干部。运动发起后，各级政府都成立

---

① 裴少铭：《韩国如何建设新农村》，载《乡镇论坛》2006 年第 2 期。
② 崔松今：《论韩国新农村政策》，载《延边大学农学学报》2001 第 4 期。

了指导机构，要求每个村落推举一名有一定文化水平、在群众中有威信的农民担任新村运动的"指导者"，由政府组织培训，为了搞好培训干部的工作，国家于1971年成立了新村运动培训学院，主要任务是培训农村干部，主要方式是精神教育。过去重点是改善农村环境，提高生产与生活水平，现在的重点是解决社会问题。该培训学院的培训对象已经从农村延伸到城市，由国内扩展到国外，成立22年共培训过30多万人次，其中四分之一是农民，有50多个国家其中也包括中国的1000多人到该学院接受过培训。

韩国政府为新村运动建立了智力支援系统。韩国政府通过转变国家和农民的教育观念，实现了农村基础教育、职业教育以及成人教育的协调发展，解决了农业生产中的技术问题。韩国政府还积极改善农业技术，投入了大量的资金发展诸如育苗技术、病虫防治、农用水管理系统等新技术，并且在第一时间内进行推广。同时，韩国政府也十分注重人才和教育，不仅对各村的新村指导员进行大规模的轮训，对于农村教育也投入了大量的时间和精力，成立了专门的农业生产大学，并且对有新村运动背景的学生减免费用。对技术和人才的培养，客观上让新村运动有了持续进行的可能。[①]

第四节　美国农业现代化的经验与启示

美国人口2006年突破3亿，其中农业人口520万人，农场310万个，全国国土面积937万平方公里，耕地面积1.87亿hm^2，人均0.73hm^2。美国是世界上农业生产技术水平最高、劳动生产效率最高、农产品出口量最大、城市化程度最高的国家之一，农业成为美国在世界上最具有竞争力的产业。分析研究美国农业现代化进程和不同时期美国的农业政策，借鉴他们的经验，对于广州农业现代化建设和美丽乡村建设，具有重大的现实意义。

---

① 黄辉祥、万君：《乡村建设：中国问题与韩国经验——基于韩国新村运动的反思性研究》，载《社会主义研究》2010年第6期。

一、政府的大力支持和保护政策必不可少

美国是世界农业现代化程度最为发达的国家之一。在美国农业现代化的整个过程中，政府起了巨大的推动作用，美国的农业政策对于美国农业的现代化发展始终是一个具有决定意义的基本因素。美国农业现代化进程的一个显著特点是在不同的历史时期，政府根据农业和经济发展的特点和要求，制定相应的农业政策，从而促进了农业现代化的发展。

（一）通过立法保障农业发展

从19世纪60年代到20世纪初期的约60年时间，美国实现了农业半机械化，并向机械化前进。主要标志是：畜力代替了人力，这一时期畜力还是农业生产的主要动力；大量使用马拉的农业机具，如多铧犁、收割机、脱粒机等，代替了落后的原始工具。促成这种转变的重要原因是美国独立后，由于政府颁布了一系列土地法令，特别是1862年的"宅地法"大量处理国有土地，使农民获得了大量土地，促进了美国西部大量规模较大的农场的建立。

1905年，政府颁布了阻止各州之间作物病虫害传播的法令，对于保护和推动农业发展起了积极作用。1914年，国会通过"史密斯—利弗合作推广法"。该法规定，由联邦政府资助各州，在州立学院领导下设立农业推广站。1916年，国会通过了"联邦农业贷款法"。法令规定降低农业贷款的利息率和使利息率均等化，为农业发展提供了大量资金。此举使许多大农场可以获得为期5～40年的低利率抵押贷款。有了这些贷款，农场可以维持和扩大自己的经营范围。1917年，美国国会通过"史密斯—休斯职业教育法"。

（二）设立指导农业专门机构

1862年，美国总统林肯建立了农业部。农业部把它的教育与研究活动推广到许多方面，并逐渐成立了许多专门的局，各局配备了许多农业科学技术人员从事专门的研究工作。甚至美国驻各国的使馆也都设农业参赞，专门负责搜集和引进外国的先进农业技术和良种。美国各州的地方政府也建立起农业部，负责地方的农业研究和指导工作。美国政府农业部门

所属的官员，多数是农业科学技术人员和农业经济学家，他们着重实干，注意调查研究。所以，能有效地解决农业发展中的问题和避免瞎指挥。在这个时期，美国农业部的工作方针主要是提高农业生产，组织科学研究，推广新技术和发展农业教育。

随着农业生产发展的需要，美国政府对农业教育也日益重视，还在19世纪50年代，就已经有几个州用政府拨款成立了一些农业院校。此外，美国政府还拨款资助各州开办职业学校，对成年人普及职业教育。政府还在全国各地普遍建立了农业实验站，组织农业技术的推广工作。美国的农业研究工作，绝大部分是在各地农学院领导的农业实验站里进行的。

（三）运用宏观调控度过农业危机

从1920年到1950年的约30年时间，美国由农业的半机械化进入到农业机械化。先进的农业科学技术得到了进一步的应用。这与美国政府对农业的大力支持和扶持政策密不可分。一方面，通过20世纪30年代的限耕补贴、价格支持政策，对危机中的美国农业起到了保护作用；另一方面，采取一系列扩大农业信贷的措施，为推进美国农业生产现代化提供资金。

美国在20世纪二三十年代，先后爆发了两次严重的农业危机，极大地破坏了美国的农业生产力，影响了农业现代化的进程。但是，由于美国政府利用国家垄断资本的力量，采取了一系列保护农业和鼓励农业科学研究的重要措施，所以美国农业发展的进程并未受到很大的挫折，并在原有的基础上得到了进一步的提高。到1940年，美国基本上实现了农业机械化。

（四）利用先进技术发展现代农业

从1950年起到现在是美国实现农业现代化的时期，也是美国农业发展最快的时期。这个时期美国的畜牧业和种植业等逐渐实现了全面机械化，农业中运用的一整套现代科学技术（包括良种化、化学化、水利化等方面的先进技术）达到了很高水平。

美国政府这个时期农业政策的宗旨仍与前一阶段相同。在战后的一段时期内，除继续实行限耕和价格支持的政策外，还极力扩大农产品外销。为此，美国通过"租借法案""马歇尔计划"等大力向西欧各国倾销"剩余"农产品。1954年又通过了"480公法"等所谓粮食外援计划,加紧对外倾销,靠大量输出农产品来缓和资本主义的农业危机。借此,美国农业得以在原有的基础上维持和发展。

1973年以后,美国政府取消了限制生产的政策,实行"目标价格"政策。1972年,世界上许多地区因发生自然灾害而歉收,粮食产量下降了4200万吨。加之苏联在国际市场上抢购粮食,造成国际粮食市场供应不足,粮价飞涨。美国农产品出口又急剧增加起来。在这种情况下,美国政府于1973年通过了"农业和消费者保护法",取消了限耕,实行"保证价格",以鼓励农场扩大生产、扩大出口。因此,1973年美国农场收入创造了历史最高纪录,达到近331亿美元。这样,就鼓励了农场主们在机械化的基础上,更进一步地应用新技术来改进生产,造成目前美国农业生产高度发达的状况。[①]

二、积极促进农业科学技术应用

在信息技术日新月异的新形势、新情况和新背景下,科学技术对农业发展的支撑作用越来越突出。现代农业是建立在现代高新技术基础之上的,在这方面美国坚持把科技进步和提高劳动力素质作为加速农业产业化的首要推动力,并不断加大对农业基础设施建设、农业科研教育和技术推广的支持力度。这都为广州建设美丽乡村提供了很多有益的借鉴之处。

(一) 不断推广农业科技发展政策

美国国会在1925年通过"珀内尔法",增加对州农业试验站的拨款,每年拨给各州6万美元的经费,并扩大试验站的研究范围,包括"为建立和维持一项永久的和有效率的农业而进行的研究,以及为发展和改善乡村住宅和乡村生活而进行的经济和社会方面的研究"。

1935年,美国国会通过"班克黑德—琼斯法",该法规定建立地区实验室,并规定提供研究经费,以促进州与州之间的研究协作。研究的范围更加广泛,包括改进农产品的质量、生产和分配的方法、新产品利用和市

[①] 孙鸿志:《美国农业现代化进程中的政策分析》,载《山东社会科学》2008年第2期。

场等问题，也"研究和保护、发展与土地利用以及用于农业的水源等有关问题"。联邦政府除督促制订和协调地方实验站的研究计划外，农业部也与各州合作或自己单独进行科学研究工作。如1938年，农业部所属局与各州实验站新订和修订了1350个研究项目。农业部和各州的科学家们培育了玉米杂交品种，平均使每英亩土地的产量提高了20%以上；用一种植物荷尔蒙喷撒苹果树，可减少收获前的损耗达300万美元；在防止自然侵蚀、保存水土等方面的研究工作也都取得了较大的成果。

（二）健全有效的农业技术支持体系

美国农业科技体系主体主要由联邦农业部科研机构、赠地大学的农业科研及推广机构和私人企业科研机构等三方面组成。美国在工业方面的技术研究大部分由私人企业进行，唯独在农业技术方面，有一半的研究工作是由政府资助的公共研究机构进行的，而另一半则由私人企业进行。联邦和州两级科研机构的科研工作只涉及公众服务部分，不做企业的事情，即不搞产品（如种子、农机、化肥、农药等）。

美国农业的最大成功得益于科研、教育、推广三结合的体制，这是经过近百年发展而来的。美国农业部系统的研究经费主要来源于按各种法令和条例拨给农业部的联邦预算，其中大部分分配给8个农业科研中心。各州试验站的经费来源是多方面的，主要是联邦拨款，美国联邦农业科研经费投入为17亿美元，大部分农业科研投入来自各州、各类基金会及企业，也就是说，美国的农业科研投入是一个多元化的投入体系。①

（三）信息化发展为美国农业插上翅膀

美国农业信息化水平居于世界前列，研究其发展历程、现状及特点并加以借鉴，对广州进一步发展农业信息化有重要现实意义。

20世纪七八十年代计算机的商业化和实用化推广，带动了美国农业数据库、计算机网络等方面的建设。1985年，美国对世界上已发表的428个电子化的农业数据库进行了编目。在当代最重要的农业信息数据库中，最著名、应用最广的是：美国国家农业书馆和农业部共同开发的A‒GRICOLA数据库，它存有10万份以上的农业科技参考资料，数据库应用系

---

① 唐胜军：《美国农业现代化给我们的启示》，载《新疆农业科技》2007年第2期。

统服务于农业生产、管理和科研。如美国所建的全国作物品种资源信息管理系统，管理 60 万份植物资源样品信息，可通过计算机和电话存取在全国范围内向育种专家提供服务。

20 世纪 90 年代以来，随着计算机逐步应用到农场，美国农业信息化迈入自动控制技术的开发及网络技术应用阶段。到 1985 年，美国已有 80% 的农场主使用计算机处理农业生产，其中一些大农场则已经计算机化。如今计算机等高技术的应用给美国农场管理与生产控制、研究和生产带来了高质量、高效率和高效益。

20 世纪 90 年代初，美国开始出现以信息技术为支撑的精准农业。精准农业的产生，标志着信息化对农业产生了深刻影响。精准农业是建立在信息技术与农业生产模拟技术基础上的，旨在将对野生动植物和环境的无意识影响降到最小的同时，提高特定地点的整个农场的长远生产效率、产出率和利润率的复合农作系统。精准农业信息技术是根据作物的需要或生产潜力，因地制宜确定种子、化肥、农药、灌溉水等生产投入品的数量成为可能。产量显示器、产量地图、地理土壤地图、遥感地图及全球定位导航系统是支撑精准农业发展的重要物化信息技术。[①]

三、大力推进农业产业化经营

农业产业化最早产生于 20 世纪 50 年代的美国，然后迅速传入西欧、日本、加拿大等发达国家。由于不同的资源条件、生产要素结构和政治经济社会环境，各国的农业产业化经营模式也各不相同，但都具有以下共同特征即专业化、一体化、服务社会化和利益分配合理化等。可见，农业产业化是自给性农业向商品性农业转型的一个标志，是农业现代化的必由之路。从美国农业现代化进程中可以看出，美国农业产业化是农业现代化的必由之路，在农业现代化的进程中，美国采取的措施主要有：重视农业教育、科研和推广，注意提高劳动者素质；推广现代农业机械和高技术，重

---

① 北京市科学技术情报研究所编译：《美国农业信息化发展的进程和特点》，载《中国农业信息》2013 年第 5 期。

视农场管理；经营集约化、产业化，生产专业化，服务社会化；市场机制与政府扶持相结合；加强农业基础设施建设等。① 美国在推进农业产业化经营方面给我们的经验和启示主要有：

（一）产业化经营可以成为农业现代化的方向选择

美国的产业化农业被习惯地称为传统农业，其投入要素除大量耕地与机械之外，还包括各种能源与化学物质，如化肥、除草剂、杀虫剂、激素等。产业化农业不仅为美国居民提供了世界上最廉价的食物，而且还出口了其50%的农产品，建成了世界上最有竞争力的农业体系。

产业化农业是由耕作、飞播、飞防、联合收割、高密度养殖等构成的一个机械化链条，其主要特征如下：一是化学化。所有农业生产活动都依赖化学物质，从化学肥料，到化学除草剂与杀虫剂，再到养殖过程中的各种激素。没有化学物质的帮助，产业化农业成本会急剧增加，甚至无法完成生产。二是规模化。农场面积多在1000英亩（1英亩≈0.4046hm^2）以上，但经营的农民数量则非常有限，多以家庭经营为主，少数农场是若干个农民共同经营或企业化经营。三是机械化。农业经营从种到收的所有环节全部实现机械化，劳动生产率非常高。四是一体化。因农场主文化层次相对较高，其产品的营销工作都由农民自己完成。而部分大农场直接属于一些庞大的农业一体化公司，其生产、加工、营销各环节完全实现了一体化。这类企业通过竞争，已经迫使越来越多的中型农场破产，转化成大型农场或小微型农场。②

（二）建立农业结构调整支持体系

结构调整是今后一个相当长时期内世界各国农业发展的主线。通过农业生产结构的优化和升级，实现区域间的适度分工与协作，积极发展农业产业化经营，加快农业的区域化、专业化、商品化和现代化进程。农产品结构的调整要适应市场需求的变化，增加名、特、优、稀产品的比重。在引进和推广优良品种的同时，加强农畜产品的品种改良和品质提高。一手

---

① 毛霞：《美国农业现代化发展的历程对中国的启示》，载《浙江万里学院学报》2007年第6期。

② 苏春江、肖双喜：《美国农业发展方向的争论对中国农业发展的启示》，载《世界农业》2014年第2期。

抓良种，一手抓良法。调整农业结构迫切需要各级政府的支持，建议各级财政设立"结构调整支持专项资金"，专门用于扶持农业结构的调整，加快结构调整步伐。要建立农业可持续发展支持体系。

广州要建设美丽乡村，发展现代产业化农业，一是借鉴美国的成功经验，鼓励农民在休耕时发展生态农业，并给予补贴，对改善农业生产环境的基础设施建设给予补贴。二是建立土地合理流转机制和开发机制，综合运用行政、经济、法律等手段，引导土地合理流动，优化土地资源配置，提高土地利用率。三是建立有效的法律约束机制，依法保护农业资源，奠定农业可持续发展的资源基础。四是大力推广节水灌溉技术，实现水资源的持续利用。分区域看，山区农村要继续加大退耕还林还草、退牧还草、植树造林、防止沙漠化和水土流失等方面的投入，城中村和城郊农村则要加大农村生活污染和农业生产污染的治理。①

（三）充分发挥各类农业合作组织的作用

农业合作社遍布美国各地，在美国的农业产业化经营中占有重要的地位。美国农业是以家庭经营为基础，为解决单个农场难以办到的事情，需要非营利性的合作社提供各种服务，降低生产成本，这是合作社稳定发展的前提。合作社的主要任务有：一是销售和加工服务；二是供应服务，包括销售石油产品、化肥、农药、饲料、种子、农机及其零配件；三是信贷服务，等等。例如，德梅因市的一个农家之地（农业合作社 CO—OP），下面有 24 个办事处分布在市内各地，农民只要交 100 美元入会费，就成为终身制会员，享受各种服务。

此外，美国还以加工业为龙头，带动农业生产发展。洛杉矶商会是一种民间的会员式组织，具有组织农民生产、联系市场、提供信息、帮助和指导生产以及销售农民生产的产品的作用。同时，它还帮助农民建立与政府沟通的渠道，特别是在政策、法规等方面的咨询和保护会员的利益等。例如，洛杉矶一个葡萄酒厂，年产 25 万公斤葡萄酒，需要 667 平方米的葡萄生产基地作为依托。酒厂与农户之间，通过商会或协会以订单的形式，既确保酒厂生产的原料需求，又保证了农户产品的销售。围绕优质葡

---

① 孙鸿志：《美国农业现代化进程中的政策分析》，载《山东社会科学》2008 年第 2 期。

萄的生产，商会或协会与院校或研究机构的科学家们建立品种更新、技术服务体系，确保高产优质葡萄的生产。美国各地都以市场为导向，以订单农业为保证，来完善农业生产，实现农业生产工厂化。①

总之，美国经验充分说明：后期国家或地区完全可以充分利用同时代发达国家或成功国家的经验、技术和品种，以实现本国农业的跨越式发展是可能的。从美国政府的农业政策对现代化农业发展的推进作用看，政府的行为对于扶持农业发展作用是不可替代的，结合中国的具体国情以及广州的具体市情有效地实施更加切实可行的农业发展扶持政策，使农业生产持续、稳定、健康地发展，向着良种化、机械化、信息化的现代农业迅速迈进，为美丽乡村建设夯实有力基础。

---

① 唐胜军：《美国农业现代化给我们的启示》，载《新疆农业科技》2007年第2期。

第五章 美丽之路：广州美丽乡村的制度设计与思路对策

生态文明不仅是一种理念和实践，也体现为一套完整的制度形态，以保证从更高层次推动发展方式的转变、治理观念的更新。广州乡村建设的美丽之路首先要从广州本地的乡土特色出发，以着力打造大城靓村、强调突出名镇古村以及大力彰显岭南特色为基本理念；其次要注重美丽乡村建设的制度设计，逐步建立健全农村生态规章制度、农村生态恢复和补偿制度以及农村生态资源保护管理制度；最后要将大广州作为全国一线城市的影响力和辐射力向乡村地区扩展，具体要使广州大城市的基础设施向农村延伸、广州的基本公共服务向农村倾斜、城市现代文明向农村辐射、大广州影响力向农村覆盖。

第一节 美丽乡村建设的基本理念

广州建设美丽乡村要做到"画饼"与"做饼"相结合。如果说美丽乡村的科学规划是"画饼"，那么规划的精心实施就是"做饼"。既要充分发挥规划对实践的规范指导作用，又始终坚持把规划实施作为工作推进的基本环节，做到"符合规律不折腾、统筹推进不重复、长效使用不浪费"，充分保证规划的严肃性和长效性，落实规划配套建设项目和资金要素，建立乡村规划执法队伍，发挥社会各界对规划实施的监督作用，真正做到"体现共性有标准、尊重差异有特色"，真正实现规划、建设、管理、经营各个环节的有机衔接。广州美丽乡村建设的基本理念主要表现在：着力打造大城靓村，强调突出名镇古村以及大力彰显岭南特色。

一、着力打造大城靓村

党的十八大确定了到 2020 年全面建成小康社会的宏伟目标，广东省委第十一届第二次全会明确提出"三个定位、两个率先"，要求作为改革开放排头兵的广州，率先全面建成小康社会，而广州能否在全省率先建成小康社会，关键在农村。作为全国四大一线大城市之一，广州市有 35 个农村建制镇 1142 个行政村，农村地区面积约占全市总面积的 7 成，农村人口约占全市户籍人口的 1/3，"三农"始终是广州城市经济社会发展的重要组成部分。[①] 因此，广州要以"打造大城靓村"为基本理念，建设独具特色的广州美丽乡村。

（一）城市带动：以中心镇和中心村为龙头

美丽乡村建设既要有明确的工作思路，又要有扎实的工作载体。从广州的实践来看，中心镇建设以及文明示范村建设都是有效载体，引导城市各类基础设施和公共服务向农村延伸。在"十二五"期间，广州要进一步完善中心镇和中心村的配套设施和综合服务功能，切实增强其产业集聚和人口集聚能力，真正把中心镇和中心村建设成为广州现代化大都市的重要组成部分，形成以城带乡、以工促农、城乡一体化的发展格局。

（二）产业拉动：主导产业和产业链网

"十一五"期间，广州在三大产业上均有了长足的发展。"十二五"期间，广州市要继续巩固和加强第一产业，坚持特色型现代都市农业的发展方向，不断优化农业结构，全面提升农业现代化水平。现代都市农业可持续发展是城乡一体化前提下的一个开放式的、城乡融合的、农工商一体化的复合的经济系统。其特点主要表现为生产科技化，功能多元化，装备设施化，产业融合化，发展持续化，即建设优质高效安全的效益型农业、

---

① 李江涛、汤锦华：《广州蓝皮书：广州农村发展报告（2013）》，社会科学文献出版社 2013 年版，第 1 页。

设施先进管理科学的科技型农业、资源可循环利用的节约型农业、田园风光优美空气清新的生态型农业、服务功能多元化的服务型农业。

在对都市农业科学定位的基础上,要优化和提升第二产业,以优化结构为主线,以信息化为纽带,通过园区组合推进产业带发展,实现产业的有序转移和升级,扩大对外开放水平,积极整合本土和国际资源,共同参与国际竞争与分工。同时,大力发展第三产业,以信息服务业为先导,以现代物流业为龙头,突出发展面向本地优势产业的服务业,大力拓展社会居民(尤其是农村居民)生活服务业,最大限度发挥其吸纳农村剩余劳动力就业的承载力,增强城市的聚集和辐射功能。

(三)结构推动:美丽乡村的结构转换

推进广州乡村建设的"美丽之路",涉及一系列的结构转换问题,需要认真分析和研究。

1. 着力缩小区域差距。广州市欠发达地区与发达地区农村的发展仍然存在较大差距,必须大力促进区域协调发展。在资源要素的配置上,给予北部山区和革命老区更多的倾斜;另一方面,利用发达地区的资源优势产生的"扩散效应",使先进的生产力向北部山区和革命老区趋于分散和均衡化,使各区域之间差距逐步缩小,最后实现区域间分工合作,均衡发展。对极少数不具备基本生产、生活条件,零星分布在边远偏僻山区的农户,采取异地搬迁的办法,从根本上帮助他们解决脱贫问题。

2. 进一步促进农村社会事业发展。"十二五"期间,市委、市政府仍要将保险、教育、卫生、科技、文化等纳入财政支出的重点范围,同时大力引导社会力量投资举办农村社会事业,建立多元化的投入机制。需要强调的是,财政必须加大对农业、农村、农民最急需的公共事业的投入。在社保资金的支持对象上,不能忽视对纯公共产品(如最低生活保障、卫生防疫、疾病控制、妇幼保健、基础教育,等等)的支持。而带有私人物品性质的个人医保、养老保险等可以逐步引入市场化运作机制,形成政府、社会、企业、个人共同分担。

3. 努力扩大劳动力就业。农村剩余劳动力,特别是失地失业农民的就业问题在经济发达的广州地区所表现出的特殊性决定了其解决长期性和艰巨性。在广州的美丽乡村建设过程中,应把握以下基本策略:第一,分工分业扩大农村劳动力就业总量。所谓分工分业，就是对农民进行职业上的分化，实现农民身份的多种转变，即由单一的农民转变为农业工人、农场主、非农产业生产者、非农产业经营者和城市市民。要处理好三个特性：①区域性。以农业为主导的番禺、白云、增城、花都和从化侧重于劳动力的异地转移和农业园区转移；其他地区则主要着眼于劳动力的本地和非农产业转移。②多元性。建立农村剩余劳动力（特别是失地失业农民）基本信息库，按性别、年龄、健康状况、受教育程度、收入、就业状况等广义劳动能力划分为不同种类。针对各自不同的发展需求以及不同的就业观念，区别对待，逐类引导。③社区性。就业不仅是物质文明的创造，精神文明的建设同样重要。而在这方面社区责无旁贷。第二，要引导部分热心、活跃、有专长的失地农民（特别是妇女）参与社区工作。第三，就业培训政策与其他改革措施要相辅相成。例如，对于实行土地股份合作制的地区，在土地股份分红上和集体资产管理上，应探讨建立鼓励农民生产性努力而非分配性努力的分配方式，逐步消除其对分红的过分依赖。在社会保障制度的构建上，长远地要避免"输血型"福利政策的恶性循环，着眼于农民自身新型生存能力的培养。

4. 适当调整国民收入再分配格局。建设美丽乡村要求从根本上调整国民收入再分配格局，优化财政支出结构，这也是实现其他结构转换的根本前提。经济高度发展的广州更应注意到这一点。在新型城市化过程中，国民收入分配、要素资源配置、经济建设安排等应当有利于发展农业、支持农民、富裕农村。广州建设美丽乡村，应当是农业、农村、农民分享"三化"成果的过程。

（四）法律保障：规范城乡统筹关系

任学锋书记在广州市委第十届第六次会议上指出："要坚持以党的十八届四中全会精神为指引，全面推进依法治市，建设法治广州，确保法治建设走在前列"，尤其要"加强依法行政、民生保障、生态保护、科技创新和城市规划建设管理等重点领域立法，推进科学民主立法"。城乡关系的协调发展是新农村建设的前提，必须对现有的法律法规进行完善，尤其是与农民的生产生活密切相关的法律法规，在美丽乡村建设中更应加以规范和补充。

1. 完善农村土地管理法规。一是要完善以农地承包权为中心的物权体系。在权利内容上明确增加地役权、租地使用权、转让权、出租权、设定抵押权、作价出资权、投资补偿权和物上请求权，以及增加农地占有制度，依法承认农民通过开垦集体荒地和在农户承包地内进行土地整理后所增加土地的相关权利等权能。二是要完善农地的担保物权，赋予集体土地承包经营权以抵押担保权。三是要赋予农民以农地的土地发展权。四是要完善政府的土地管理行政法规。五是要完善土地市场管理立法。重点对市场参与主体资格认定、交易方式、交易程序、交易价格信息、土地产权变更做出明确规定。六是要完善农村征地补偿立法。对于非公益性用地的征地补偿要采取市场化办法，对于公益性用地应参考市场价格。

2. 完善农村集体经济组织立法。一是要加快农村社区型股份合作制组织的地方性立法。重点明确社区股份制企业的资产范围、适用股份制的事项和适用合作制的事项、增资及增人方法。鉴于社区型股份合作制在很大程度上带来社区居民"合意创制"的特点，因此，不宜对其内部管理的具体权利设置等内部事务做出太多具体规定，而重点要解决社区型股份合作制应具备的条件、程序修改及争议处理等程序性问题以及财务审计等合规性问题，对外经济活动的主体地位、权利、立约能力等涉及外部事务的事项做出规定。应给予农村集体经济组织以企业法人资格并准予进行工商登记、发给合同专用章，对符合发票发放条件的，应依法给予普通发票和增值税专用发票。二是要加快对农村集体经济组织之间的行业协作组织的立法。重点就农村集体经济组织创立区域性同业组织的创制权，农村集体经济组织的同业组织的法律地位、权利能力与行为能力、成立条件等相关的权利和义务做出规定。要依法赋予其代表和维护会员组织利益、参与社会活动、组织会员单位成立综合农协和专业农协等权利。三是要加快扶持农村集体经济组织（特别是农民合作经济组织）的立法。给予农村集体组织包括减免或适用低税率企业所得税、减免营业税或适用低税率增值税、投资抵扣增值税等税收优惠，适当降低设立农村集体企业和合作企业的最低资本要求，对农村合作企业购置大型农机具给予购置补贴或贷款财政贴息等。

（五）政府诱导：政策取向与政策目标

1. 政策取向。对于广州的美丽乡村建设而言，当前的农业问题，应重点考虑如何加快都市农业产业的现代化；农村问题，重点是在政治上解决好农村的社会管理体制以及在社会发展方面解决好农村公共事业的发展；农民问题，关键是如何转移农村剩余劳动力，引导激励失地农民就业，全面促进农民增收。

2. 政策目标。要实现城乡联动和共同富裕，政府应着力解决以下四个问题：

第一，产权问题。这是改革的核心，重点是土地问题（特别是集体建设用地的流转）和集体资产管理。关键是要处理好资产资本化中的利益机制设计问题。

第二，市场问题。这是发展的根本点，重点是产品市场、要素市场和产权交易市场的构建问题。关键是要理顺政府与各类市场交易主体的利益关系问题。

第三，产业问题。这是发展的基础，重点是结构优化升级和三大产业的协调、渗透发展。关键是将农民整合到工业化发展进程中的城市化战略，并由此让农民分享工业化与城市化进程带来的利益。

第四，保障问题。这是发展的重要内容，重点是保障的投入和运行机制设计以及保障的对象和标准问题。

3. 职能转变。美丽乡村建设应以政府为主导，因而政府职能的转变势在必行。当代西方政府改革的"新公共管理"取向模式值得借鉴，广州市应在以下几方面尝试进一步突破，再造一个灵活、高效、廉洁的学习型政府，作为建设美丽乡村、破解"三农"问题的坚实堡垒。

第一，加大政府体制创新的力度，改变公共物品基本上由政府提供的局面。可将部分公共服务职能转交给社会和企业，即让其他公共机构、中介组织、社会团体和企业参与公共物品及服务的提供。政府甚至可以不直接提供公共物品，只起指导作用，即政府充当"掌舵"而非"划桨"的角色。

第二，充分认识市场机制是改善政府绩效的一个有效手段，引入竞争机制，用市场的力量改造政府，提高工作效率。在公共物品和服务的提供上采用市场的方法（如合同承包、代理、拍卖、招标等）或用准市场的办法，并在公共机构以及组织中确立节约成本和提高效益的激励机制。

第三，采用适当的战略与战术。根据西方政府再造的经验，组织重建仅仅是政府再造的一个方面。在经济转轨和"入世"的宏观背景下，必须重视改革的系统配套，将组织重建、职能转变、流程重枞和管理方式更新有机结合起来，全方位推进行政体制改革。一般意义上，改革至少涵盖以下三方面：一是结构性变革，如组织结构的重组、层级的简化、人员的精简；二是工具层面的变革，涉及政府治理方式、方法以及公务员做事的方式；三是价值层面的变革，涉及政府人员的心灵改革。

第四，必须增强政府公务员的"管理"和"服务"意识，重塑政府与社会的关系。这要求政府官员及其他公共部门服务人员要由"官僚"转变为"管理者"，由传统的"行政"向"管理"和"治理"转变，提倡公众导向、政府提供回应性服务，满足公众的要求与愿望，提高服务质量，改善政府与社会的关系。①

二、强调突出名镇古村

近年来，世界各国都掀起了一股"申遗"热，而名镇古村遗产也成了备受关注的亮点。名镇古村传承了千年的文脉，是文化遗产宝库的重要组成部分，因而成为现代人们竞相追求的精神家园；由于名镇古村落保留了原始的自然风貌，象征着古代传统文明的同时也契合现代生态文明的理念，因此也成为建设美丽乡村的焦点之一。

（一）名镇古村资源的独特价值

名镇古村历史悠久，文化底蕴丰厚。它们是一定历史时期的遗存物，一般都有几百年以上甚至几千年的历史。每一个名镇古村落都反映了特定年代的时代特征和文化氛围、物质生产和生活方式、思想观念、风俗习惯、社会风尚等，反映了历史的发展与变迁。同时，它们还拥有着独特优美的自然、社会景观及人居环境。它们在选址布局上都十分讲究，枕山、环水，创造了一个与山、水、天、地融为一体，注重生活环境质量的人居

---

① 温思美：《广州推进社会主义新农村建设的研究》，华南农业大学经济研究所，2006年3月。

环境。此外，名镇古村落还具有珍贵的历史、艺术与研究价值。它们的建筑、装饰、布局规划等特色都反映了特定历史时期的技术水平及艺术风格，其建筑风格与理念、空间布局、道路排水通风系统，它们所遗存的家族史、古建古民居等，对研究所在地区历史的发展变迁及特征都具有重要的意义。

名镇古村除了其自身的资源之"特"、之"古"等资源优势外，还具有以下优势，这些优势给名镇古村的保护和开发带来了动力，也给美丽乡村建设带来了发展契机。名镇一般都是乡镇经济、文化、交通中心，公路、水运、铁路等交通都发展相对健全，同时它们都具有独特的历史风貌和文化古韵。而古村落虽多位于偏僻的乡村，但却是城市化进程和工业文明污染尚未到达之地，保持着比较原始的风貌。①

同时，随着旅游消费的日益成熟，旅游需求也不断变化。城市化的发展，现代社会的激烈竞争，城市生活的枯燥，使人们更加追求一种与城市迥异的乡村生活和参与性较强的旅游体验。另外，随着国家对美丽乡村建设及"乡村旅游年"的提出，名镇古村遗产旅游自然得到了国家及各级单位的重视。法规政策、资金、人力等方面，都具有良好的政策发展环境。②

（二）广州名镇古村的发展优势

1. 广州名镇古村落的资源条件优势。广州名镇古村落岭南特色鲜明，类型丰富多样，具有较高的资源条件价值。第一，在形态方面，大多为岭南特色的梳式布局，村落纵列房屋前后相连，横排以青云巷相隔，形成一个"梳"形，如白云区的石马村，从化的秋枫村、钟楼村，增城的瓜岭村，花都的茶塘村，等等。同时，广州古村落在梳式布局的基础上，衍化成棋盘式、自由式、象形、城堡式等多种聚落形态。③除了典型的广府村落外，还有较多防御性特点突出的客家村落以及广府—客家和谐共处的村

---

① 邹统钎：《古城、古镇与古村旅游开发经典案例》，旅游教育出版社2005年版，第159 - 161页。

② 董晓英、秦远好：《古镇古村落遗产旅游与新农村建设》，载《乐山师范学院学报》2009年第2期。

③ 朱广文：《明清广府古村落文化景观初探》，载《岭南文史》2001年第3期。

落，如增城的莲塘村、贝坑村等。第二，在布局方面，广州名镇古村落保存着较为完整的村落结构，一般建于前低后高的缓坡上，后为山坡或风水林，前为半月形水塘；在平原受地形限制没有山的村落，也多以种植风水林形式加以处理，没有河流的多建水塘。一般在村头有一棵或数棵榕树、门楼或牌坊，村前多有水塘与晒场，不少村落在晒场前还有旗杆夹，在村落中有多间宗祠，一些村落还以宗祠为中轴线两边排列，甚至一些古村落还有村墙、护村河、炮楼等。不少古村落布局还具有仿生学特点，如番禺大岭村整个村落的布局酷似鳌鱼。第三，在建筑形态方面，三间两廊式建筑较为普遍，镬耳屋、龙船脊、船屋、蚝壳屋成为岭南古村落的景观特色。岭南名镇古村落至今保留了大量的古祠堂、古庙宇、古民居、古桥、古塔、古街巷、古码头、古店铺等古建筑，不少古建筑还保存着宝贵的建筑艺术与民间工艺，如灰塑、砖雕、石雕、木雕等。第四，在历史文化方面，广州名镇古村落年代久远，基本上反映了广州乡村人口迁移、文化发展、产业演化等历史，具有较高的历史文化价值。如国家历史文化名村——番禺的大岭村具有800多年的历史，自古重文教，开村以来共出过1名状元、1名探花、34名进士、53名举人和100多个九品以上的官员。黄埔村自北宋建村后，长期在海外贸易中扮演重要角色，在广州乃至中国的对外贸易史中都具有重要的地位，并涌现了大量历史文化名人，至今黄埔村还保留了众多历史文化遗迹。第五，广州名镇古村落保存着丰富的民俗文化，如波罗诞、盘古王诞、鳌鱼舞、舞貔貅、狮舞、舞春牛、水族舞、麒麟舞、扒龙舟、飘色、乞巧节、客家山歌、走马灯、掷彩门、荔枝节，等等，其活动的参与性、娱乐性、教育性都较高。第六，广州名镇古村落具有浓郁的乡村风情，农副产品丰富，如菜心、粉葛、草莓、荔枝、龙眼、李子等，有利于发展基于农副产品的种植、采摘活动。此外，广州名镇古村落具有与城市迥然不同的乡村环境与广阔的乡村空间，可开展多种多样的乡村休闲、乡村娱乐与乡村度假等各种旅游活动。

2. 广州名镇古村落的独特区位条件与市场优势。广州及珠三角地区市民旅游意识强，出游率高，广州及珠三角已成为我国主要的旅游客源地和目的地。根据相关调查，绝大部分市民表现出对名镇古村落旅游的浓厚兴趣，从老年人到青年人，都对名镇古村落情有独钟。广州名镇古村落众多，不同的古村落具有的区位条件也各异，既有位于城市中心的城中村，也有处于城市近郊受工业化和现代化影响较大的名镇，还有大量分布在边远地区的古村落。这些名镇古村落无论处于哪种区位条件，都具有优越的市场优势。

广州不少名镇古村落已进行了旅游开发，有一定的市场基础与产业基础，如小洲村、溪头村已成为广州特色乡村旅游区，节假日游客如潮；黄埔村在2008年建设了古港遗址并营业；钱岗村仅团队游客每个月就有上百批次；珠村的乞巧文化节已闻名省内外。此外，还有众多未开发的名镇古村落是大量背包客与自驾车游客钟情的目的地。自2011年启动名镇名村创建工作以来，广州部分名镇名村创建点经过精心打造，成效显现。如番禺区沙湾古镇于2012年1月1日正式开门迎客，积极招揽广府特色小食、民间工艺老店进驻景区，截至目前，景区经营收入、沙湾镇本地就业率、游客接待量均创新高，达到了良好的社会效益和经济效益双丰收的局面。海珠区黄埔古村已与企业合作开发古村旅游，2012年年初对外开放；花都区塱头村依托客家风情、塱头古村落文化，对村容村貌进行特色整治，深入发掘各村自然生态资源、旅游资源、建筑文化、民居文化、民俗文化、人文历史等内涵，逐渐增强特色乡村旅游的吸引力。东涌镇大稳村推出水上绿道、单车绿道、咸水歌对唱、钓螃蟹、绿色长廊等乡村田园风光深度体验旅游项目，并举办水乡风情节，已接待游客56.5万多人。

在2014年3月广东省委农办和广东省住建厅联合公布的第一批广东名镇名村名单中，广州市花都区梯面镇、番禺区沙湾镇、增城区派潭镇等3个名镇，海珠区琶洲街道黄埔村、花都区炭步镇塱头村、番禺区石楼镇大岭村、番禺区南村镇坑头村、南沙区东涌镇大稳村等5个名村名列其中。广州市建委表示，2013年广州已建成1个名镇41个名村，到2015年底全市将实现10%的镇和行政村完成名镇名村创建工作。①3镇5村各具创建特色和亮点，充分彰显岭南特色。

（三）广州发展名镇古村的指导原则

1. 地方化与国际化相结合的原则。广州名镇古村落在旅游发展过程

---

① 杨杰利、张海燕：《广州三镇五村入选广东省第一批名镇名村》，载人民网2014年3月31日。http://gd.people.com.cn/n/2014/0331/c123932-20898290.html。

中,既要注意地方本土文化的发展与培育,又要考虑与广州国际性城市建设相结合,把名镇古村落的发展与广州的发展战略融合在一起;既要注意本地市场、国内市场的需求,又要考虑到国际市场、全球市场的需求。根据各种市场需求与地方建设动力来推动名镇古村落旅游的发展。

2. 遗产保护与适宜的旅游商品化相结合的原则。名镇古村落作为传统文化的明珠,是人类文化遗产的重要组成部分。因此,必须强化遗产保护意识,主抓遗产保护工作。遗产保护的最终目的是传承,而旅游开发是遗产传承与发扬的重要途径,遗产保护与适宜的旅游商品化相结合是推动古村落旅游发展的重要动力。在遗产保护中要以原真性为准则,认真研究遗产的组分与结构,使旅游者能体验到名镇古村落遗产的原真性,充分展现名镇古村落的历史文化、地方景观、民俗风物等地方特色。同时,旅游发展也是一个旅游商品化的过程,在旅游发展实践中,需要根据不同的旅游目标物与旅游者需求,对遗产进行适宜的资本化、商品化与地方营销,采取视觉化、符号化、艺术化、景观休闲化与旅游体验化等形式对遗产进行包装与设计,发展各种与市场需求相适宜的旅游主题产品。

3. 政府主导、社区参与和民间资本运作相结合的原则。政府主导是我国旅游发展的主要模式,应充分发挥政府在财政、金融、营销、规划、管理等方面的作用。同时,在名镇古村落旅游的开发过程中,也要让村民积极参与到旅游发展中来,这样既可增强地方特有的文化氛围,提高旅游产品的吸引力,又可减少开发的阻力,让当地村民真正从旅游发展中受益,提高村民自觉保护资源的积极性。[①] 而市场化运作已越来越成为旅游发展的趋势,因此,需要因地制宜地采用各种民间资本运作的方式来推动名镇古村落的文化遗产保护与旅游发展。

4. 旅游发展与名镇古村落可持续发展相结合的原则。广州名镇古村落旅游发展在推动名镇古村落可持续发展过程中,要特别注意处理好以下几方面问题。第一,产业结构问题。由于部分名镇古村落工业居重要地位甚至是主导产业,因此需要正确处理好工业、旅游业与农业之间的关系,推动产业结构升级,优化产业结构。第二,人口结构问题。不少名镇古村

---

① 刘浩:《苏州古城街坊保护与更新的启示》,载《城市规划汇刊》1999年第1期。

落的外来务工人员占相当数量,甚至超过本地居民数量,给当地的居住及物业发展带来了新的问题。因此,需处理好旅游者、当地居民以及外来务工人员之间的关系,协调旅游发展区、农业发展区、工业发展区与居住及物业发展区之间的关系,突出主体功能分区,科学合理配置与优化空间结构,构建和谐旅游社区。第三,地方形象结构问题。由于一些名镇古村落除了历史文化形象外,还较多地宣传了其工业区,具有一定的工业形象。因此,在形象传播上要处理好原有历史形象、工业形象与旅游形象之间的关系,优化不同群体对名镇古村落的信息与感知环境。第四,土地利用结构问题。不少名镇古村落工业用地占了相当比重,工业建筑与排放物产生了一定的环境污染问题,因此要处理好产业环境、人居环境与自然环境的协调问题,使人地和谐共生。①

三、大力彰显岭南特色

(一) 岭南文化与新岭南文化

1. 岭南文化概述。岭南文化指五岭以南广东、广西和海南一带"岭南地区"的独特地域文化。今岭南文化专指南粤文化,尤其以广东突出。岭南文化独特性的形成和其地理位置有着直接关系。五岭山脉是中国江南最大的横向构造带山脉,是一座天然屏障。古代交通不便,加之岭南气候恶劣,令岭北的中原人望而却步。因此,岭南文化的"水文化""蓝色文明"等,与中原"黄色文明""农业文明"比较,具有自身鲜明的特色。

岭南文化的形成是一个"杂交"的过程,主要有三个源头:一是古代百越族,即当地土著居民创造的原生态文化,这个源头在今天仍可依稀见到;二是中原文化的决定性影响,由历史上几次大规模移民所形成的,这是岭南文化的根源和主体部分,岭南文化对于中国传统文化的贡献,也主要体现在这里;三是来自异域文化的影响,其中,中原文化对岭南文化具有决定性影响。

在这种历史背景下形成的岭南文化,具有以下一些特点:一是内涵丰

---

① 肖佑兴:《广州市古村落旅游发展方略》,载《城市问题》2010年第12期。

富,就是前面说到的"杂交"文化。既有土著的原生态文化,更有正统的中原文化,也有各种驳杂的异域文化。二是包容性强。由于岭南文化本身就是多元的产物,这就导致它天然地具有包容性。岭南文化的包容性不是居高临下式的仁慈与恩赐,而更多地体现为一种横向的平民意识。况且岭南地区远离政治中心,门阀等级的防范限制相对薄弱,凭自己的能力即可有出头之日。三是务实进取的精神。务实进取的特点同样和其移民历史以及地理位置有不可分割的关系。历史上从中原南来的移民,为了在岭南地区扎根生存,不得不用最务实的心态去进行劳作,这样才能获得足够的生存资本。此外,岭南地区的地理、自然条件与北方相比较差,人们必须克服种种恶劣的自然条件生存下去,这也是造就岭南人进取精神的一个重要原因。四是创新精神。中原南下的移民不远万里,到岭南来寻求新的生活,面对全新的环境,需要不断探索,大胆尝试,这种传统决定了岭南人本性中有一种敢于冒险的精神。①

2. 新岭南文化的提出。2013年年初,中共中央政治局委员、广东省委书记胡春华到广州调研指导工作的时候,提出了发展新岭南文化、打造新岭南文化中心、培育壮大文化产业、建设世界文化名城的号召,使得这一早在2005年就被民间提出的"新岭南文化"概念进入了文化实践者的视野,也使得这一概念具有现实性和实践性。

如果说《广东省建设文化强省规划纲要(2011—2020年)》的出台从目标定位和建设路径方面确立了广东今后十年文化发展的战略举措的话,那么"新岭南文化"概念的提出和"新岭南文化中心"的建设目标的设立,则是从文化理念、文化内涵、文化特色等方面,为广东文化强省的建设和广东文化产业的发展提供了方向,需要我们从根本上思考何种文化具有引领性、如何创新我们的文化资源,以及文化传统如何继承和发展等问题。而且,这些问题被放置在内部凝聚力和外部软实力、核心创意和外围衍生、价值建设和产业收益、经济效益和社会效益、传统继承和文化创新等多重张力格局中来思考和探索。这就意味着新岭南文化建设不仅需要解决文化灵魂(即"广东新人文精神")的抽象问题,还需要解决事业

---

① 马长沙:《岭南文化对广东产业结构升级的影响分析》,载《特区经济》2014年第3期。

培育和产业实践中的具体文化内容、文化表述、文化风格和文化形式的具体问题。从其抽象层面上说，它的目的是解决和实现核心价值体系的建设；从其具体的文化实践层面上说，它是将核心价值体系贯穿和落实到公共文化服务体系、现代文化产业体系和现代传播体系中去，是建设广东文化强省的灵魂和生命。如果把文化强省建设的后三个体系比之为骨架的话，那么新岭南文化则是鲜活的血肉。

"新岭南文化"意在通过文化的全方位建设，来实现广东人民精神发展需要、广东经济社会的全面升级转型、广东文化软实力的扩大和提升等多重目标。它的内涵界定，必须确立三个面向：面向未来、面向整体、面向实践。新岭南文化正是未来广东社会经济全面发展的整体性和实践性的引领灵魂，它着眼于未来的文化发展和创新。这是理解新岭南文化内涵首先必须确立的理念。

以未来为向度的新岭南文化，既脱离不了传统岭南文化，又是对传统岭南文化的反思、批判和创新、重组。新岭南文化与传统岭南文化之间具有继承、反思和创新发展的关系。新岭南文化是在继承传统岭南文化的基础上建设和发展起来的。从资源文化层面上，新岭南文化是对传统岭南文化资源的挖掘和开发，将具有广东新人文精神与岭南传统文化资源相结合，创造出具有新岭南文化特色和高度的文化创意、文化符号和文化产品，形成新时代具有岭南文化风格和内涵的新岭南文化。文化资源的开发和挖掘，需要有好的创意，更需要有赖于传播的价值观。立足于全球视野和未来导向的广东新人文精神，既是社会主义核心价值观的地方表述，又是面向人类未来发展趋向的价值精神，它的注入在很大程度上决定新岭南文化的精神内涵。①

（二）岭南特色是广州美丽乡村样本的最大亮点

为加快美丽乡村建设，自 2011 年起，广州率先启动名镇名村创建工作，以期通过名镇名村的创建，集中力量进行环境整治，把城市市政基础设施和公共服务设施向农村延伸，努力实现城乡公共服务均等化。进一步

---

① 蒋述卓、郑焕钊：《新岭南文化与广东文化产业的内涵建设》，载《探求》2014 年第 1 期。

挖掘地域特色，进行特色打造和品位提升也是建设目的之一。通过名镇名村建设，让村镇大变样，特色大提升，把其建设成为城乡公共服务均等化的示范地和宜居村镇的样板，促进农民增收致富，提升区域幸福感，带动周边镇、村发展。

广州建设美丽乡村，其不同于"湖州模式""安吉样本"等国内其他美丽乡村的模式样本之处，最大亮点在于其建设美丽乡村、打造名镇名村的思路是突出岭南特色。2011年创建名镇名村工作，广州市有建制镇的五个区（白云、萝岗、南沙、番禺、花都）和两个县级市（从化、增城）都要选择一个镇、一个村作为名镇名村创建点。选点要结合地域资源，挖掘和培育属地优势，突出岭南特色。

自2013年起，广州计划对全市1142个行政村全面铺开规划，旨在打造具岭南特色的"美丽乡村"。根据广州市规划局的布局，在村庄规划中体现四个原则：村民参与、"三规合一"（实现村域内控规、村庄规划、土地利用规划合一）、三标合一（实现目标、指标和坐标相统一）、三划合一（实现时间计划、土地计划、资金计划的有机结合）。尤其是全程引入村民参与的工作做法获得了中国最大民意调查机构"零点研究"颁发的"倾听民意政府奖"，为探索推进村庄规划"落地"提供了有益经验。规划内容将全市村庄划分为城中村、城边村、远郊村和搬迁村4类，制定差异化的规划编制和实施管理模式，实现"宜工则工、宜农则农、宜居则居、宜游则游"，城乡协调发展，破解以往村庄发展缺乏统筹、缺乏分类，政策"一刀切"的难题。这些举措都很好地体现了广州美丽乡村建设的岭南地域特色。[①]

至2014年4月，广州市2013年第一批14个市级美丽乡村试点创建工作顺利通过广州市美丽乡村工作办公室组织的考核验收。广州市美丽乡村和幸福社区工作领导小组正式发文，授予白云区白山村等9个村"广州市美丽乡村"称号，同期试点的海珠区黄埔村等5个村也通过考核验

---

① 《广州对1142个行政村展开规划，打造岭南美丽乡村》，原载中国新闻网2013年4月23日。http://money.163.com/13/0423/22/8T68FSBQ00254TI5.html.

收并转入幸福社区创建。独具岭南特色的"广州美丽乡村"名片新鲜出炉。①

(三) 岭南特色乡村之美丽番禺

以番禺区美丽乡村为例,为加快新型城市化建设步伐,番禺区大力开展独具岭南特色的美丽乡村建设。该区将名村创建和美丽乡村建设示范点统筹打造,全面提升新农村建设的内涵和品质,努力建设独具岭南特色、生态宜居的都市魅力乡村和农民幸福生活的美好家园。在美丽乡村试点建设的辐射带动下,全区呈现出农村宜居建设明显加快、农民收入稳步提高、民生福祉持续改善、城乡环境日益优化的可喜局面。

其一,番禺区把美丽乡村创建点分解到市级、区级、镇街级三个层面统筹谋划,按照"一村一案"的原则,精心策划,扎实打造。南村镇坑头村为市级美丽乡村创建点,石楼镇大岭村、沙湾镇北村等7个村为区级创建点,新造镇北约村、东环街蔡一村等17个村为镇街级创建点。在分期分批推进新农村建设项目库建设的同时,还建立美丽乡村创建项目库,将村级经济社会发展设施、公共配套设施及新农村建设专项资金补助范围内的项目纳入美丽乡村创建项目库。

其二,番禺区大力整治河涌,持续改善水质环境,精心设计河岸景观,实现水清、岸绿、景美。依托原始生态和自然地形,实施绿化升级工程,开展植树造林,保护古树古木,加强生态修复,保持村庄田园风光。同时,加快发展以农家乐为代表的休闲游、体验游,推动农业转型升级,充分展现岭南水乡魅力与风情。

其三,番禺区还注重历史文化遗产保护与开发,整治修缮村庄古文物、古建筑、古街巷,延续历史文脉,重现历史风貌。注重弘扬传统民俗文化,建设村庄历史展览馆,宣传推介本地名人志士、风土人情、民间艺术,彰显深厚的历史底蕴,打造乡村文化旅游的新亮点。同时,还坚持惠民优先,推进公共服务资源向示范点延伸,加强示范点教育、卫生、医疗、社会保障体系建设,缩小城乡社会事业发展差距。着力加强农家书

---

① 《"广州市美丽乡村"出炉,打造岭南特色乡村名片》,载广州文明网2014年4月11日。http://gdgz.wenming.cn/gzjj/201404/t20140411_1865985.html.

屋、卫生服务站、计生服务中心等便民利民设施建设，为群众提供更加优质和更加便利的生活服务。

其四，在推进创建美丽乡村工作中，番禺区相关职能部门深入各村实地调研，研究解决美丽乡村示范点建设的困难问题。区各职能部门按照特事特办的原则，开通绿色通道，加快项目的立项、报建和施工许可等手续。各镇街相应成立了领导机构和工作机构，切实履行主体责任，积极实施创建工作。该区社会各界也积极献言献策，捐资捐物，形成美丽乡村创建工作的强大合力。

总之，番禺区美丽乡村建设从总体上突出"绿色生态、岭南水乡"主题，着力打造历史文化内涵与水乡生态特色融合的岭南水乡典范。该区对各示范点实行分类指导，结合各自自然生态、历史文化、乡土风情等特点，挖掘内涵，突出特色，明确定位，防止千篇一律。南村镇坑头村以"岭南文化、绿色生态"为主题，秉承其深厚的历史文化，塑造为产业繁荣、宜业宜居的"生态历史文化名村"。①

第二节　美丽乡村建设的制度设计

人与自然的关系需要制度来调节，制度文明是生态文明的重要内容，也是生态文明建设的根本保障。党的十八大报告指出，"保护生态环境必须依靠制度。要把资源消耗、环境损害、生态效益纳入经济社会发展评价体系，建立体现生态文明要求的目标体系、考核办法、奖惩机制"。② 习近平总书记强调，"要把生态环境保护放在更加突出位置，像保护眼睛一样保护生态环境，像对待生命一样对待生态环境，在生态环境保护上一定要算大账、算长远账、算整体账、算综合账，不能因小失大、顾此失彼、

---

① 番禺区创建办：《贯彻落实十八大精神　番禺区打造岭南特色美丽乡村》，载广州文明网 2012 年 12 月 11 日。http：//wmgz.gov.cn/130/content_7962。

② 胡锦涛：《坚定不移沿着中国特色社会主义道路前进，为全面建成小康社会而奋斗》，人民出版社 2012 年 11 月版。

寅吃卯粮、急功近利。生态环境保护是一个长期任务，要久久为功"。①因此，广州要建设美丽乡村，必须要从制度设计出发，搞好农村生态文明建设，走绿色低碳、节约资源、环境友好的特色发展之路，必须建立和完善生态规章制度（如资源配置机制、财政转移支付和生态补偿机制、组织保障机制和分类考核机制等长效机制等），为发展农村生态文明、建设美丽乡村提供可靠的制度保障。

一、建立完善农村生态规章制度

法治化和制度化是广州美丽乡村得以实现的制度轨道。生态文明建设不仅是一场关乎产业结构和生产方式调整的经济变革，也是一次行为模式、生活方式和价值观念的"绿色革命"。实现这样的根本性变革，离开制度和法治是难以想象的。从健全法律法规，到完善标准体系；从建立自然资源资产产权制度和用途管制制度，到严守资源环境生态红线……只有最全面的制度和法律，才能遏制种种基于利益冲动对环境生态的破坏，为生态文明建设提供可靠保证。②

（一）树立"生态为政"理念，完善生态考评机制

习近平总书记指出，要采取综合治理的方法，把生态文明建设融入经济建设、政治建设、文化建设、社会建设的各方面与全过程，作为一个复杂的系统工程来操作，加快建立生态文明制度，健全国土空间开发、资源节约利用、生态环境保护的体制机制，推动形成人与自然和谐发展现代化建设新格局。③ 因此，广州市政府决策者和管理者要严格执行农村生态文明建设所要求的生态资源保护管理制度、监督审核制度等相关规章、制度、政策，树立"生态为政"的理念，建立高效、廉洁、绿色的行政管

---

① 《为了中华民族永续发展——习近平总书记关心生态文明建设纪实》，载新华网2015年3月9日。http：//news. xinhuanet. com/politics/2015 - 03/09/c_1114578189. htm.
② 本报评论员：《打造美丽中国的"制度屏障"——四论深入推进生态文明建设》，载《人民日报》2015年5月9日。
③ 《为了中华民族永续发展——习近平总书记关心生态文明建设纪实》，载新华网2015年3月9日。http：//news. xinhuanet. com/politics/2015 - 03/09/c_1114578189. htm.

理体系，努力打造生态文明型政府。

让美丽乡村的"制度屏障"严起来，需要在考核和问责上下功夫。生态环境是生存之本、发展之基，不能寅吃卯粮，"吃了子孙饭，断了子孙路"。一个地区如果生态指标不过关，其他成绩再好也不行。"绿水青山就是金山银山"，要把资源消耗、环境损害、生态效益等体现生态文明建设状况的指标纳入经济社会发展评价体系，让生态考核的"指挥棒"挥起来、严起来。同时，也应该建立责任追究制度，对领导干部实行自然资源资产离任审计，对那些不顾生态环境盲目决策、造成严重后果的人，必须追究其责任。①

例如，在完善生态建设考评机制方面，近几年来，增城区积极探索推行绿色 GDP 考核，改单一的经济考核为综合考核。不仅考核经济增长，还考核社会发展，按三个不同功能区，不同乡镇在发展生态工业、生态农业、生态旅游方面肩负的不同使命，提出不同的目标要求，真正将生态建设与干部实绩考核挂钩，确实履行"生态为政"职责，使增城的生态文明建设走上新的台阶。

（二）根据已有生态文明标准体系，健全农村生态规章制度

在生态环保型美丽乡村的指标体系里，近几年国家相关部门已经出台一些生态规章制度和标准体系。2010 年环保部《国家级生态乡镇申报及管理规定（试行）》规定，建设指标包括环境质量、环境污染防治、生态保护与建设三个大类。2013 年农业部《"美丽乡村"创建目标体系》，设定了 20 项具体指标，包括产业发展、生活舒适、民生和谐、文化传承、支撑保障五个方面内容。指标具体地体现了原则性与约束性。例如，其中一个有关主导产业的指标，具体要求每个乡村要有一到两个主导产业，当地农民（不含外出务工人员）从主导产业中获得的收入占总收入的 80%以上，生产方式指标，要求标准化生产技术普及率达到 90%，机械化综合作业率达到 90% 以上，资源利用指标要求集约高效，农业废弃物循环利用，土地产出率、农业水资源利用率、农药化肥利用率和农膜回收率高

---

① 本报评论员：《打造美丽中国的"制度屏障"——四论深入推进生态文明建设》，载《人民日报》2015 年 5 月 9 日。

于本县域平均水平，秸秆综合利用率达到 95% 以上，农业投入品包装回收率达到 95% 以上，人畜粪便处理利用率达到 95% 以上，病死畜禽无害化处理率达到 100%。①

两个部门在美丽乡村建设内容上有交叉，又各有侧重。广州建设美丽乡村，可以根据自身的实际情况，对农业基础条件好、积极引进二、三产业、劳动力流失少的乡村，在美丽乡村建设中可以采用生态环保模式走休闲农业之路。如果更多考虑村庄环境方面的治理，可以借鉴环保部门的生态乡镇考核指标进行建设；如果考虑到村庄产业、生产方面综合性的提升，可以借鉴农业部门的目标体系。甚至可以根据需要，进行两种目标体系的综合，创造新的目标体系和生态规章制度，以更好地建设广州美丽乡村。

（三）建立农村环境卫生长效管护机制，切实改善农村生态环境

治理农村卫生环境，是建设美丽乡村最首要的任务。一是控制源头。引导农民对生活垃圾分类减量就地消化，可借鉴其他地方"三池合一"的做法，确保垃圾不出户；对农业生产垃圾，设置回收箱，强制回收农药瓶、塑料地膜等生产资料废弃物；对建筑垃圾，定点堆放；对医疗垃圾，回收处理。严禁将垃圾倾倒在河流、沟渠、山塘水库中，严禁在公路两旁建造大型露天垃圾围池，严禁将生活污水直接排放到池塘河流中。二是科学处理。无论是垃圾还是污水，都要因地制宜，科学处理。城镇周边村庄，充分利用城镇垃圾和污水处理设施，采取集中处理的办法，彻底消除污染。偏远且居住分散的村庄，采取"四池净化"方式和建"沼气池"的办法，有效处理生活污水；采取焚烧和填埋的方式，就近处理生活垃圾。加快卫生厕所建设，兴建"化粪池"，有效处理人畜粪便。三是创新机制。创新农村垃圾污水处理机制，引进社会资本，实行市场化运作。积极推广先进地区垃圾处理 BOT 模式，每个乡镇都兴建污水处理厂，确保生产生活污水达标排放。将城市环卫机制引入农村，加强村庄卫生保洁。建立农村环境卫生长效管护机制，落实好人员、制度、职责、经费、装

---

① 叶青、陈齐特：《美丽乡村建设模式及实施路径》，载《牡丹江师范学院学报（哲社版）》2014 年第 2 期。

备,探索建立政府补助、村集体和群众为主的管护机制,使农村人居卫生环境治理常态化。

通过建立健全农村生态规章制度,切实改善农村生态环境。一是保护自然生态。加大林业生态保护力度,严禁乱砍滥伐,保护现有生态植被。实施退耕还林工程,绿化荒山荒坡,提高森林覆盖率。调整林业结构,发展果木经济林,实现林业经济效益和社会效益的有机统一。二是绿化村庄环境。在村庄道路、河道、沟渠两旁和房屋四周栽树种草,培育生态景观林和景观带,提高村域绿化覆盖率。三是美化农家庭院。对分散居住的农户,鼓励发展庭院经济,美化庭院环境;对集中居住区,规划建设绿化带和生态景观带,防止房前屋后过度硬化。通过生态美化建设,形成道路河道乔木林、房前屋后果木林、公园绿地休憩林、村庄周围防护林的村庄绿化格局,实现村庄园林化、庭院花园化、道路林荫化。①

二、建立健全农村生态恢复和补偿制度

任何一种文明形态都有着自己的制度支撑,制度进步是生态文明水平提高的重要标志,也是突破生态文明建设瓶颈的有效手段。按照国家治理体系和治理能力现代化的要求,要着力破解制约生态文明建设的体制机制障碍,筑起"制度屏障",加固"法治堤坝"。

(一)巩固排污收费政策,建立限期恢复制度

生态恢复和补偿机制是以保护生态环境、促进人与自然和谐为目的,根据生态系统服务价值、生态保护成本、发展机会成本,综合运用行政和市场手段,调整生态环境保护和建设相关各方之间利益关系的环境经济政策。主要针对区域性生态保护和环境污染防治领域,是一项具有经济激励作用、与"污染者付费"原则并存、基于"受益者付费和破坏者付费"原则的环境经济政策。

巩固对生态环境进行补偿的排污收费政策。完善生态破坏限期恢复制度及环境污染限期治理制度。对农村生态破坏和环境污染行为做出行政决

---

① 史明清:《美丽乡村重在环境美》,载《新湘评论》2014年第5期。

定，限定破坏者在一定期限内完成对已破坏生态系统的恢复，污染者在一定期限内完成对污染环境的治理。考虑生态资源的保护、恢复、更新，坚持"谁开发谁保护，谁破坏谁恢复，谁使用谁付费"的原则制定资源价值补偿制度，保证农村生态资源环境的永续利用。

（二）借鉴欧美先进标准，完善生态补偿机制

在制定生态补偿标准时，美国和欧盟的标准值得借鉴。美国的退耕补偿政策，政府主要是借助竞标机制和遵循农户自愿的原则来确定与各地自然和经济条件相适应的补偿标准，通过农户与政府博弈，化解了生态补偿中的潜在矛盾。欧盟在生态补偿机制中，广泛采用"机会成本法"，即根据各种环境保护措施所导致的收益损失来确定补偿标准，然后再根据不同地区的环境条件等因素制定出有差别的区域补偿标准。

建立和完善生态补偿机制，必须认真落实科学发展观，以统筹区域协调发展为主线，以体制创新、政策创新和管理创新为动力，坚持"谁开发谁保护、谁受益谁补偿"的原则，因地制宜选择生态补偿模式，不断完善政府对生态补偿的调控手段，充分发挥市场机制作用，动员全社会积极参与，逐步建立公平公正、积极有效的生态补偿机制，逐步加大补偿力度，努力实现生态补偿的法制化、规范化，推动各个区域走上生产发展、生活富裕、生态良好的文明发展道路。

（三）探索市场化生态补偿模式，提高生态补偿效益

要引导社会各方参与环境保护和生态建设。培育资源市场，开放生产要素市场，使资源资本化、生态资本化，使环境要素的价格真正反映它们的稀缺程度，可达到节约资源和减少污染的双重效应，积极探索资源使（取）用权、排污权交易等市场化的补偿模式。完善水资源合理配置和有偿使用制度，加快建立水资源取用权出让、转让和租赁的交易机制。探索建立区域内污染物排放指标有偿分配机制，逐步推行政府管制下的排污权交易，运用市场机制降低治污成本，提高治污效率。引导鼓励生态环境保护者和受益者之间通过自愿协商实现合理的生态补偿。

与此同时，加强组织领导，不断提高生态补偿的综合效益。建立和完善生态补偿机制是一项开创性工作，必须有强有力的组织领导。应理顺和完善管理体制，克服多部门分头管理、各自为政的现象，加强部门、地区

的密切配合，整合生态补偿资金和资源，形成合力，共同推进生态补偿机制的加快建立。要积极借鉴国内外在生态补偿方面的成功经验，坚持改革创新，健全政策法规，完善管理体制，拓宽资金渠道，在实践中不断完善生态补偿机制。

三、建立完善农村生态资源保护管理制度

建设生态文明，是一场涉及生产方式、生活方式和价值观念的深刻变革。中共中央、国务院《关于加快推进生态文明建设的意见》，首次提出"绿色化"概念，并将其与新型工业化、城镇化、信息化、农业现代化并列。从"新四化"到"新五化"，这是一次重大的理论创新，赋予了生态文明建设新的内涵，① 也明确了建设美丽乡村的制度路径。

（一）建立实施环境影响评价制度，制定生态道德教育制度

《中共中央国务院关于加快推进生态文明建设的意见》指出，要"加强农村精神文明建设，以环境整治和民风建设为重点，扎实推进文明村镇创建"；"加强城乡规划'三区四线'（禁建区、限建区和适建区，绿线、蓝线、紫线和黄线）管理，维护城乡规划的权威性、严肃性，杜绝大拆大建。"②

建立并实施自然资源开发建设项目的环境影响评价制度，对农村重大建设项目的规划与启动执行听证会制度（要有全体村民参加）。建立农村环保重大决策事项落实反馈机制，建立和完善农村自然资源使用许可证制度，并逐渐将许可证制度应用到所有利用农村自然资源的领域。同时，要加强政府人员和社会公众生态道德人格的养成机制建设，制定生态道德教育制度，建立农民生态道德监督评价制度，加强农村社区居民自我管理监督制度，使生态文明理念真正深入民心。③

---

① 本报评论员：《推动生产生活的绿色转型——二论深入推进生态文明建设》，载《人民日报》2015年5月7日。
② 《中共中央国务院关于加快推进生态文明建设的意见》，载《人民日报》2015年5月6日。
③ 黄克亮、罗丽云：《以生态文明理念推进美丽乡村建设》，载《探求》2013年第3期。

（二）加强乡村生态文明制度建设，完善农村环境保护制度

保护乡村生态环境必须依靠制度保障，因此必须要完善保护乡村生态环境的基本制度。要把资源消耗、环境损害、生态效益等指标纳入乡村工业发展的基本评价体系之中，如果企业经营危害到乡村生态环境，那么乡村生态环境保护的基本制度就要限制其发展，甚至要明令其停产关门。

各地区都要建立经济社会发展评价体系，建立体现生态文明要求的目标体系、考核办法和奖惩机制。要建立乡村土地开发保护制度，要建立严格的耕地保护制度、水资源管理制度、环境保护制度。要深化资源性产品价格和税费改革，建立反映市场供求和资源稀缺程度、体现生态价值和代际补偿的资源有偿使用制度和生态补偿制度。

要加强乡村环境监管，健全乡村生态环境保护责任追究制度和乡村环境损害赔偿制度。要加强乡村生态文明宣传教育，增强乡村居民的资源节约意识、环境保护意识、生态文明意识，形成适度消费的社会风尚，营造爱护乡村生态环境的良好社会风气。①

（三）注重伦理和法制的互动，加强对村民的伦理教育

农场生态资源环境管理的根本问题在于制度上的缺陷，突出地表现在农村生态资源法律以及基层政府涉及环境的行政政策和措施。可以说，基层政府制定和完善体现人与自然和谐的方针、政策及法律法规是美丽乡村生态文明建设的基础。基层政府应该运用行政权力，在生态文明理念的指导下，具体落实这方面的行政行为。建设生态文明，除了在正确思想和先进价值理念指导下，基层政府运用法律、制度对人的生态行为进行外在他律外，还必须依靠伦理道德力量自律约束，注重伦理和法制的互动，唤起人们的生态意识与责任，提高村民的生态文化素质，从而有效解决农村生态资源环境问题。②

生态问题，表面上看是人与自然的关系问题，但根本原因还是人与人的关系问题。从当前广州乡村的现实来看，生态系统遭到破坏的程度同人

---

① 王伟、邓蓉：《强化生态文明意识，推进乡村生态环境建设》，载《中国乡镇企业》2013 年第 7 期。

② 王凤志：《生态文明视域下的执政伦理》，载《辽宁工程技术大学学报（社会科学版）》2013 年第 4 期。

们的思想、价值观念的先进程度成正比。所以说,提升村民们的生态责任意识,建立符合环境伦理和社会公平要求的生态伦理文化,才是建设农村生态文明的根本途径。增强村民的责任意识,有赖于他们对"这种客观伦理关系规定的职责和任务的主观认同,即把客观伦理关系规定的职责、任务内化为自我自觉的认识,形成一定的责任意识、责任感"。① 加强农村生态文明及生态文化教育,培育村民生态伦理责任意识,不断强化村民生态文明观念,建立完善的环保教育机制,以此规范村民们的行为,营造美丽乡村建设的良好生态氛围,使生态文明的理念深入人心。

"像保护眼睛一样保护生态环境,像对待生命一样对待生态环境",凝聚起最广泛的生态共识,汇集为最强大的生态合力,就一定能让青山常在、清水长流、空气常新,建成一个山清水秀的美丽广州。

第三节 美丽乡村建设的思路对策

党的十八大首次把生态文明纳入党和国家现代化建设"五位一体"总体布局,并提出要把生态文明建设放在突出位置,努力建设美丽中国,实现中华民族永续发展。美丽乡村是美丽中国的细胞。大力推进美丽乡村建设是农村发展的创新之举,是建设社会主义新农村的重要举措,是建设美丽中国的基层落实,是广大农民群众的所期所盼。建设美丽乡村是一项长期的任务,是一个物质富裕的过程,也是精神富有的过程,是一个需要统筹谋划整体推进的系统工程。② 作为全国为数不多的一线城市之一,广州建设美丽乡村必须要将大城市的充沛资源大力向农村地区倾斜,通过城乡一体化建设不断推进广州新型城市化建设。

---

① 曹凤月:《解读"道德责任"》,载《道德与文明》2007年第2期。
② 匡显桢、兰东:《美丽乡村的内在品质表现为"四美"》,载《理论导报》2014年第1期。

一、城市基础设施向农村延伸

以统筹城乡发展的理念来谋划和建设广州现代化美丽乡村，就是要把工业与农业、城市与乡村、城市居民与农村居民作为一个整体和系统联系起来，通过建立以工促农、以城带乡的长效机制，统筹各种生产要素在城乡之间的有效配置和合理流动，加强农业、富裕农民、繁荣农村，实现城乡协调发展，共同繁荣。同时，作为统筹城乡发展的最佳物质载体，将美丽乡村建设作为改善农村基础设施、拓宽农民增收渠道、提高群众生活质量的重要民生工程，作为盘活城乡资源、加快城乡统筹、推动经济增长的重大发展战略。

（一）统筹城乡规划是城市基础设施向农村延伸的主抓手

规划是一切建设的基础，美丽乡村建设同样必须规划先行。科学制定村庄规划是推进广州城市基础设施向农村延伸、建设现代化美丽乡村的主抓手，改善农村的基础设施、提升农民的生产生活条件和人居环境是美丽乡村建设的一个重要任务。近几年来，在城乡规划方面，广州市编制了中心镇和中心村建设规划，针对城中村与旧村改造，提出了"一村一策"等工作方案。但对照沪杭、成渝等城乡规划做得较好的大城市，广州还存在城市总体规划与各区、镇、村规划不相协调，规划注重城区和近郊，对农村各镇和行政村、自然村的规划相对滞后等问题。

因此，搞好广州现代化美丽乡村规划建设，必须按照"全域广州"要求，抓紧研究制定广州贯彻落实《城乡规划法》的实施细则和办法，修订适应城乡一体化的新规划编制体系，将农村地区基础设施建设纳入广州城市总体发展规划，实现国民经济和社会发展规划、土地利用总体规划和城乡建设总体规划的"三规合一"，通过建设城乡绿带等方式，实现农村开发建设有序，要突出抓好村庄布点、新村建设和旧村改造规划，努力实现广州城乡规划无缝对接、全域覆盖。

（二）统筹城乡产业发展城市基础设施向农村延伸的核心内容

尽管广州经济发展总体水平较高，但广州的农村基础设施建设还不够完善，现代农业发展基础还很不牢固，农民收入水平与城镇居民差距不小。为此，统筹城乡产业发展，应把发展都市型现代农业作为实现广州农民持续增收的基本途径，建设现代化美丽乡村的产业基础，以及提高城乡居民生活质量和水平的重要保障。推动以观光农业、绿色农业、特色农业等为重点的块状农业经济发展，形成与都市、村镇、工业区相衔接的"组团式网络化多板块"的都市型现代农业新布局。

要积极推进农业的产业化经营，使农业综合生产能力不断提高。一是要利用广州现有古村落，大力发展生态旅游业和观光休闲农业，推动"一村一品、一村一景、一村一业"错位互补、协同发展。建设一批现代农业与休闲观光相结合、带动农民增收致富能力强、品牌优势明显的休闲农业与乡村旅游示范示范村和示范企业（点）。二是以建设从化万花园、南沙都市农业产业园、增城小楼人家、花都"花之都"等现代农业发展平台为载体，大力推进农业科技创新，推广农业先进技术。三是加快培育现代农业生产经营主体，通过培育农业龙头企业和农民专业合作社，建立广州新型农业社会化服务体系，力争到2015年市级以上示范性农民专业合作社达到50家，农业特色优势产业、专业村普遍建立起比较规范的农民专业合作社。四是促进广州市农村土地承包经营权流转。力争到"十二五"末全市农村土地流转面积达到80万亩以上，土地流转率达到55%左右。

（三）统筹城乡建设是城市基础设施向农村延伸的重点内容

使广州作为一线大城市的基础设施建设向农村延伸、打造美丽乡村的优美环境，必须以村庄综合整治为重点，全面推进农村环境建设，不断改善农村人居环境。要扶持建设农村环保设施，开展垃圾处理、污水治理、卫生改厕、村道硬化等项目建设，开展村庄绿化美化。要搞好民生水利建设，增强防灾减灾能力。要谋划好村庄整治的长远目标与近期目标，当前的村庄整治是部分改造，长远的村庄整治应是整体改造，要把村民住宅集中到一块，让"住宅进区"，实现集约节约用地。要全面开展村庄整治，打造一批名镇名村，建设独具岭南特色、生态宜居的都市美丽乡村。全市早在2012年便计划要以岭南传统文化为特色，以农业生态为基础，以北部山区为重点区域，建设20个现代化美丽乡村示范点，实施广州农村基础设施升级改造的"七化"工程：一是道路通达无阻亿——实现自然村村际道路 100% 水泥化,铺就农民的致富路;二是农村道路光亮化——2012 年安装近 8 万盏乡镇路灯,为偏僻乡村带去一片光明;三是饮水洁净化——全市 100 户以上自然村自来水通达全覆盖,保障村民的饮水安全;四是生活排污无害化——全市农村推行生活污水处理,50% 以上生活污水不直排,进一步改善农村的生活条件;五是垃圾处理规范化——建立农村垃圾分类处理机制,推进农村环保建设;六是村容村貌整洁化——消除蚊蝇"四害"滋生地,改善农村的卫生环境;七是通讯影视"光网"化——100% 行政村、50% 以上自然村通"光网",奠定"智慧乡村"建设基础。①

二、基本公共服务向农村倾斜

广州的经济发展水平位于全国前列,作为一线大城市的广州建设美丽乡村,要懂得把大城市比较优越的基本公共服务不断向广大农村地区倾斜。具体来讲,要促进城市基本公共服务均等化,提升城乡统筹与城乡一体化发展水平,把统筹城乡社会发展作为重要保障,把统筹城乡区域发展作为突破口,逐步实现广州基本公共服务向农村倾斜。

(一) 促进城乡基本公共服务均等化

广州农村改革发展走到今天,基本公共服务不均衡已成为制约农村经济社会发展的突出矛盾,从全面推进新型城市化的发展要求出发,应把提高农村基本公共服务供给作为现阶段新型城市化建设的重要内容。此外,为城乡居民提供良好的公共服务也是政府的重要职能之一,以往由于经济发展水平低,各级政府都把精力和重心放在了经济建设上,随着政府职能转变的不断深化,政府的转型势在必行,即由建设型政府向民生型政府的转型。向民生型政府的转型要求政府必须为公共服务"买单",为城乡居民提供良好的公共服务,这也是政府的职责所在。

将广州的城市基本公共服务向农村地区倾斜,实现惠及城乡居民的基

---

① 黄克亮、罗丽云:《统筹城乡发展视角下的广州现代化美丽乡村建设研究》,载《探求》2012 年第 5 期。

本公共服务均等化,是广州推进新型城市化、全面建成小康社会的重要举措,是走向公平可持续发展之路的重要战略,是改善民生、推动社会和谐建设的重大任务。进入经济社会发展新阶段,城乡居民的公共需求全面快速增长,党的十八大报告提出到 2020 年"基本公共服务均等化总体实现"的目标。为促进广州实现城乡基本公共服务均等化,一是要尽快提高基本公共服务的统筹层次,加大政府的基本公共服务支出,缩小居民享受的基本公共服务差距,强化对农村地区、落后地区、困难群体的义务教育、公共卫生与基本医疗、公共就业服务、基本住房保障等基本公共服务的供给。二是按照社会需求结构变化趋势,尽快调整财政支出结构,继续加大以保障性住房、教育、医疗等为重点的公共性投资,使更多的财力用于保障基本公共服务,以城乡居民基本公共服务均等化为导向,完善公共财政制度建设,到 2020 年广州率先实现城乡基本公共服务均等化。

(二)提升城乡统筹与城乡一体化发展水平

基于城乡和谐发展的新型城市化必须以构建新型城乡关系为主线,以提升城乡统筹与城乡一体化发展水平的高低为核心标志,实现城乡发展共建共享。城乡一体化是在生产力高度发达,工业化、城市化水平相对较高的条件下,城市与乡村融合,以城带乡、以乡促城、互为资源、互为市场、互相服务,实现城乡之间在经济、社会、文化、生态协调发展的过程。新型城市化不应将地域广大的农村,处于发展弱势地位的农业和收入水平仍较低的农民排斥在城市化的发展视野之外,新型城市化是"全市域的城市化"而非"城市的城市化",如果不把"三农"问题纳入新型城市化的发展体系和发展框架中,那么,新型城市化就不是完整意义上的城市化,不仅不符合科学发展观关于全面发展、协调发展、可持续发展的要求,而且无助于新型城市化向纵深推进。

因此,提升城乡统筹与城乡一体化发展水平是衡量和检验新型城市化的核心标志和客观标准,只有不断加大城乡统筹力度,才能引导新型城市化进入良性循环的发展轨道,建立起城乡空间协调有序、生态环境美丽宜居、产业发展互补、资源要素双向流动、公共服务均衡配置、城乡机制体制完善的新型城乡关系,形成城乡"共谋、共建、共富、共享"的经济社会发展新格局。①

(三) 把统筹城乡社会发展作为重要保障

在美丽乡村建设过程中，要通过统筹城乡社会发展，加强农村社会建设，改善农村民生作为城市基本公共服务向农村倾斜、推进现代化美丽乡村建设的重要保障。

一是要全面实施农村社会保障制度，健全农村社会救助体系。认真落实《广州市基本医疗保障办法》和《广州市基本养老保障办法》，全面构建农村的基本医疗和基本养老保障"安全网"，实现人人享有基本生活保障的目标。鼓励符合条件的农民积极参加农民养老保险，扩大政策受益面。完善县（市）、乡镇（街道）、村（社区）"三级救助圈"网络。

二是增强农村基本医疗服务。加快农村三级卫生服务网络建设，搞好乡镇卫生院的升级改造工作。

三是加快发展广州农村职业教育，加大农村劳动力转移培训力度，着力培养新型农民，实现从体能型向智力型、技能型转变，增强农民就业创业的本领。

四是提高农村义务教育水平。借鉴增城区十二年义务教育的经验，在有农村的其他6个区（市），逐步实现十二年义务教育。搞好农村校车安全，加强农村中小学标准化建设工作，开展城乡学校结对活动，以"联乡结村"活动为载体，促进优质教育资源向农村流动。

五是繁荣农村文体事业，构建农村公共文化体系，推进文化惠民工程，推进广州农村"五个有"文化设施建设。巩固广州农村"10里文化圈"建设成果，新建扩建"农家书屋"，积极开展文化"三下乡"活动，进一步丰富广州农民的精神文化生活。

(四) 把统筹城乡区域发展作为突破口

与城区相比，广州农村经济发展仍然偏弱，农村发展水平仍参差不齐，南部的番禺、南沙与东部的萝岗等地的农村经济发展水平比北部山区的从化、增城的农村发展水平要高得多。以农民人均收入为例，"十一

---

① 郭艳华：《基于城乡和谐发展的广州新型城市化实现路径研究》，载《探求》2013年第4期。

五"期间，北部 8 个山区镇农民收入年均增长仅为 8.06%，低于广州市农民人均收入 12% 的增速 4 个百分点。据统计，截至 2010 年年底，北部山区有 206 个行政村年集体经济收入不足 8 万元，占行政村总数的 90%。因此，如果不缩小这种差距，统筹区域发展将无从谈起，广州美丽乡村建设目标将难以实现。为此，要把扶贫开发作为一项长期工作，完善各项政策措施，深化扶贫内涵，进一步将城市基本公共服务向贫困地区农村倾斜。

要借鉴浙江、成渝等地经验，积极发挥中心镇（中心村）的作用，鼓励农村人口向中心镇（中心村）转移，农村劳动力从第一产业的农业向第二、第三产业转移，不断扩大中心镇（中心村）的范围，发挥中心镇（中心村）的集聚功能，彰显"今日中心镇（村）、明日卫星城（镇）"的广州社会主义美丽乡村建设特色。①

三、城市现代文明向农村辐射

实现广州城市现代文明向农村辐射，要千方百计缩小城乡居民收入差距、推动城市生活方式在农村的普及化、切实为农村进城人口提供优质服务。

（一）千方百计缩小城乡居民收入差距

只有千方百计缩小城乡居民收入差距，才能更好地促进城市现代文明向农村辐射，这也是提升广州乡村文明水平的根本之策。城乡居民收入差距是城乡发展差距最明显的表现，2000—2011 年广州城乡居民收入差距比呈现先缩小、后扩大、再缩小的发展态势，2000 年为 2.29∶1，2005 年为 2.58∶1，2011 年为 2.33∶1，远高于国际上衡量城乡居民收入差距比的理想状态 1.5∶1。如果把城市居民收入中一些非货币因素，如住房、教育、医疗、社会保障等各种社会福利考虑在内，城乡居民的收入差距可能更高。因此，广州推进新型城市化，要努力缩小城乡居民收入差距，使城

---

① 黄克亮、罗丽云：《统筹城乡发展视角下的广州现代化美丽乡村建设研究》，载《探求》2012 年第 5 期。

乡居民享受均等化的公共服务，追求城乡之间财富获取能力和享受财富程度的机会公正和平等，在实现城乡居民共同富裕上不断探索。

一是转换发展思路。要跳出就农民富农民、就农业搞农业、就农村建农村的传统思路，坚持以工业化的方式发展农业，以商品化的方式经营农业，千方百计提高农民的工资性收入、政策性收入和财产性收入水平。

二是建立以城带乡、以工促农长效机制。大力发展城乡关联产业，统筹城乡资源配置，搭建城乡共享的资源要素平台，加强城乡之间资本、技术、人才和信息方面的交流与合作，建立城乡良性互动的市场，实现城乡生产要素的自由、合理流动。

三是推动农业转型升级。完善各项惠农强农政策，支持"公司＋基地＋合作组织＋农户"新型农业产业化发展模式，实施科技兴农战略，加快农业产业化、现代化步伐。这是提高农业发展水平、增加农民收入的关键。

四是改革农村土地产权制度。农村土地和城市土地产权的二元结构，是制约农村发展、影响城乡差距的主要瓶颈。要大胆探索农村土地"四权"合法流转，鼓励农民以宅基地置换集中居住小区，引导农民将原来分散、闲置、使用效率低的宅基地集中复垦，向土地规模经营集中，提高土地价值和集约利用水平，促进发展现代农业，增加农业附加值，有效提高农民收入。

五是重视培育新型农民。提高农民科技和知识水平是帮助农民增加收入的根本。要继续加大对农民从事科技农业的培训力度，增强农民创业发展能力。要大力发展农村二、三产业，实施农村富余劳动力转移就业培训，力争农村从事二、三产业劳动力占70％以上，提高农民工资性收入比重，加快缩小城乡居民收入。

（二）推动城市生活方式在农村的普及化

目前，广州户籍人口城市化率为75％以上，达到发达国家的水平。像重庆那样大规模推进农村人口向城市集聚不符合广州城市化的发展实际，今后广州走新型城市化发展道路，重点不能再放在推动农村人口的城市化、片面追求人口城市化率，而是应该将城市化的重点放在推进农村实现城市生活方式的普及化。为此，要认真吸取拉美国家在城市化过程中城乡发展严重失衡的教训，建立完善以城带乡、以工促农的长效机制，加大城市支持农村、工业反哺农业的力度，通过实施美丽乡村计划，推动城市现代文明向农村辐射、城市生活方式加快向广大农村地区延伸覆盖。

按照岭南特色要求，高起点、高标准完善1142个村庄的规划设计，并引导有条件的自然村向行政村整合集中；全面推进村庄综合整治和改造危房，完善一体化垃圾处理，推进农村水改、气改和污水处理，完善农村道路、光纤网络等公共基础设施，实施村庄绿化美化。同时，着力打破城乡二元结构制度，"小步快跑"地促进农村教育、医疗、文化等基本公共服务均等化，大幅度提高新农保、新农合和农村低保水平，解决好农村就业难、上学难、看病难、养老难、住房难问题，切实让生活在农村的居民同样享受城市居民的生活待遇，推动城乡生活双向互动、协调发展，使农村成为大家向往的美丽家园，吸引农村新生代回乡创业发展。[①]

（三）切实为农村人口进城提供优质服务

广州要真正实现城市化和现代化，不仅要处理好城乡人口结构二元关系，更要做好城市农村进城人口服务管理，这是城市社会服务管理的主要重心。要按照国家和广东省的有关要求，继续完善暂住人口居住证制度，在不突破国家关于要继续合理控制副省级市人口规模户籍政策的前提下，集中清理造成农村进城人口学习、工作、生活不便的有关政策措施，理性回应这部分人的合理利益诉求。

要采取更加有效的措施，为农村进城人口在广州学习、工作、生活提供方便，逐步建立覆盖农村进城人口就业指导、技能培训、子女上学、法律援助、社会保障等基本公共服务体系，积极吸纳外来人口参与社区、村镇社会服务管理。要学习重庆市为外来人提供住房保障的做法，加大保障性住房，特别是公租房建设力度，尽可能让更多的农村进城人口住有所居，帮助农村进城人口加快融入广州城市生活，努力走出一条让"进城广州人"实现安居乐业的新型城市化发展道路，促进幸福广州建设。

---

① 张晓蔚：《广州走新型城市化发展道路应注意的问题及对策》，载《探求》2012年第3期。

四、大广州影响力向农村覆盖

广州要走新型城市化发展道路，不同于传统的城市化发展道路，必须拓展城市化的发展视野，将大广州的影响力向广大农村地区覆盖，在基于城乡和谐发展的基础上，努力破除城乡二元结构体制，充分发挥政府的主导作用，促进经济又好又快发展，提升城乡居民财富创造能力和水平，实现共同富裕。

（一）基本原则：四大原则

1. 改革先行、制度保障。为更好地推进新型城市化，必须深化改革，努力破除城乡二元结构体制，在制度设计上构建一种新型城乡关系，使城市与农村、工业与农业、城市居民与农民实现身份、地位、权利、义务和责任的平等，不再区分谁先谁后、谁主谁次、谁重谁轻，实现城乡共同促进、共同发展。

2. 政府主导、市场推动。推进新型城市化建设，要在充分发挥市场基础性作用的同时，注重强调政府的主导作用，使政府主导和市场推动实现有机结合，特别是在涉农财政投入、固定资产投资等要素资源流动和配置上，更多地向农村地区倾斜，弥补多年来对农村地区的欠账，逐步缩小城乡发展差距。

3. 产业带动、共同富裕。走新型城市化发展道路，必须以适度的经济增长为前提，通过实施城市带动农村、工业反哺农业的发展战略，推动城乡经济实现错位发展、融合发展、统筹发展，借助产业带动，提高城乡居民特别是农民攫取财富的能力，让农民能够在城乡产业发展中受益，实现城乡共同富裕。

4. 转型发展、内涵提升。新型城市化不再只关注非农人口所占全部人口比重的上升，更要努力推进城市转型发展，从重规模和速度向重质量和功能转变，实现外延发展向内涵提升，加速基础设施向农村延伸，公共服务向农村拓展，城市文明向农村辐射，提升农村地区现代文明发展水平。

（二）基本思路：五大转变

1. 从城乡分立、城乡分割向以城带乡、城乡融合发展转变。在传统二元结构及"城市偏向"的影响下,城市与农村彼此处于相互分立、相互分割的发展状态,城市与农村运行在两个不同的发展轨道上。因此,新型城市化必须对城乡分割、城乡分立给予高度重视,要勇于打破城乡分割的制度藩篱,充分发挥城市对农村发展的带动与辐射作用,实现城市带动农村、城市支援农村发展的新格局,不再只重视和考虑城市的发展,更要把广大的农村纳入发展视野,从城乡融合的角度通盘考虑空间拓展、产业发展、基础设施、公共服务等规划布局和建设,推动城乡发展的有机融合与衔接,形成城乡共同促进、共同发展的生动局面。

2. 从强调城市中心区建设向城乡都市带协调发展转变。由于城市是由中心区、新城区及远郊区、广大农村等不同空间单元所组成,如果只重视城市中心区的发展,而忽视包括广大农村在内的其他地域发展,既不利于广州和谐社会建设,也不符合统筹城乡发展的内在要求。新型城市化不是"城市的城市化"而是"区域的城市化",不能只是在城市中心区打转转,精心谋划城市中心区的狭小地域空间,要把视野放大到全市域,以"全域广州"的理念规划和建设广州,在资源配置上更多地向新城区、城乡都市带及广大农村地区倾斜,进一步加强和完善新城区基础设施及公共服务设施建设,以疏解中心城区过于密集的产业及人口。

3. 从重城抑乡、重工轻农向城乡公平发展、均衡发展转变。纵观广州城市化发展历程可以看出,从改革开放后到党的十六大召开,广州和全国大部分城市的发展脉络基本相一致,就是抓住了改革开放后大力发展工业化和城市化的有力机遇,使工业化和城市化建设实现了跨越式的发展,跃上了一个新的台阶,但农村的发展没有得到相应的重视,这一时期的战略部署、政策取向和资源配置的重点是工业及城市,从某种程度上讲,是一种重城抑乡、重工轻农的发展模式。而新型城市化建设一定要实现从重城抑乡、重工轻农向城乡公平发展、均衡发展的转变,更加重视农村及农业的发展,体现全面、协调、可持续的科学发展要求,弥补多年来对农业、农村发展的欠账,实现社会的公平与正义。

4. 从资源配置的"城市偏向"向城乡共享发展转变。在城乡二元结构和体制的影响下,城乡资源配置存在失衡现象,农业和农村在资源配置与国民收入分配中仍处于不利地位,农村居民和城镇居民在发展机会、社会地位等方面仍不平等。统筹城乡发展就是要勇于打破资源配置的"城市取向",实现城乡共同富裕,通过制度、政策等调控手段,把资源配置、要素流动以及分配机制整合起来,兼顾公平、惠及全民,实现城乡人才、教育、就业等资源共享,建立双向开放、城乡共享的资源配置机制,在统筹城乡中实现以城带乡、资源共享互补的良好局面。

5. 从要素流动往城市集聚向农村扩散、渗透和辐射发展转变。由于城市在地理区位、基础设施便捷度、产业发展基础、财富创造能力等方面有着农村地区无法比拟的优势,因而资源要素配置更加青睐城市,在城市的流动也更为顺畅,这符合市场发挥基础性作用配置资源的一般规律,但问题是如果单凭市场经济这只"无形的手"去调控资源配置,根据市场经济的趋利、重利原则,在公平的市场竞争条件下,则广大的农村地区在要素流动上永远处于劣势地位。因此,推进新型城市化建设,一定要适当发挥政府的主导作用,打通农村地区资源要素流进流出的渠道,使各种资源要素加速向农村地区涌流,增强农村地区要素集聚能力,从而促进农村加快发展。①

总之,美丽乡村建设是社会主义新农村建设的延续和深化。党的十八大第一次提出了"美丽中国"的概念,强调必须树立尊重自然、顺应自然、保护自然的生态文明理念,勾画出包括生态文明建设在内的"五位一体"中国特色社会主义建设总布局。② 广州要建设美丽乡村,既要秉承和发展新农村建设"生产发展、生活宽裕、村容整洁、乡风文明、管理民主"的宗旨思路,又要延续和完善相关的方针政策,丰富和充实其内涵实质,尊重和把握其内在发展规律,更加注重关注生态环境资源的有效利用,更加关注人与自然和谐相处,更加关注农业发展方式转变,更加关注农业功能多样性发展,更加关注农村可持续发展,更加关注保护和传承农业文明。广州乡村的美丽之路,任重而道远。

---

① 郭艳华:《基于城乡和谐发展的广州新型城市化实现路径研究》,载《探求》2013 年第 4 期。

② 樊晓民:《对美丽乡村建设的几点思考》,载《西部财会》2014 年第 2 期。

第六章 外在之美:广州美丽乡村的"硬件"改造

2015年1月30日,任学锋书记在广州市委第十届第六次全会上的讲话中提出,要"加强'三农'工作,大力发展都市型现代农业,扶持发展新型农业经营主体,推进农业适度规模经营,提高农业科技水平,发展观光休闲农业。持续促进农民增收,提高扶贫开发工作可持续性和精准度。加强农村集体经济组织管理,健全'三资'交易监管平台。推进中心镇建设,深化名镇名村、美丽乡村创建活动"。事实上,广州的美丽乡村建设,必须要从"硬件"改造入手,注重农村重点基础设施建设,着力发展乡土特色现代农业,有力推进村庄绿化美化建设。

第一节 注重农村重点基础设施建设

农村地区的环境面貌、基础设施、服务设施等都与城市存在很大的差距,美丽乡村建设第一着眼点就是开展农村综合整治工作。根据《广州市美丽乡村试点建设工作方案》提出的"七化""五个一"的要求,全面做好农村基础设施、公共服务配套建设。因此,广州要建设美丽乡村,要这"三大工程"作为战略重点,不断推进村庄基础设施的"七化"工程、公共服务的"五个一"工程以及农村路网、水网、信息服务网、环境卫生网和电网等"五网"的升级建设力度。

一、"七化"工程和"五个一"工程

两个工程是加强改造升级的具体表现。要通过加强村庄整体规划和环境整治，指导各村因地制宜发展旅游、商业、文化、休闲、生态等特色经济。大力推进基础设施"七化"和公共服务"五个一"工程，组织改路、改水、改厕、旧村改造和建设乡村学校少年宫。开展农村生活垃圾分类处理，集中整治环境脏乱差现象，切实解决垃圾乱倒、粪便乱堆、禽畜乱跑、柴草乱放等问题。

（一）"七化"工程和"五个一"工程的主要内容

1. 村庄基础设施"七化"工程的主要内容。"七化工程"是指：一是道路通达无阻化，户籍人口 100 人以上的自然村村道 100% 硬底化、村内道路 100% 硬底化，实现道路通达风雨无阻；二是农村路灯光亮化，试点村要率先实现"十大惠民工程"之农村光亮工程计划；三是供水普及化，试点村自来水普及率达 100%，生活用水集中供水到户；四是生活排污无害化，试点村生活污水 100% 经处理达标排放；五是垃圾处理规范化，推行农村厨余垃圾生化处理措施，做好垃圾分类工作，建立"户收集、村集中、镇转运、区（县级市）处理"的农村生活垃圾分类收运处理体系；六是卫生死角整洁化，清理藏污纳垢场所、治理坑塘沟渠，消除蚊蝇"四害"滋生地；七是通讯影视"光网"化，实施"宽带广州""光网广州"战略，试点村 100% 自然村通"光网"，达到高速数据下载、高清视频点播等高带宽、高速率的要求。

"十一五"时期是广州市农业和农村经济发展经受严峻考验的五年，也是改革创新取得丰硕成果的五年。经过五年的倾力发展，农村基础设施有了较大改善，在制定《关于加快形成城乡经济社会发展一体化新格局的实施意见》及 12 个配套文件的基础上，已经初步构建起城乡一体化发展政策体系。大力推进城乡规划、基础设施、产业布局、市场体系、劳动就业、社会保障、公共服务、社会管理等一体化发展，开展自然村通水泥路、通电信网络、通自来水及污水处理等基础设施建设，累计 960 条行政村进行了村容村貌整治，农村集中的地区基本实现了生活垃圾统一收运和无害化处理。扶持中心镇加速发展,中心镇发展成为我市城乡统筹发展的重要节点。加大对北部山区镇的扶持力度,北部山区经济社会发展步入良性发展轨道。

2. 公共服务"五个一"工程的主要内容。"五个一"工程是指:一个不少于300平方米的公共服务站,一个不少于200平方米的文化站,一个户外休闲文体活动广场,一个不少于10平方米的宣传报刊橱窗,一批合理分布的无害化公厕。

与国家"十二五"时期基本公共服务范围相比,由于前期广州农村在公共教育、就业服务、社会保障、医疗卫生、人口计生和住房保障等六个方面已经取得较大进展,所以未来广州农村基本公共服务的重点在于基础设施和环境保护方面。近年来,广州市围绕"为了广州人民的幸福生活"的主旨,民生十件实事全部兑现,民生福利得到持续改善。诸如2012年广州"十件民生大事"中,与农村基本公共服务有关的"大事"主要集中在社会保障、医疗卫生、环境保护、就业服务和公共教育等五个方面,其他方面虽然没有列入,但许多基本公共服务都列入了政府工作范围。以人口计生为例,自国家实施人口计划生育政策以来,广州在这方面的服务工作一直走在全省的前列。

为缩小城乡收入差距,广州一直在努力探求农村扶贫工作的新模式。2012年,广州在对口援建北部山区贫困镇村的基础上进一步细化了对口援建工作。以从化市(县级市)为例,共有22个美丽乡村试点村由22名市党政领导、市政协主席、人大常委会副主任挂点,试点村共涉及10021户、农村人口43352人、总面积211.19平方公里。

(二)建设"七化"工程和"五个一"工程的政策思路

在市委、市政府的统一部署下,各市直部门主动作为,实施部门联动,各区(县级市)党政领导亲自部署,把美丽乡村工作作为最重要工作来抓,从各试点村中寻找突破口,彰显地域特色,以公共服务均等化为基础,完善农村地区基础设施和公共服务设施,重点是"七化"工程和"五个一"工程,实现公共配套向广大农村延伸,推进城乡一体化建设。

1. 有计划有步骤地不断推进、结对帮扶形成全市一盘棋格局。当前,广州的美丽乡村建设正在有条不紊、按部就班、有计划有步骤地逐步推进之中。在市本级专项财政扶持之外，多渠道筹措建设资金，2012 年是广州市美丽乡村建设起步阶段，确定了基本的创建思路，制定了一系列的政策文件，截至 2012 年年底，市级 14 个试点村已完成美丽乡村试点建设项目 50 个，完成投资 33177.63 万元，正在建设项目 44 个。2013 年是具体落实阶段，为 2014—2016 年的工作开展奠定了良好的基础。

当前，广州市美丽乡村成员单位和结对帮扶单位群策群力，通力协作，在全市形成一盘棋格局，掀起了美丽乡村建设热潮。要建设村庄基础设施的"七化"和公共服务的"五个一"工程，必须要建立农村基础设施和公共服务设施管理长效机制。具体来讲，要积极探索村庄基础设施和公共服务设施，包括清洁卫生、绿化管理、污水治理等建设与管理的长效机制。理顺卫生保洁、绿化养护、污水治理等方面的长效管理机制。借鉴杭州市按农村户籍人数各级财政每年补贴 60 元/人建立长效保洁机制的做法，市本级财政、区（县级市）财政、镇（街）财政分别按农村户籍人数每人每年补贴 30 元、20 元、10 元用于卫生保洁、绿化养护、污水治理等方面的管理，目前高于以上标准的按原标准执行，调动农民清洁家园的积极性，建立评比监督制度，以及红、黑榜公示制度。

2. 以统筹城乡规划为主抓手，把统筹城乡建设作为建设重点。规划是一切建设的基础，现代化美丽乡村建设同样必须规划先行。科学制定村庄规划是推进广州现代化美丽乡村建设的主抓手，改善农民的生产生活条件和人居环境是现代化美丽乡村建设的一个重要任务。近几年来，在城乡规划方面，广州市编制了中心镇和中心村建设规划，针对城中村与旧村改造，提出了"一村一策"等工作方案。但对照沪杭、成渝等城乡规划做得较好的大城市，广州还存在城市总体规划与各区、镇、村规划不相协调，规划注重城区和近郊，对农村各镇和行政村、自然村的规划相对滞后等问题。因此，搞好广州现代化美丽乡村规划建设，必须按照"全域广州"要求，抓紧研究制定广州贯彻落实《城乡规划法》的实施细则和办法，修订适应城乡一体化的新规划编制体系，将农村地区纳入广州城市总体发展规划，实现国民经济和社会发展规划、土地利用总体规划和城乡建设总体规划的"三规合一"，通过建设城乡绿带等方式，实现农村开发建设有序，要突出抓好村庄布点、新村建设和旧村改造规划，努力实现广州城乡规划无缝对接、全域覆盖。

打造美丽乡村的优美环境，必须以村庄综合整治为重点，全面推进农村环境建设，不断改善农村人居环境。要扶持建设农村环保设施，开展垃圾处理、污水治理、卫生改厕、村道硬化等项目建设，开展村庄绿化美化。要搞好民生水利建设，增强防灾减灾能力。要谋划好村庄整治的长远目标与近期目标，当前的村庄整治是部分改造，长远的村庄整治应是整体改造，要把村民住宅集中到一块，让"住宅进区"，实现集约节约用地。要全面开展村庄整治、打造一批名镇名村，建设独具岭南特色、生态宜居的都市美丽乡村。全市要出台计划以岭南传统文化为特色，以农业生态为基础，以北部山区为重点区域，在建设 20 个现代化美丽乡村示范点的基础上，加快实施广州农村的"七化"工程。①

3. 多方筹资加大投入，全面开展村容村貌综合整治。为加快美丽乡村基础设施建设和公共服务水平，由广州市财政局负责，市美丽乡村办、各区（县级市）政府、市直各相关单位配合，设立"市级美丽乡村试点财政专项资金"。该专项资金主要由两项构成：一是市、区（县级市）两级财政原预算的涉农资金按 30% 切块出来，纳入市级美丽乡村试点财政专项资金，统筹使用；按照市级美丽乡村统一规划，统一制定项目计划，对口抓项目落实的原则，市、区（县级市）涉农部门负责指导用好对口的 30% 资金。二是市本级财政 2012 年新增 1 亿元，2013 年新增 3 亿元专项用于市级美丽乡村试点建设；各区（县级市）按照《关于完善市对区（县级市）财政管理体制的意见》（穗府函〔2010〕91 号）出资比例配置财政专项资金。（其中海珠区、荔湾区、白云区按照市区 5:5 比例，天河区、黄埔区、番禺区、花都区按照市区 4:6 比例，南沙、萝岗区由区全额出资，从化市、增城市按照 8:2 和 6:4 比例）。市财政局会同市美丽乡村办适时出台"市级美丽乡村试点财政专项资金管理办法"。

同时，由广州市美丽乡村办牵头，各区（县级市）政府负责，市直各有关单位配合，积极引进社会资金。按照"谁投资、谁受益"的原则，

---

① 黄克亮、罗丽云：《统筹城乡发展视角下的广州现代化美丽乡村建设研究》，载《探求》2012 年第 5 期。

动员和鼓励社会资本和产业资本投资美丽乡村建设村庄，参与历史文化古村、休闲旅游生态村等建设，参与观光休闲农业、生态农业、设施农业及产业化基地，参与农村集体闲置用房综合利用和村级标准厂房及商贸项目建设，实现优势互补、合作共赢。村集体和村民投资投劳。本着群众自愿、量力而行的原则，发挥镇（街）、村，尤其是发挥美丽乡村建设村民理事会的组织作用，积极引导和发动村集体和群众投劳投资，充分发挥村民在美丽乡村试点中的主体作用。

在多方筹资、加大投入的基础上，做好试点村的村容村貌专项设计，实施村容村貌综合整治。全面清拆村庄内乱搭乱建的建筑物、构筑物，全面统筹改造危旧房和泥砖房，重点帮扶困难户修缮改造破旧住房；整饰建筑外立面，彰显属地人文景观和建筑特色；做好村内道路和公共活动场所的日常保洁，清理河道沟塘卫生死角，对村公共设施进行维护以保证能正常使用；大力推进村庄绿化美化工程，利用空闲地、边角地、道路两侧、村前屋后等地方，见缝插绿、铺石筑径、塑造园艺景观小品，开辟体育健身、休闲娱乐场所，营造村庄宜人的生活环境。①

二、"五网"升级建设工程

（一）"五网"升级建设工程的主要内容

"五网"即农村路网、水网、信息服务网、环境卫生网和电网。广州建设"五网"升级工程，要将其与"七化"工程相结合，实施基础设施"五网七化"工程。以"七化"为目标，推进农村"五网"建设升级，建成连城带乡、延伸到户、城乡一体的基础设施网络体系。加快建设高快速路网，加快中心城区连接从化、增城及花都、南沙的轨道交通建设，完成新一轮1200公里村道建设，进一步解决边远山区出行难问题。加快农村地区二次改水，推进花都北江引水工程、中心城区北部水厂及配套管网建设，加快实现城乡供水同质同服务。推进"广州智慧乡村"建设，2015年前实现全市宽带进村、覆盖到户。建立健全农村垃圾收运和无害

---

① 《广州市美丽乡村试点建设工作方案》（修订稿）。

化处理的"户集、村收、镇运、县处理"体系。2015年农村卫生厕所普及率达到99%，农村生活垃圾无害化处理率达到100%，农村生活污水处理率达到70%以上。加快完善高压电网和农村燃气供应管网建设，推进农村"光亮工程"二期建设。

（二）"五网"升级建设工程的政策思路

1. 通过统筹镇村建设，加强"五网"工程规划管理。"五网"升级建设工程背靠广州农村基础设施与环境建设，离不开财政投入和大力扶持。广州市美丽乡村试点122个，目前重点推进14个市级试点，由市级财政和区（县级市）财政按比例予以配套建设，但区（县级市）级及镇（街）级108个村只有少量甚至没有区（县级市）财政资金投入，这将大大影响这些村的美丽乡村创建工作。

按照市委、市政府工作部署（十届〔2012〕105号），市本级财政30%的涉农资金、区（县级市）财政不少于40%的涉农资用于美丽乡村建设。据此，市财政局梳理出市可用于美丽乡村建设的本级涉农资金约为9.57亿元。市美丽办审核汇总了各区（县级市）申报的14条市级试点村第一批项目库总投资3.71亿元，按市政府第50次常务会明确的市区出资比例，市本级出资1.97亿元，区（县级市）出资1.73亿元。市本级财政还余下7.6亿元可用于美丽乡村建设，建议这部分余下的资金尽量安排用于区（县级市）、镇（街）级共计108条美丽乡村的建设，并多渠道争取更多其他资金用于各级美丽乡村建设。

2. 通过"五通""五网"建设，改善农村生产生活条件。在农村实现"五通"（通电、通水、通电话、通水泥路和通有线电视）的基础上，对农村基础设施进行"五网"（农村路网、农村水网、信息服务网、环境卫生网、农村电网）升级工程，推进并完成总长度为1200公里村道建设任务。继续加强农田水利建设，加大排灌设施整修力度。突出建设北部山区43个贫困村生活污水处理设施，农村生活污水处理率达到35%。完成北部山区镇和流溪河林场的农村二次改水工作。健全农村垃圾处理体系，农村生活垃圾处理率达到45%。推进"智慧乡村"建设，加快北部山区光纤入户。抓好农村"光亮"工程二期建设，不断改善农村生产生活条件。

3. 以"五网"升级工程为抓手,加强北部山区贫困镇建设。在加强结对帮扶的基础上,以"五网"升级工程为抓手,对北部山区进行扶贫开发工作,深入开展"一区带一镇""名企帮一镇"工作,重点推进道路、给排水、污水处理等市政公用设施和文化、教育、医疗卫生等公共服务设施建设。2012年年底,北部山区贫困镇列入规划的项目全部竣工,镇容镇貌实现较大改观,公共服务及市政设施基本健全。全面完成北部山区农田(鱼塘)标准化改造,积极引导农业龙头企业、科研院所、大型超市在北部山区建立生产基地。加大农业补贴强度,落实补贴动态调整机制,探索建立蔬菜、水产主要品种直接补贴制度。

4. 以"五网"升级建设工程为契机,加强农村环境卫生整治。在"五网"升级建设工程的同时,不能忽视生态文明建设和农村环境卫生整治。要新增一批卫生镇、卫生村,保护建设239万亩生态公益林,加强村庄绿化,推进近郊环城森林、组团绿化隔离带的连接贯通。支持畜禽场环保设施建设,实施化肥农药减量使用工程,加强农业环境面源污染防治。坚持做好海洋生态环境保护,筹划建设流溪河鱼类生命通道,促进人与自然和谐。[1]

三、妥善处理好六大关系

把握美丽乡村建设的战略重点,必须要妥善处理好六大关系。美丽乡村建设涵盖了农村生产、生活、生态等方方面面的内容,运用一事一议财政奖补政策平台推动美丽乡村建设,应按照以人为本、尊重农民主体地位,规划引导、突出地域特色,试点先行、重点突破,多元投入、整合资源,以县为主、统筹推进,改革创新、完善制度机制的原则要求,妥善处理好六个方面的关系。

一是处理好政府主导与农民主体之间的关系。村庄不仅是农民的居住地,也是农民生产生活的重要场所,农民是美丽乡村的主人。建设美丽乡

---

[1] 李江涛、汤锦华:《广州蓝皮书:广州农村发展报告(2013)》,社会科学文献出版社2013年版,第89-90页。

村，政府是主导，农民是主体，村里的事要由农民说了算，政府的主要作用是编规划、给资金、建机制、搞服务，不能包办代替，不能千篇一律，不能强迫命令，更不能加重农民负担。要探索建立政府引导、专家论证、村民民主议事、上下结合的美丽乡村建设决策机制。

美丽乡村建设不是给外人看的，而是要让农民群众得实惠，给农民造福。美丽乡村建设不是"涂脂抹粉"。不能仅仅成为城里人到乡村旅游休闲的快乐"驿站"，而是建成广大农民群众赖以生存发展、创造幸福生活的美好家园。美丽乡村建设的最终目的是让生活在本地的农民提升幸福指数。评价美丽乡村建设的根本标准是增进农民民生福祉，让农民真正享受美丽乡村建设成果；推进生态文明建设和提升社会主义新农村建设。因此，从规划、建设到管理、经营，自始至终都要建立农民民主参与机制，从而保障政府规划建设的美丽乡村和农民心目中想要的美丽乡村相统一，而不是政府的一厢情愿，更不能沦为显现政绩的形象工程。通过一定的群众参与机制，切实让农民成为美丽乡村建设的主体，真正拥有知情权、参与权、决策权、监督权，真正共享美丽乡村建设的成果。①

二是处理好政府与市场、社会的关系。美丽乡村建设投入大，不能靠政府用重金打造"盆景"，不能靠财政资金大包大揽，否则不可持续，也无法复制推广。要发挥市场配置资源的基础性作用，以财政奖补资金为引导，鼓励吸引工商资本、银行信贷、民间资本和社会力量参与美丽乡村建设，解决投入需求与可能的矛盾。

建立有效的引导激励机制，鼓励社会力量通过结对帮扶、捐资捐助和智力支持等多种方式参与农村人居环境改善和美丽乡村建设，形成"农民筹资筹劳、政府财政奖补、部门投入整合、集体经济补充、社会捐赠赞助"的多元化投入格局。

对美丽乡村建设中的一些具体项目（譬如乡村垃圾的收集、运输和处理）的实施，要积极探索通过政府购买的方式，交由企业或市场去运作，形成长效运行机制。村庄内部的公共服务设施的维护和运行，也须积

---

① 吴理财、吴孔凡：《美丽乡村建设四种模式及比较》，载《华中农业大学学报（社会科学版）》2014年第1期。

极发挥村民自治和社会组织的作用,大力培育和发展乡村社会组织,探索农民自我组织、自我维护、自我管理的社会民主治理机制,最终形成"政府引导、市场运作、社会参与"的美丽乡村建设新格局。

三是处理好一事一议财政奖补与美丽乡村建设的关系。并不是所有的乡村都能建成美丽乡村。美丽乡村要建,更多村庄的基本生产生活条件和人居环境也亟须改善。要结合农村建设的规律,把一事一议财政奖补资金的基数部分用于改善农民的基本生产生活条件和人居环境,而将增量重点用于美丽乡村建设,两者并行不悖。要以普惠保基本,以特惠保重点,妥善解决好重点投入与普遍受益、面子与里子、锦上添花与雪中送炭的关系。

对于美丽乡村建设给予的一事一议奖补资金,也主要用于对美丽乡村建设中的制度创新的激励,而不是用于一般性的硬件设施的建设;同时,要运用好一事一议奖补资金,引导和撬动社会资本的投入。

四是处理好统一标准和尊重差异的关系。我国地域广大,发展不平衡,各地情况千差万别,必须因地制宜,尊重差异,保持特色。在此基础上,对规划编制、资金项目规范管理、建设标准等应有一些一般性的统一要求,源头上规范,嵌入式管理,防止各行其是,五花八门。牢固树立规划先行、无规划不建设的理念,健全美丽乡村建设规划和标准体系,逐步将标准化工作嵌入美丽乡村建设全过程。

美丽乡村建设除了做好标准化、均等化的基本性公共服务以外,还要在乡村特色上做文章,切实把一些具有特色的古村落保护好,把乡村非遗项目传承好,把优秀的乡村文化发扬光大,而不是简单地用同质化的建设标准裁剪、改造乡村。

五是处理好牵头部门与其他部门之间的关系。美丽乡村建设是各级各部门的共同责任,越多部门参与对工作开展越有利,要在党委政府领导下相关部门各司其职,各尽其责,有为才有位。在推动美丽乡村建设时,整合相关部门的资源,形成建设合力,把各种分散在各个部门中的惠农资金统一整合到美丽乡村建设平台上,使之发挥最优效益。

六是处理好美丽乡村"硬件"建设与"软件"建设的关系。美丽乡村既包括村容村貌整洁之美、基础设施完备之美、公共服务便利之美、生产发展生活宽裕之美，也包括管理创新之美。在完善村庄基础设施、增强服务功能的同时，要努力深化农村改革，创新农村公共服务运行维护机制、政府购买服务机制、新型社区治理机制和农村产权交易流转机制等。在美丽乡村建设中同步推进相关改革，进一步破解城乡二元结构，释放农村发展活力与潜力，营造与美丽乡村相适应的软环境，把美丽乡村建设成为农民幸福家园。①

第二节　着力发展乡土特色现代农业

广州市充分利用大城市区位、资金、技术、信息等优势，大力推进农业结构战略性调整，发展以现代化都市型农业为基本特征的特色农业，初步形成了适应市场需求和城市发展需要的近、中、远郊三个圈层的现代农业布局和生产体系，农业综合生产能力显著提高。蔬菜、岭南水果、花卉园艺、畜牧、水产、种子种苗和观光休闲农业等七大优势产业规模不断扩大；标准化农田的面积继续增加；农业龙头企业的实力不断增强；四大农产品批发市场的集聚辐射能力明显提高；观光、特色、有机农业持续发展成产业链；农业科技水平始终处于全省领先地位，农业循环经济技术发展迅速，广州市农业综合生产能力大幅提升。

一、培育"三产联动"都市现代农业

1977年，美国农业学家艾伦·尼斯在其发表的《日本农业模式》一文，正式提出了"都市农业"（Urban Agriculture）的概念。随后，都市农业开始在许多国家出现，并日益体现出其重要性。所谓都市农业是指在农村与城市、农业与非农产业融合过程中产生的一种现代农业形式，它是现代社会经济发展到一定阶段的产物，具有独特的经济、生态和社会功能和

---

①　王卫星：《美丽乡村建设：现状与对策》，载《华中师范大学学报（人文社会科学版）》2014年第1期。

集约化、科技化、产业化的特征。自20世纪90年代以来，都市农业在我国发达地区和部分中心城市相继出现，并取得了一定成绩，① 珠江三角洲是我国最发达的城市群地区之一，人口密集，工业发达，城市化水平高，已经形成以广州为核心的大都市区，农业发展经历了由"创汇农业"到"三高农业"再到"都市农业"的不断创新的发展过程，广州市在借鉴国内外都市现代农业发展的经验基础上，主动培育"三产联动"都市现代农业。

（一）政府主导，全面规划都市现代农业用地布局

广州市委、市政府制定《广州市美丽乡村试点建设工作方案》《广州市村庄规划编制指引（2013—2020）》《广州市农村村民住宅规划建设工作指引》《广州市美丽乡村建设结对帮扶工作方案》《广州市美丽乡村试点建设绩效考核办法》等规范性文件，通过制度架构全面规划都市现代农业发展。按照都市圈农业发展规划，一是编制地方性系统配套的耕地保护法规，在科学合理预测都市圈未来人口数量及其对粮食和蔬菜等基本农产品的大致需求量的基础上，求得未来耕地保护的数量底线，明确耕地和农地保护的责权关系与具体奖惩措施，以法律形式将其确定，有效促进形成节约、集约型都市圈，建设环境友好、景观优美的美好家园。二是推行立体开发、复合利用、循环利用、劣地优用等节地模式。实施综合整治和再利用战略，划定基本农田保护区边界和城镇、村庄发展控制边界，强化土地利用空间管制，设立"三条红线"，管住用地结构和布局，发挥规划的整体管控作用，确保耕地保有量、基本农田保护面积、建设用地总量。②

总之，都市圈农业是一个综合性和复合性程度高，涉及范围较大、领域较宽，以城市为中心，以农业为中轴，由第一产业向第二、三产业延伸、渗透、拓展，三次产业有效融合于一体的地域性农业复合产业系统。从乡村农业到都市农业的战略提升，就是要按照城乡统筹和可持续发展要求，通过都市圈整体科学发展规划，建立完善协调机制，促使农业和工

---

① 戴越：《现代都市农业发展研究——以政府推动为视角》，载《理论探讨》2013年第6期。

② 胡存智：《城镇化中的土地管理问题》，载《行政管理改革》2012年第11期。

业、乡村和城市之间渗透、融合互动，实现均衡发展。①

（二）三产联动，分类指引都市现代农业发展路径

依据自然地理和经济社会条件，根据广州市土地利用总体规划要求，调整优化农业区域布局，推进优势产业向现代农业园区、重点"菜篮子"基地和特色产业板块集中，形成组团式多板块的都市型现代农业布局。

1. 北部山区生态农业组团。主要包括白云区东北部、花都区北部、萝岗区北部、从化区及增城区北部，重点发展观光休闲农业、特色水果和花卉及有机蔬菜等特种农产品种植业、生态畜牧业、特种水产养殖业、农产品加工业等绿色生态产业。

2. 中部平原农业组团。主要包括白云区西北部、花都区西部及增城区中南部，重点发展无公害蔬菜种植业、丝苗米生产与加工业、花卉园艺业、出口水产品养殖加工业等无公害高效产业。

3. 南部滨海沿江农业组团。主要包括番禺区、南沙区及巴江河、流溪河、增江下游流域，重点发展无公害蔬菜及亚热带特色水果等特种农产品种植业、观叶植物及绿化苗木园艺业、优质水产养殖业、饲料加工业、观光休闲农业等绿色高效产业。

4. 城郊农业组团。主要包括海珠区南部、荔湾区西部、白云区南部、花都区东部、番禺区北部及萝岗区北部，重点发展无公害蔬菜及特色花卉等特种农产品种植业、观赏鱼等特种水产养殖业、体验型旅游农业、农产品流通业、种子种苗及饲料等涉农科技产业和现代农业服务业。②

（三）与时俱进，积极创新都市现代农业经营模式

在不同的历史时期，经济社会条件不一样，经济发展应采取不同的模式。目前，我国农村的生产方式正发生变化，越来越多的家庭从一家一户的小农经济、自产自销、分散经营，加入到营销网络，或者在订单式、合作式农业中发展农业。一般以"公司+农户+网络"的形式，形成小农生产与大市场联络，实现产供销一条龙，这是在保证家庭生产的同时实现规模化经营。

---

① 白云：《乡村农业到都市农业战略提升研究》，载《贵州社会科学》2014年第2期。
② 《广州市农业和农村经济发展第十二个五年规划》，http：//www.gzagri.gov.cn/zwgk/ghjh/fzgh/201211/t20121117_351689.html。

广州创新出都市现代农业经营模式，随着经济、社会的变化对原有模式做出相应的调整而形成"江高模式"。"江高模式"的农业闻名全国，即通过"龙头企业+农户"多层次联合，从种禽种畜的孵育、养育、销售、运输到饲料加工、疫病防治，组成完备服务体系，带动千家万户开展家禽家畜养殖。在新一轮中心镇规划中，江高镇以农为主的经济体系将结合新的因素，更重视工业、物流产业。江高镇调整现有分散于各行政村中工业，只在镇中心区与江村、珠江村有较集中的分布，新布局将对此进行调整，逐步进行功能置换，并在原有500亩私人企业园区基础上沿广清高速路东侧扩大，利用接近高速路口的交通优势，吸引高新技术产业和部分附加值高、无环境污染的一类工业入园，形成江高集中的工业区，通过物流等新兴产业，推动农业现代化上新台阶。著名的传统农产品各地都有，如泮塘藕粉、萧岗菜心、海珠阳桃和龙眼、从化的钱岗糯米糍荔枝、增城的丝苗米等。政府应与农民一起重塑它们的市场地位。①

二、发展观光农业特色农业有机农业

（一）发展观光农业，维持生态发展运营

农业观光旅游模式是指依托都市郊区和城乡接合部的优美自然生态景观和田园风光，在蔬菜水果等农业产业化基地的基础上挖掘农业产业的观赏价值，开发观光、采摘、垂钓、休闲等都市农业旅游产品，实现都市农业产业升级和功能延伸。农业观光旅游模式主要包括都市农业产业园、无公害生产基地、观光农园和休闲农庄等，一般聚集在我国农业资源丰富、农业产业基础良好、农业自然生态景观优美的城市周边。② 广州近年来充分利用自身的区位优势、资源优势，深入挖掘农业的多种功能，从服务城乡居民需求、增加农民收入、增加农业的附加值和保护生态的目标出发，大力发展了休闲观光农业，并已建设成为广州现代都市农业的重要组成部分。例如，香江鳄鱼养殖场是我国最大的鳄鱼养殖基地，鳄鱼公园成为含

---

① 谈锦钊、蔡进兵：《论广州新农村建设的六大关系》，载《南方农村》2008年第1期。
② 张蓓、刘民坤：《我国都市农业旅游演进轨迹与发展机制》，载《江苏农业科学》2013年第2期。

知识科普区、中心互动区、生长展示区、开心游乐区、休闲商业区等7个活动区域，集鳄类养殖、科研、爬行类动物观赏、科普教育、生态及农业观光于一体的农业休闲胜地，已成为广州新名片，城市新亮点。①

第一，会展观光农业。广州市举办了区域农产品和名优特产的商务会展活动，如荔枝龙眼产销交流订货会、花卉博览会等主题活动，开展了拍卖、购销、展销、承接加工贸易推介、商贸流通论坛和竞技比赛等系列活动，在农业会展中开发相应的旅游项目，实现都市农业产业经济效益增长和都市农业产业功能拓展。农业会展旅游模式强调产业带动效应，农业旅游景点通过与零售业、娱乐业等进行战略联盟，带动农产品加工销售，拉动地方农民就业，促进地区间的文化交流，提高区域知名度，创造可观的社会经济效益。广州芳村享负"千年花乡"的盛名，芳村花卉博览园为珠三角大型花鸟虫鱼的集散中心和贸易基地，同时也是全国都市农业旅游的示范点，吸引了大量都市居民前往观光、休闲和购物活动。

第二，节庆观光农业。以农业生产仪式、农业主题庆典和少数民族风情作为都市农业旅游的吸引物，带动农村地区的餐饮、住宿、土特产和旅游纪念品销售，在扩大农民就业、增加农民收入、促进地方经济增长、实现城乡文化交融等方面成效明显。农业节庆旅游模式广泛适用于我国各区域的都市农业旅游发展，广州从化依托地区特色农产品以及民俗文化优势，一年四季农业旅游节庆活动连续不断，包括李花节、红花荷节、油菜花节、禾雀花节、竹笋节、杨梅节、三华李节等。据统计，2009年1—8月从化大丘园、宝趣玫瑰世界等10家农业旅游企业共接待游客15万多人，吸纳农民就业达1325人，收入达939万元，同比增长33.6%。

第三，文化观光农业。以农业特色珍稀种植资源、农耕历史典故、诗词歌赋、农村民俗风情为切入点，营造文化体验氛围，对农业资源、古文献、古诗画等进行收集、整理、包装和宣传，打造农业文化旅游品牌。农业文化旅游模式表现为文化主题公园、历史纪念馆和文化展览活动等形式，农业文化特色明显的区域开发都市农业旅游时可采取此模式。广州萝

---

① 黄修杰等：《基于SWOT分析都市农业发展模式研究——以广州市为例》，载《中国农业资源与区划》2013年第6期，数据来源于2013年广州统计信息手册。

岗区的荔枝种植历史超过千年,迄今已多次成功举办了"萝岗香雪荔枝节",主题活动包括香雪荔枝摄影、香雪荔枝文化展、香雪荔枝风情街和香雪荔枝花艺展等。①

(二) 发展特色农业,打造高质农业品牌

广州市充分发挥当地生态、山水、人文等资源优势,把美丽乡村建设与大力发展生态特色农业相结合,推动加快经济发展方式转变和推进经济转型升级,进一步推动城乡和区域协调发展,通过打造品牌等手段有效促进村经济快速发展,增加群众收入,改善群众居住条件。特色农产品包括穗麻鸡、王鸽、奶牛、鳄鱼养殖、化龙观叶等。广州市南沙区横沥镇冯马三村开创渔业开发型特色发展模式,以渔业为主,通过渔业促进就业,增加农民收入。从化区依靠万花园区位优势和樱花基地的优势,打造自己的品牌,带动村周边第二、三产业的发展。花都区规划打造农业生态示范园,政府叫当地村民学习盆景种植技术,在房前屋后、村前村后,开发此种植技术,从行业发展来看,这不仅美化了乡村环境,也形成了产业链,打造了自身品牌,提高了村民收入。

(三) 发展有机农业,确保农业绿色环保

有机农业是指对资源循环利用、节能减排、增汇固碳等新型农业科技研发与应用,坚持无农药、无化肥的低碳发展宗旨,营造环保安全的农业旅游生态环境,最大限度地降低农业旅游活动所造成的环境污染和资源浪费,强调都市农业经济社会功能协同发展。有机农业包括农业科技园、博物馆、农业主题公园等具体形式,多见于在我国东部和珠江三角洲地区的大城市。广州华南植物园设有经济植物区、防污绿化植物区、园林树木区、自然保护区等科普教育展览,城市景观生态园则展示了植物栽种技术在城市生态园林景观、城市行道树与道路绿化景观、城市住宅小区植物景观、民俗与家居植物景观等城市生态环境中的运用。②

广州市区重视域化优势主导农产品生产基地培育和农业龙头企业对有

---

① 张蓓、刘民坤:《我国都市农业旅游演进轨迹与发展机制》,载《江苏农业科学》2013年第2期。

② 张蓓、刘民坤:《我国都市农业旅游演进轨迹与发展机制》,载《江苏农业科学》2013年第2期。

机农业产业化的带动作用,"公司+基地+农户"的产业化发展模式得到大力推广。广州2008年统计年鉴数据显示,市级以上农业龙头企业总资产达136.8亿元,实现销售收入152.5亿元;2008年完成农产品出口2.5亿美元,上缴税金2.4亿元。农业产业化社会效益显著。市级以上农业龙头企业带动农民45万户,带动农民增收8.7亿元,户均增收1933元。

三、加强农业循环经济技术研究开发

广州是珠三角的区域性核心城市,根据2012年广州市户籍人均耕地面积只有120.49 ㎡,还不到联合国粮农组织规定的人均533.4 ㎡警戒线的1/4,用地矛盾十分突出,这就要求广州市进一步完善农业循环经济技术支撑体系。循环经济是不同于传统经济的一种生态经济,它摆脱了传统经济以一种由"资源—产品—污染排放"单向流动的线性经济,而是要求运用生态学规律,将人类经济活动组织成为"资源—产品—再生资源"的反馈式流程,实现"低开采、高利用、低排放"。循环经济是一项系统工程,涵盖工业、农业和消费等各类社会活动。农产品加工后的废弃物多属于原来农产品的组成部分,仍然含有大量有机质,相对开发价值高,开发成本低,且开发技术容易掌握,其效益可能超过主产业。发展沼气产业,将人与畜禽粪便、农业废弃物通过微生物发酵产生沼气,可以生产出无公害绿色食品、无污染饲料、肥料、农药以及取之不尽的能源。运用再循环原则,另一重要表现就是要在经营生态环境上做文章,开发安全优质农产品,大力发展无公害农产品、绿色食品、有机食品。[①]

(一)多方募资,保障循环技术经济开发研究

第一,通过专项财政资金支持技术研发。广州市设立"市级美丽乡村试点财政专项资金",该专项资金主要由两项构成:一是市、区(县级市)两级财政原预算的涉农资金按30%切块出来,纳入市级美丽乡村试点财政专项资金,统筹使用;按照市级美丽乡村统一规划,统一制定项目计划,对口抓项目落实的原则,市、区(县级市)涉农部门负责指导用

---

① 谈锦钊、蔡进兵:《论广州新农村建设的六大关系》,载《南方农村》2008年第1期。

好对口的 30% 资金。二是市本级财政 2012 年新增 1 亿元，2013 年新增 3 亿元专项用于市级美丽乡村试点建设；各区（县级市）按照《关于完善市对区（县级市）财政管理体制的意见》（穗府函〔2010〕91 号）出资比例配置财政专项资金。（其中海珠区、荔湾区、白云区按照市区 5:5 比例，天河区、黄埔区、番禺区、花都区按照市区 4:6 比例，南沙区、萝岗区由区全额出资，从化市、增城市按照 8:2 和 6:4 比例）。

第二，积极引进社会资金。按照"谁投资、谁受益"的原则，动员和鼓励社会资本和产业资本投资美丽乡村建设村庄，参与生态农业、循环经济农业及产业化基地，参与农村集体闲置用房综合利用和村级标准厂房及商贸项目建设，实现优势互补、合作共赢。村集体和村民投资投劳。本着群众自愿、量力而行的原则，发挥镇（街）、村，尤其是发挥美丽乡村建设村民理事会的组织作用，积极引导和发动村集体和群众投劳投资，充分发挥村民在美丽乡村试点中的主体作用。

（二）重点推进，支持重大科技项目攻关

广州市注重整合科技力量，加强科技攻关，重点扶持和装备具有一定优势的科技创新主体，支持农业技术和农业标准的研究与推广，支持农业科研机构走科技经营一体化道路。广州市香蕉枯萎病抗病品种选育等 100 多项农业关键共性技术取得突破，培育"彩霞"红掌、"广源占 5 号"水稻等具有自主知识产权的新品种 85 个。普及先进适用农业技术，蔬菜安全生产、环保控释肥施用、果蔬减压保鲜等一批技术得到广泛应用，农业机械总动力达 207.3 万千瓦、农业劳动力人均达到 2.84 千瓦，温室面积达 0.4 万公顷，喷淋设施覆盖达 0.5 万公顷。实施新型农民培训和农业科技入户工程，培训有文化、懂技术、会经营的新型农民 2 万多名，培训农业技术骨干 6 万多名。2010 年广州市农业科技成果转化率、良种覆盖率、农业科技进步贡献率分别达 77%、95%、58%，比"十五"期末分别提高 7%、5% 和 6%。①

（三）标准化监管，注重循环经济质量保障

第一，建立市、区（县级市）、企业（基地）三级农产品质量安全监

---

① 《广州市农业和农村经济发展第十二个五年规划》，http://www.gzagri.gov.cn/zwgk/ghjh/fzgh/201211/t20121117_351689.html。

测体系。广州市完善农业标准化体系，制定（修订）农业地方标准和技术规范 140 多项，其农产品抽检合格率保持较高水平。

第二，建立市级以上农业标准化生产示范区 82 个，其中国家级 11 个、省级 13 个。截至 2010 年年底，广州市无公害认证农产品、有效使用绿色食品标志产品、有效使用有机食品标志产品分别达 350 个、73 个和 232 个，省名牌产品（农业类）达 79 个，数量居全省前列。

第三，加强保障，不断提高农业抗灾能力和综合生产能力。广州市"十一五"期间标准化改造农田 4 万公顷、鱼塘 0.67 万公顷，在耕地面积不断减少的情况下完成省下达广州市的粮食考评任务。蔬菜等主要"菜篮子"产品保持较高的自给水平，生猪、水产品产量比"十五"期末分别增长 8.7% 和 13.7%。农业资源和生态环境得到有效保护。实施种苗增殖放流措施和"沃土工程"，建成海洋与渔业自然保护区 3 个、国家级水产种质资源保护区 2 个，农药、化肥使用量比"十五"期末分别减少 35% 和 25%。2010 年广州市农业总产值、农业增加值、农产品出口额分别达到 322.1 亿元、188.6 亿元和 6.2 亿美元，比"十五"期末分别增长 12.0%、11.0% 和 15.9%，农业经济规模、土地产出率、主要鲜活农产品产量等指标居全省前列。[1]

第三节 有力推进村庄绿化美化建设

一、分类引导、科学规划村庄布局

推进村庄绿化美化建设，必须先行编制村庄布点规划，科学制定并严格执行村庄规划，实施分期分批村庄整理规划，发挥政府主导、部门协作，实现村容整洁，为新农村建设奠定良好基础。

---

[1] 《广州市农业和农村经济发展第十二个五年规划》，http://www.gzagri.gov.cn/zwgk/ghjh/fzgh/201211/t20121117_351689.html。

（一）制度设计，确立目标

1. 制定《广州市村庄规划编制指引（2013—2020）》，三规合一。为贯彻"123 功能区规划"，加快新型城市化进程，实现"美丽乡村"建设目标，建设广州人民幸福生活的美好家园，落实《广州市村庄规划编制实施工作方案》，扎实推进村庄规划落地实施的重要部署，依据《村庄和集镇规划建设管理条例》（1993）、《村镇规划编制办法》（2000）、《村镇规划标准》（GB 50188—93）、《广东省村庄整治规划编制指引（试行）》（2006）等法律、法规和标准，结合广州市实际，制定《广州市村庄规划编制指引（2013—2020）》，实现经济社会发展规划、土地利用总体规划、村庄规划"三规合一"，指导广州市开展村庄布点规划和村庄规划。

2. 确立指导思想，保证规划方向不偏差。第一，以人为本，尊重广大农民发展意愿。广州市通过问卷调查和深入访谈等多种形式，注重村民的参与性，充分了解村民的发展诉求，切实解决农村发展过程中社会民生等问题，持续增加农民经济收入，改善农民的生活水平，建设"美丽乡村"。第二，分类指引，科学对待村庄发展差异。充分认识广州地区农村的发展特征和差异性，对村庄进行合理分类，并提出差异化的规划编制和实施政策指引，分类分阶段实现广州市行政村城乡规划全覆盖，科学指导村庄规划建设，有序推进城市化。第三，节约用地，贯彻落实多规协同发展。在经济和社会发展规划、城乡规划和土地利用总体规划的指导下，在各区（县级市）建设用地总量控制的前提下，统筹协调村域内城乡规划和村庄土地利用总体规划，实现"多规协同"。盘活村域内土地存量，加强低效、闲置土地的整理，试点空心村改造与土地复垦、置换等存量土地利用方式，破解村庄规划"落地难"的问题。第四，岭南特色，坚持绿色低碳发展理念。结合广州农村地区生态环境、生产和生活方式特点，坚持绿色建筑、绿色交通、绿色公共服务设施等方面的技术应用与创新。从生态环境、历史文化、产业特色、乡土风俗等多个方面充分挖掘和展现村庄特色，打造类型丰富的特色乡村。

3. 明确总体目标，确保实践成效。第一，调动"多方力量、生态发展"，破解规划落地难问题。充分发挥广州市与村庄规划相关的各部门力量，充分调动市、区（县级市）、镇（街）、村的积极性，共同协商解决村庄规划"落地难"的问题。第二，重视"三农问题，城乡一体"，促进农村可持续发展。通过村庄规划的编制与实施，推进农业现代化进程，建设社会主义新农村，培育有文化、有技能的新农民，创新农村社会管理模式，调动广大村民的积极性，促进农村持续健康发展，让农民共享现代化成果，实现城乡一体化发展。第三，建设"美丽乡村、田园都市"，加快新型城市化进程。通过新一轮村庄规划编制与实施，促进广州市乡村地区的经济发展与特色构建，改变城乡二元结构，实现建设现代化"美丽乡村"目标，加快广州市新型城市化进程。

（二）因地制宜，分类指引

1. 区分村庄类型，确立发展方向。对广州市保留行政建制的村庄，分为以下四类：城中村，即被城镇完全包围，生产和生活方式基本城镇化的地区；城边村，即位于城镇现状建成区以外，规划发展区内，生产和生活方式半城镇化的地区，包括城区允许建设区与城市增长边界之间的村庄；远郊村，即位于城镇外围，规划发展区以外，生产和生活方式尚未城镇化的地区。以上三类村庄可具体划分为生态农业发展型、乡村旅游发展型、特色产业发展型、历史文化保护型等。第四种是搬迁村，即位于生态环境敏感区、安全隐患地区、重大项目发展影响区等需要搬迁的村庄。搬迁村会变成城中村、城边村或远郊村，依据不同类型做相关发展规划。

2. 分类指引村庄规划编制。第一，城中村科学规划编制。已编制完成城中村改造规划方案的不再编制，如需编制，则以村民自愿为原则，根据村庄改造条件成熟程度，编制城中村改造规划或城中村整治规划，完成后应修编控制性详细规划或编制控制性详细规划调整论证报告，按法定程序报批。城中村改造规划，按照《广州市"三旧"改造规划纲要》《"三旧"项目改造方案报批管理规定》《广州市城中村改造规划指引（试行）》等技术规定进行编制。城中村整治规划，参照《广州市城市规划管理技术标准与准则——城乡规划篇》，按该技术标准与准则中的环境整治规划要求进行编制。第二，城边村科学规划编制。除开参照城中村改造外，城边村整治规划按照《广东省村庄整治规划编制指引（试行）》，结合《广东省创建幸福村居提升宜居水平工作方案》相关规定进行编制，并划定村庄发展范围，统筹资金和项目的安排。对于条件成熟、发展方向明确的村庄地区可编制控制性详细规划优化方案，将其纳入城市规划管理范围，鼓励其未来向城市社区转变，对有需要的村庄，落实历史文化保护的相关要求。编制控制性详细规划优化方案，应当以《广州市城市总体规划（2011—2020）》、区（县级市）总体规划、镇（街）村庄布点规划、上层次土地利用总体规划及其他相关规划为依据，按照《城市规划编制办法》《广州市控制性详细规划技术规定》进行编制。重点考虑村庄经济发展、农村社区的空间组织特征，城乡一体绿化建设的绿地布局和景观特色、划定村庄发展范围、协调与城市建设用地的关系，预留村民的发展备用地、加强村庄路网、公共设施、绿化建设与城市的无缝衔接。第三，远郊村科学规划编制。远郊村规划的编制重点是推进农业现代化发展，提高村民经济收入水平，强化乡村地域发展特色，促进乡村地区的可持续发展，实现"美丽乡村"建设目标。村庄规划在原有村庄规划的基础上，重点强化现状调查、经济发展研究、功能分区、近期建设规划、实施措施与保障等内容，突出村庄的经济发展、建设用地指标的协调、岭南特色的塑造、规划的实施保障，保证新一轮村庄规划的落地。第四，搬迁村科学规划编制。搬迁村原则上不再编制村庄规划，以严格控制村庄用地增长为主。对于近期搬迁的搬迁村，在布点规划中编制其拆迁安置方案，在条件成熟时进行搬迁安置。对于存在安全隐患的村庄，进行排除安全隐患的规划。

（三）注重成效，标准验收

1. 确立村庄布局规划成果总体要求。村庄布点规划成果应必须包括但不限于"一书一表七图"，包括村庄布点规划说明书、村庄建设用地指标年度下达计划表、村庄分类图、村庄布点规划图、村庄职能结构体系规划图、村庄住宅用地规划图、村庄经济发展用地规划图、村庄配套设施统筹共享布局图、绿化景观布局图。此外，可根据实际情况，增加村庄行政区划图、农村居民点现状图、生态限建要素分析图、村庄布点与土地利用关系示意图、历史文化保护规划示意图、近期重点建设村庄示意图等图纸内容，及典型村庄调研报告、基础资料汇编、产业发展研究报告等文件。

2. 不同村庄，制定不同成果评估标准。城中村规划成果增加"近期建设与整治项目和估算一览表"（项目库）、"村民参与报告""近期建设与整治项目和估算一览表"(项目库)、"村民参与报告";城边村规划成果增加"近期建设与整治项目和估算一览表"(项目库)、"村民参与报告""村民参与报告"、村庄发展范围图、村民发展备用地选址示意图;远郊村规划成果包括"两书一表五图一图解",具体包括规划说明书和公众参与报告书、资金项目统筹一览表、土地利用现状图、功能分区图、土地利用规划图、村庄规划总平面图、近期建设规划图和"一图解"指规划图解;搬迁村规划成果要求对存在生态安全隐患的村庄,编制消除安全隐患的规划,按照该规划的技术要求提交成果。

二、综合整治村庄环境清拆乱搭乱建

村庄整理是指通过规划,逐步对布局散乱的农村村庄进行集中归并,并对村庄内部的布局进行调整,使各种建筑物布局规范整齐,使村庄内部的空闲地得到充分利用,以此来减少农村居民点的用地规模。村庄整理能促进农业剩余劳动力和闲置土地更合理流动,是将城乡经济社会一体化发展与经济结构调整和工业化、城镇化、农业现代化紧密结合在一起的重要手段。以村庄整理促进城乡经济社会一体化发展,关键是要抓住农村剩余劳动力向城市转移这一着力点。一方面,通过将整理节约出的土地和劳动力配置到城市生产部门,扩大其生产规模,从而提高对农业剩余劳动力的吸纳能力,增加转移就业农民的实际工资收入;另一方面,通过村庄整理实现农业产业化经营,提高农业劳动生产率,在增加农民收入的同时,进一步释放出劳动力。两方面作用使农村的土地和劳动力走向市场化,城乡收入差距逐步缩小,城乡一体化发展得以实现。①

(一)科学谋划,各区分类推进美丽乡村环境整理

第一,落实规划。既规划居住点,又设计建筑图。对现有民居改造和新建民居,结合地方特点和民族特色,设计标准样房供农民选择,统一式样,统一风格,突出特色。在村庄居住点布局和民居设计上,凸显乡村特色,防止"被城镇化",切忌不城不乡、不土不洋、不伦不类。坚持把

---

① 杨志勇:《村庄整理促进城镇化进程》载《农村工作通讯》2011年第11期。

"先规划后建设""不规划不建设"贯穿于村镇庄建设的全过程，切实维护规划的严肃性、连续性和权威性，对不符合规划的建房一律不批准，对违反规划的建房该拆除的坚决予以拆除，坚决杜绝不按规划建设的现象发生。凡是村庄布点规划确定迁建合并的村，要限制其发展，只对现有设施进行必要的维护，不再投入新的基础设施建设；凡是完成规划编制的村庄，不在规划区外批地建房；凡是未完成规划编制而农民建房积极性高的村庄，作为规划编制主体的村庄所在乡镇人民政府应抓紧委托有资质单位编制村庄建设规划。同时，严格落实"一户一宅"制度，村民在原有宅基地之外申请建房，必须坚决拆除老宅基地，旧宅地由村集体收回。收回旧宅基地，可垦复为耕地，也可规划为公共基础设施建设、绿化、新村建设用地。

第二，分类推进。广州市将美丽乡村分成五大类：乡土生态型、都市农业型、村庄整理型、古村落保护开发型、转制社区环境优化型。其中，白云区太和镇的白山村原生态保护良好，属于乡土生态型；花都区梯面镇的红山村，依托王子山，原生态保护良好，属于乡土生态型；番禺区南村镇的坑头村，开发鱼塘、种植园区、水果采摘休闲区等都市农业，属于都市农业型；南沙区南沙街的金洲村，处于焦门河直流，临近南沙区政府，外来人口多，属于转制社区环境优化型；萝岗区永和街的禾丰社区，是结合征地拆迁、撤村并点，建设全新农民新居，属于村庄整理型；从化城郊街的西河村，处于万花园腹地，属于都市农业型；增城中新镇的霞迳村，结合旧村、空心村改造，属于村庄整理型；天河区珠吉街的珠村社区，属于转制社区环境优化型；海珠区琶洲街的黄埔村，属于古村落保护开发型，小洲村属于都市农业型；荔湾区石围塘街的山村村，属于转制社区环境优化型；黄埔区长洲街的深井村，属于转制社区环境优化型。

（二）实施分期分批规划，有序推进村庄整理

推进村庄整理应严格执行村庄规划。在规划执行过程中，要按照"统一规划、量力而行、分步建设、配套完善"的原则，始终推进村庄整理应实施分期分批规划。村庄整理应首先根据村庄规模大小及长期发展趋势，由县级及以上人民政府确定分期分批整理的村庄试点，先期启动整理工作，发挥典型示范作用，带动面上村庄整理工作全面铺开。在试点选择

上，一是群众基础好，条件比较成熟的村庄；二是村领导班子有一定战斗力；三是村有一定产业支撑优先考虑。村庄选点宜以中型村、大型村及特大型村为主，不宜选择布点规划中迁并的村庄。具体到一个村庄的整理应制定完善的村庄整理专项规划，根据村庄经济情况，结合村民生产生活需要，按照轻重缓急程度，合理选择具体整理项目，分步骤、分阶段推进。村庄整理专项规划可推行"三个结合"，一是村庄整理与拆旧建新相结合。农民新房规划建设错落有致，村庄内停车场、公园、绿地、公厕以及柑橘交易场地、仓库等公共设施一应俱全，挡土墙、道路、生活用水管网、污水处理等基础设施基本完成。二是村庄整理与重点工程、造福搬迁工程相结合。近几年，国家加大基础设施建设力度，铁路、高速公路、工业园区、电站等重点工程项目实施，需拆迁大量农房，当地政府应紧紧抓住农民拆迁安置以及造福工程整体搬迁的机遇，很好地把村庄整理与重点项目建设结合起来。三是村庄整理与的村容村貌整治相结合，即与村庄基础设施的"七化"工程、公共服务的"五个一"工程、"五网"升级建设工程（即农村路网、水网、信息服务网、环境卫生网和电网）相结合。①

广州市美丽乡村的前期准备工作2012年2月已启动，有的区在2—5月也已经启动了美丽乡村建设工作。如增城于2012年2月已全面启动，把辖区内所有村庄分成三大类：城市建成区的"城中村"、城市发展区的村庄和生态发展区的广大农村，并进行分类建设和提升，确定以霞迳村为代表的第一批10个试点村，其中霞迳村已完成旧村425间约14500平方米泥砖房屋的拆除，11栋房屋外立面整饰、完成项目整体规划，完成投资740万元，其他9个村共完成投资5573万元，成效特别显著，创造了美丽乡村增城模式。花都区从职能部门抽调8位工作人员组成美丽乡村办，对区内7镇1街188条行政村全面开展美丽乡村建设，并由22个区直部门组成十个督导组，每月进行督查评分排名，开展环境卫生整治大行动，区内乡村环境已逐步改善，也创造了花都模式。黄埔已对建设项目进行设计招标，番禺、从化、南沙起步均较早，工作扎实推进，部分工作已

---

① 李建平：《规划先行，推进村庄整理的思考》，载《福建建设科技》2010年第3期。

初成效。

（三）全面开展村容村貌综合整治

第一，规范农村村民住宅建设。由广州市市建委牵头，市规划局、国土房管局配合，制定《广州市农村村民住宅规划建设工作指引（试行）》及相关配套文件，并发布《广州市美丽乡村民居图集》。针对农民报建渠道不畅和目前政策缺乏对农民建房的有效统筹等问题，按照"一本通"原则，本着便民、利民、切实解决农民实际问题的角度出发，理顺宅基地建房的报建程序，提出"出台一个指引，搭建一个平台，指定一个牵头部门，设置一个政务窗口"，对农村村民住宅建设事务实行"集中式管理"，统一收案，集中分案，并联审批，跟踪督办，统一监管，实现农民住宅报建"一个口进，一个口出"。

第二，清理农村"无证"建设和闲置房屋问题。加大对农村违法建设的清理力度，集中力量摸清农村违法建设底数对符合"两规"及"一户一宅"等政策规定的村民住宅，依法处罚后补办规划、用地、验收手续，办理土地及房地产登记；对符合"两规"但存在"一户多宅"现象的村民住宅，探索建立农村宅基地有偿转让的处理机制，依法处理并完善有偿转让手续后，办理土地及房地产登记。农村存在着大量废弃闲置房和空心房，这些房子大都破烂不堪，既占用土地资源，又有碍观瞻，需要运用法律、行政手段综合整治。严禁"一户多宅"，可以通过给予合理的经济补偿，动员农民拆除违章建筑和废弃不用房。

第三，鼓励推进村庄整理，促进村民住宅进社区。科学谋划村庄整治的长远规划，推进"农民住宅社区化"，充分利用国家"城乡建设用地增减挂钩"政策，积极筹措金融资本和社会资金，盘活农村地区的泥砖房、危破房和空心村的土地资源，引导农村住宅建设节约集约用地，自然村向中心村、集镇集聚，鼓励统一建设多层公寓式住宅，进一步解决符合分户条件的村民的住宅问题。

第四，搞好危房、泥砖房和风貌改造。把改造的重点放在老少边穷地区，优先完成存量特困农民危房改造任务，确保农民住房安全。对农村中孤寡、残疾、"五保"农户的住房改造，可以和敬老院建设相结合，采取集中居住、统一安置的办法，有效配置公共资源。实施农村民居风貌改造工程，对农房的屋面、墙面、门窗进行全面改造，使之整洁美观、富有民族区域特色和岭南建筑特色。增城于2012年已完成2926户泥砖房改造，拆除违法建设393宗、面积176243.81平方米，关闭"散小乱"养猪场190间，拆除"散小乱"养猪场982间，面积315802平方米。

三、尽快建立农村垃圾综合管理机制

生产生活垃圾和生活污水已成一大公害，严重危及人们的身体健康。治理农村卫生环境，是建设美丽乡村的首要任务。建立清洁卫生、绿化管理、污水治理、村庄其他基础设施和公共服务设施的管理维护长效机制，落实专人负责清洁卫生和专项财政补贴，做到公共设施管理维护全覆盖，并有效运转。

（一）建立日常运行体系机制

第一，建立设施体系建设和运行管理体系建设。设施体系建设坚持"村收集、镇转运、县处理"的模式，按照"一户一桶存放、一村一站收集、一镇一车或两车转运、一县一场或多场处理"的要求，建设配备生活垃圾填埋场、收集站、转运车和封闭式垃圾桶。村级一桶收集，各村根据人数配置垃圾保洁员，按照便民、环保的要求每户设置一个垃圾桶；农户将生活垃圾进行初步分类、袋装存放，保洁员负责每天按时收集各家各户的生活垃圾，进行二级分类，将不能回收利用的统一存放到村垃圾池。镇级集中清运，各乡镇建设农村垃圾中转站，通过公开招投标选出专业垃圾清运公司，负责将各村定点封存的生活垃圾统一清运到中转站，然后再集中运送到指定的市、区垃圾处理厂，原则上1000人以上的村和小城镇驻地的垃圾日产日清、1000人以下的村两天一清、300人以下及偏远的村三天一清，确保农村垃圾不积压。在人口较少、垃圾产量少的乡镇，可几个连片乡镇集中建设一座生活垃圾转运站，实现"一镇一站"县级一场或多场处理，在提高市垃圾处理厂消化能力的同时，修建大型无害化垃圾处理厂，在偏远乡镇统一规划建设小型垃圾处理场，对从各乡镇运来的垃圾进行集中处理，避免垃圾搬家和二次污染发生。2013年广州市建成污水处理厂36座，城市（十区）污水处理厂日处理能力达到424.68万立方米,增长2.7%;城镇生活垃圾无害化处理率为91.23%,提高0.21个百分点。①

第二,建立运行管理体系建设。要建立落实农村生活垃圾处置的机构、人员、经费,垃圾收集、转运、处置的流程规范,日常的监督检查和工作考评、奖惩等机制。根据当地实际,按照"能卖拿去卖,有害单独放,干湿要分开"的要求,实现垃圾减量,适当按照"厨余垃圾专袋投放""垃圾不落地"或"垃圾费按袋计量收费"模式,推行垃圾分类投放。

(二)建立政府、社会和村民共管机制

第一,政府主导农村垃圾综合管理。农村垃圾综合管理在具体实施过程中,应充分发挥政府主导作用,通过美丽乡村建设领导小组整合建设、农办、土地、水利、交通、电力等相关部门,根据各自部门特点,分工协作,统一指导,确保垃圾处理稳步推进。

第二,创新农村垃圾处理机制,引进社会资本,实行市场化运作。将城市环卫机制引入农村,加强村庄卫生保洁。建立农村环境卫生长效管护机制,落实好人员、制度、职责、经费、装备,探索建立政府补助、村集体和群众为主的管护机制,使农村人居卫生环境治理常态化。

第三,发挥村民的主体作用。在各区(县级市)政府的统筹指导下,在村党支部、村委会的领导下,村民成立村民理事会,制定村规民约,建立"民主协商、自主建设、自主管理、自我完善"的民主管理机制,充分调动村民主动性、积极性和创造性,自我管理农村垃圾处理工作。

(三)建立多元化投入和帮扶机制

第一,形成"政府主导、市场运作、多元投入"投资机制。农村垃圾集中处理涉及设施建设、设备购置、垃圾清运、保洁员工资等多项经济支出,如果不能建立长效投入机制,农村垃圾集中处理将会成为短期行为。市、区(县级市)、镇(街)要加大农村垃圾处理的投入力度,确保农村垃圾处理支出有预算,资金有落实。同时,采取市场手段、社会动员、村民发动等方式,多渠道筹集资金。由广州市财政局牵头,区(县

---

① 广州市统计局、国家统计局广州调查队:《2013年广州市国民经济和社会发展统计公报》,http://www.gzstats.gov.cn/tjgb/qstjgb/201403/P020140320386443594433.doc,2014年3月19日。

级市）政府和相关部门配合，摸清各试点村的财力状况，制定市、区（县级市）、镇（街）财政的补贴额度和管理办法，理顺卫生保洁、绿化养护、污水治理等方面的长效管理机制。借鉴杭州市按农村户籍人数各级财政每年补贴60元/人建立长效保洁机制的做法，市本级财政、区（县级市）财政、镇（街）财政分别按农村户籍人数每人每年补贴30元、20元、10元用于卫生保洁、绿化养护、污水治理等方面的管理。

第二，互助帮扶共建乡村垃圾处理。一是结对创美。推广"结对扶贫"和"扶贫双到"的成功经验，广州市91个市直部门、事业单位和31个市属国有企业"结对创美"帮扶11个区（县级市）122个村（或社区），实施美丽乡村建设"规划到村、责任到人"工作，各区（县级市）对本辖区美丽乡村创建点也指定不少于1个单位对口援建，并分市、区（县级市）、镇（街）三级创建点，建立帮扶目标考核机制。二是领导挂点。在市美丽乡村和幸福社区工作领导小组的统筹部署下，11位市委常委分别挂点一个区（县级市），指导、督促各区（县级市）从贯彻落实市委市政府的新型城市化战略的高度，创造性地扎实推进美丽乡村建设试点工作，做好农村垃圾处理。三是对口建设。对美丽乡村试点村建设项目按主管部门归口分类，建立项目库和资金计划，由相应的主管部门负责跟踪指导并投资建设，主要有公共基础设施和服务设施、教育和文体、医疗和卫生、水利和污水处理、公园和绿道建设、农村危破房和农田标准化改造等项目，所需资金分年度纳入相应部门的部门预算中安排。

（四）建立常态化监管机制

第一，实行责任包干制度。要按照"领导包片，干部联村，网格式管理"的方式，严格实行责任包干制度，将责任落实到镇村、到单位、到家庭、到个人。

第二，建立网络化内部督导机制。首先，搭建工作网络、电子网络、信息网络等沟通平台，印发电话簿、建立QQ群、设立督办专员制度，第一时间将美丽乡村中垃圾处理的最新要求和问题向涉及的11个区（县级市）、所有镇（街）、122个试点村以及122家市属单位发布；其次，建立工作简报制度，每月将各单位的垃圾处理进展情况编印成《广州市美丽乡村工作简报》；最后，建立督办制度，设立督办专员，每个区（县级市)、每个市级创建点设立一名督办专员,每月将市领导的重大决策事项落实情况编印成《督办简报》。

第三,建立村级评比监督制度。村级自治组织通过制定村规民约,调动农民清洁家园的积极性,推行农村厨余垃圾生化处理措施和垃圾分类工作,清理藏污纳垢场所和卫生死角、治理坑塘沟渠,消除蚊蝇"四害"滋生地,建立评比监督制度,建立红、黑榜公示制度,设定奖惩标准。

四、塑造"山、水、村、田、河"岭南形态

广州作为岭南文化中心地、古代海上丝绸之路发祥地、近现代民主革命策源地、改革开放前沿地的文化内涵,集中力量建设一批具有国际影响力的农村文化地标。广州市农村依托"山、水、村、田、河"自然环境特色和独特空间布局,坚持保护传承与创新发展相结合,打造传统与现代结合、自然与人文交融的城市文化景观体系,整合文化资源,彰显城市精神和岭南特色。①

(一) 保护岭南乡村独特文化形态

岭南文化指五岭以南广东、广西和海南一带"岭南地区"的独特地域文化。今岭南文化专指南粤文化,尤其以广东突出。岭南文化独特性的形成和其地理位置有着直接关系。岭南文化的"水文化""蓝色文明"等,与中原"黄色文明""农业文明"比较,具有自身鲜明的特色。②

第一,保护好历史文化村落。古村落是我国传统的宗族文化、农耕文化、建筑文化、山水文化、人居文化和民俗文化的历史标本,承载着厚重的历史文化积淀,是中华民族的历史记忆和文化标志,是不可再生的文化遗产。我们应本着对历史负责的态度,切实保护好农村现存的故居、宗祠、书院、戏台、庙塔等古建筑遗存,让这些历史脉搏永续跳动。黄埔村的黄埔古港在南宋时已是"海舶所集之地",见证了广州"海上丝绸之路"的繁荣。小洲村是迄今为止广州市区内少数保留有岭南水乡特色的

---

① 《中共广州市委广州市人民政府关于全面推进新型城市化发展的决定》,载《广州日报》2012年10月19日。http://news.ifeng.com/gundong/detail_2012_10/19/18380953_0.shtml。

② 马长沙:《岭南文化对广东产业结构升级的影响分析》,载《特区经济》2014年第3期。

古村落，也是广州市首批历史文化保护区之一，近年来随着艺术家的进驻逐步成了广州市的文化创意产业基地。两个村落都以其古朴的建筑、深厚的历史文化以及岭南水乡的生活环境吸引了众多市民去观光休闲。

第二，传承好优秀传统文化。既保护好有形的物质文化遗产，又保护好无形的非物质文化遗产。挖掘整理农村丰富的历史传统文化、自然生态文化和民俗风情文化，加强对民间音乐、舞蹈、戏剧、美术、手艺、民俗等各种无形文化的传承与弘扬。广州作为"四地"文化发源地，相当部分资源分布在农村，如从化区、番禺区、增城区、花都区及荔湾区的芳村、海珠区、白云区等地都有较多文化资源。对于这些传统文化资源，首先是要做好文物、文化遗产的普查，对原住民的族谱、宗祠、民俗节庆、传统民间工艺、家族历史文物等一一做好收集或现状保护，对古代及近现代的文化人物史迹、古村落、非物质文化等文化遗产，以及散落的民间文化资源等进行整理。同时，弘扬"四地"文化，以文化振兴农村、以文化带动经济发展、以文化传承文明、以文化丰富生活。注重发展农村文化旅游业，对农村旅游资源进行整合、包装，推出精品旅游线路，开设农村特色一日游、"山川溯源、姓氏寻根、历史回顾"等旅游专线等。

第三，利用好历史文化资源。结合旅游开发，把历史文化资源用好用活，让资源优势变成经济优势。

(二) 协调岭南独特自然形态

广州市美丽乡村着眼于保持乡村田园风光、山水景色，实现山水田林路综合治理，加强对山体、水源、森林、田园、湖泊等自然景观的保护，完善乡村功能，展现田园风光，在充分尊重历史风貌和自然景观特征的基础上，实现宜工则工、宜农则农、宜游则游、宜居则居。尤其加大对水环境的保护，开展农村河道综合治理，建设生态清洁型小流域；整治山塘水库，清淤除险，扩充库容，洁净水质。严禁在池塘、湖泊和水库中投肥养殖，清除水面漂浮垃圾，确保水清塘净。

中国珠江三角洲等地区基塘农业的"林—寨—田"生态系统，是利用当地优越的水、土、气等自然资源创造的一种良性的生态农业生产方式。其原理是利用陆基和水面，因地制宜地选择适宜的种植业和养殖业项目，使之形成相互衔接、良性循环的几个生态链条，使系统内部的物质和能量得以传输，从而成为一种良性生态系统。它既是一种高效的人工农业生态系统，又提供了良好的作为乡村休闲旅游资源的自然环境。要维持乡村休闲旅游市场的持久性，就必须注意并保持乡村生态系统的持久性。而乡村休闲旅游把发展生产、保护自然环境和培植资源结合起来，它的生产要素就是人与自然和谐发展的乡村环境，遵循的是人与自然和谐共存、可持续发展的准则，从而又维护了农村良好的生态环境。① 梯面镇红山村是广州市美丽乡村建设试点村，突出打造红山村客家文化，全方位彰显"红山"特色；花山镇结合四个试点村的特色，分别以"和谐小布""文化洛场""绿色东方""山水狮岭"为主题推进美丽乡村试点和重要村落的建设；赤坭镇凸显瑞岭村的园林盆栽特色；炭步镇以生态旅游休闲观光示范概念打造三个试点村；等等。

（三）增加现代元素创新岭南形态

广州市在村庄公共基础设施上着重做好"七化工程"，即道路通达无阻化、农村路灯亮化、供水普及化、生活排污无害化、垃圾处理规范化、卫生死角整洁化、通讯影视"光网"化，在村庄公共服务设施着重做好"五个一"工程，即一个不少于 300 平方米公共服务站，一个不少于 200 平方米的文化站，一个户外休闲文体活动广场，一个不少于 10 平方米宣传报刊橱窗，一批合理分布的无害化公厕，构建"20 分钟服务圈"。在生态环保上采用高科技治山治水，运用自然协调方式建房围栏，对山体护坡和河道、水塘护岸，应采用生态环保技术，保持与自然的协调一致。

广州市通过美丽乡村建设，结合花城绿城水城建设，2013 年广州市平均灰霾天气日数 51 天，比上年减少 20 天；全年日照时数 1636.8 小时，比正常年份偏少 39.3 小时；全年完成荒山荒（沙）地造林、更新造林、有林地造林面积 3439.33 公顷，低产低效林改造面积 408 公顷。目前，广州市森林覆盖率达到 42%，已建成 2463 公里绿道。②

---

① 刁宗广：《中国乡村休闲旅游的兴起、发展和建设刍议》，载《中国农村经济》2006 年第 11 期。

② 广州市统计局、国家统计局广州调查队：《2013 年广州市国民经济和社会发展统计公报》，http://www.gzstats.gov.cn/tjgb/qstjgb/201403/P020140320386443594433.doc，2014 年 3 月 19 日。

第七章 内在之美：广州美丽乡村的"软件"升级

绿色梦想，不只是国家的、政府的，更是每个人的。习近平总书记强调，"走向生态文明新时代，建设美丽中国，是实现中华民族伟大复兴的中国梦的重要内容"。当前，生态文明建设有了顶层设计和总体部署，构筑了社会主义建设总体布局中的"绿色谱系"；经济社会发展的资源环境瓶颈亟待突破，人民群众对良好生态环境的需求与日俱增，成为转型升级的"绿色动力"。[①] 具体到广州的美丽乡村建设，对生态文明建设的"软件"升级，正是实现绿色转型最深厚的土壤。

第一节 推进生态乡村文化建设

今日中国，围绕保护生态环境、建设生态文明，共识度正在提升，公约数正在形成。日前，中共中央、国务院公布《关于加快推进生态文明建设的意见》，正是要让广泛的"生态共识"转化为积极的"生态行动"。

---

① 本报评论员：《凝聚中国社会的"生态共识"——三论深入推进生态文明建设》，载《人民日报》2015年5月8日。

一、全面深化广州农村综合体制改革

党的第十八届三中全会做出了全面深化改革的战略部署,将"健全城乡发展一体化体制机制"作为深化农村改革的主要内容;习近平总书记在中央农村工作会议上深刻阐述了农村改革发展的若干重大问题,提出了一系列重大战略思想、战略方针和战略要求。下阶段农村改革作为"三农"工作的重中之重,是改革发展"稳"的基础、"进"的支撑、"好"的标志。广州市作为都市型省会,如何进一步深化农村改革,切实"行统筹兼顾之策、聚改革创新之力、谋转型提质之变、创民生福祉之优",努力走出一条广州特色的统筹城乡发展新路子,对于促进美丽乡村建设至关重要。

(一)推进农业现代化,保障主要农产品供给能力

广州耕地面积只占全省的3%左右,常住人口比例却占全省的12%以上,人均耕地面积不到0.3亩,① 如此紧张的人地矛盾,决定了要在任何时候任何条件下,都要高度重视农业,坚持都市型现代农业定位,提高农业综合生产能力,加快农业现代化进程。

1. **严守耕地红线**。随着广州外来人口不断增加、城镇化加快推进和人民生活水平的提高,粮食需求量呈刚性增长态势,粮食生产保供责任重大。一是保粮田。通过土地综合整治和高标准农田建设工程等,把粮食播种面积稳定住,把粮田控制住。二是保产量。通过运用科技成果、加强农业综合开发、开展耕地质量建设,建设更多旱涝保收高标准粮田,增加单产,稳步提高农业综合生产能力。三是保效益。通过提高土地规模经营水平和农业生产组织化程度,为现代农业发展创造条件,提高农业比较效益。进一步落实好各项惠农富农政策,充分利用水稻生产的生态补偿作用,加大转移支付力度,实现农民增收与粮食增产同步。

2. **力保饭碗安全**。广州作为一线城市和人口大市,主要农产品有效

---

① 广州市统计局、国家统计局广州调查队:《2013年广州市国民经济和社会发展统计公报》,http://www.gzstats.gov.cn/tjgb/qstjgb/201403/P020140320386443594433.doc,2014年3月19日。

供给事关全市发展大计、社会稳定。目前，全市粮食自给率不足10%，猪肉在35%左右，只有蔬菜可以实现完全自给。建立稳定的供应渠道、加强日常储备，对保证全市近1300万常住居民，特别是800多万户籍人口日常生活供应非常重要。应充分发挥广州区域中心城市的作用，借助珠三角都市圈，加强城市间的交流与合作，保证主要农产品供应渠道畅通，强化特殊情况下的协调联动机制，确保主要农产品市场供应充足。进一步提升安全优质农产品生产水平，建立更为严格的农产品安全监管责任制和可追溯制度，加快构建农产品从种植养殖环节到进入批发、零售市场和生产加工企业的质量安全监管机制，把住生产、加工、流通、销售等重要关口，形成覆盖从田间到餐桌全过程管理体系，用最严谨标准、最严格监督、最严厉处罚、最严肃问责，确保群众"舌尖上的安全"。

3. 发展高端农业。围绕新兴产业方向，大力发展生物农业，重点增强生物农业园区产业承接能力，大力扶持生物种业、生物制品、生物食品、生物质能源等产业项目，培育、引进一批生物农业先锋企业，鼓励、推进一批生物农业企业上市。要围绕提高综合效益，大力发展高效设施农业，推行园区化建设、公司化运作、合作化生产，不断提升设施农业的规模化、标准化、产业化水平。大力发展农业现代装备，积极推广高效设施农业机械，加快信息技术在设施农业中的应用，提高设施农业的农机化、信息化水平。

（二）坚持问题导向，全面深化农村改革

围绕制约郊区农村发展的深层次问题，把握好时机、节奏和力度，大胆探索，切实以农村改革发展的新突破带动全局改革、推进全面发展。

1. 加快构建新型农业经营体系。这些年来，随着工业化、城镇化快速推进，农村劳动力持续向外转移，农业发展面临新的挑战，出现了三个大趋势：农忙季节缺人手的问题越来越突出，务农劳动力老龄化、妇女化越来越明显，农业兼业化副业化越来越普遍。如果不加快培育新型农业经营主体，鼓励和支持青壮年农民、大学生在现代农业领域创业就业，农业生产就难以持续稳定发展，农业现代化也就要变成空谈。应坚持家庭经营的基本地位，培育新型农业经营主体，发展家庭经营、集体经营、企业经营，在农业补贴、贷款、配套设施用地上给予支持，构建现代农业经营体系，解决好"谁来务农"问题。要不断探索农村集体土地所有制有效实现形式，落实集体所有权、稳定农户承包权、放活土地经营权，推进农业生产主体多元化、经营方式多样化；要加快农业科技创新，大力实施重大科技攻关，力争形成更多具有自主知识产权的农业新品质和新技术；要加强农业机制推广，探索政府购买农技推广服务的竞争机制，增强农业生产的科技支撑和服务，解决好"怎么务农"问题。

2. 推进农村产权制度改革。改革农村产权制度，赋予农民更多财产权利，是新一轮农村综合改革的突破口。应积极推进全市农村土地承包经营权、农民住房、农村集体资产三个方面的确定登记发证工作。在认真总结高淳区东坝镇红松村试点经验的基础上，明确确权登记标准，规范登记操作办法。应结合镇村实际，因地制宜，既可以确权确地，也可以确权确股不确地。将农村集体资产确权登记与推进农村社区股份合作制改革紧密结合起来，把集体资产折股量化固化到户到人。对尚未实行股份合作改革的，要明确集体经营收入的一定比例用于农民特别是低收入农户分配；对已进行资产股份合作社的，要积极探索实行政社分离，鼓励合作社开展联合发展、入股经营。

3. 加快建立农民增收的长效机制。如何让农民更多地分享改革发展成果，最直观的衡量标准就是收入有没有增长。当前，广州市农民人均年总收入已经连续 10 年保持双位数左右的增长速度，在 2012 年达到 18398 元；但与同年城市居民 43824 元的家庭总收入相比，差距仍然比较大。从收入结构分析，农民工资性收入只有 10385 元，占 56.5%，家庭性经营收入仅为 2305 元，占 12.5%，财产性和转移性收入所占比重也很低，结构不优，严重制约农民收入持续快速增长。在较高平台上保持农民收入较快增长，必须大力培育财产性收入这个"新增长点"。一方面，要加快释放改革红利。通过改革赋予农民更多财产权利，激活沉睡资产，放活要素资源，让农民以权生财。另一方面，要提高创业投资性收入。从广州这几年农民自主创业项目看，利用闲置资源或富余资金投资创业的农户，年户均收入多数超过 10 万元，人均收入甚至超过城镇居民水平。

（三）破除城乡二元结构，推动全域一体化发展

近年来，广州市按照"全域广州"的要求，做出了新型城市化发展

的战略部署,全力推进美丽乡村建设,农村面貌发生了显著变化。但从全域发展来看,城乡区域发展不平衡,主城、近郊、远郊发展梯度差异依然明显,破除城乡二元结构藩篱依然任重道远。

1. **以土地综合整治破解资源要素紧约束。**土地综合整治是推进全域一体化发展的重要平台和抓手,对于统筹解决城市发展空间不足、农村布局散乱低效以及现代农业发展、农民持续增收等问题具有重大意义。近年来,广州市抢抓国土资源管理转型创新试点契机,集中推进试点镇街、快速通道沿线及美丽乡村示范区土地整治项目,加快转变土地利用方式,激活农村土地的资本功能,城市得空间、耕地得提升、农民得实惠等综合效应初步显现。但土地综合整治也面临不少新问题、新矛盾,应切实通过健全相关配套机制、建立指标交易市场、加强土地整治后续管理等举措,确保整治出更多土地用于经济发展。

2. **以农民市民化为核心任务推进新型城镇化。**新型城镇一头连着城市,一头连着农村,是区域城市化和城乡一体化发展的桥梁和纽带。当前,广州城市化率已超过80%,新型城市化水平位列全国第四,进入了高级城市型社会。但从全市层面看,城市化的品质并不高,城镇规模不大、产业同质、配套不全、保障不足等问题普遍存在。特别是相当部分农业人口转移城镇后,并没用真正获得城镇居民待遇,在就业、子女教育、医疗、社会保障等方面利益缺失,不仅成了城镇的边缘人群,也加剧了"城市病"的扩散蔓延;有的城镇居民甚至想户口回迁农村,出现了"逆城市化"的现象。为此,加快推进广州新型城市化进程,不是简单地减少农民,逼农民"进城上楼",而是要加快建立农业转移人口市民化的体制机制,引导农民自愿放弃农民身份进城镇入户。要坚持规划引领,加快特色城镇培育,坚持产城互动,打造功能完善、配套齐全和人口集聚力强的新型城镇化增长极。

3. **以突出生态文明视角打造美丽乡村。**今年中央农村工作会议上,习总书记强调"中国要美,农村必须美"。可以说,美丽乡村建设已成为当前新农村建设的代名词。广州的美丽乡村建设正在有条不紊地稳步推进中,村庄环境整治很早就被列入农村实事工作内容之一;在明确提出走新型城市化道路战略方针的基础上,确立了"12338"的战略部署,全市要站在"城乡一体、共同富裕"的高度上认识"三农"工作美丽乡村。今后美丽乡村建设应牢固树立生态文明理念,优化新农村新社区的规划布局,巩固现有村庄环境整治成果,构建长效管护机制,进一步完善生态补偿机制,真正让子孙后代拥有看得见的青山绿水和可延续的历史文脉,真正打造天蓝、地绿、水净的都市美丽乡村、美好家园。

(四)坚持幸福农民导向,完善公共服务与乡村治理

要提高农民的幸福感,必须着力保障和改善民生,逐步建立符合广州郊区实际、区域全覆盖、可持续的基本公共服务体系,保障农民安居乐业,让农民群众真真切切地享受到改革发展的成果。

1. 壮大村级集体经济,增强为农服务能力。村级组织是"三农"工作的最前沿阵地,村级集体经济基础牢固与否、实力强劲与否,直接关乎基层的为农服务能力。近年来,广州市在发展壮大村级集体经济工作上进行许多探索,特别是强力推进村级"四有一责"建设、深化社区股份合作、加大"三资"监管力度等,有效推动了村级集体经济快速发展。但对照现代化目标,全市村级集体仍然是薄弱环节,目前村级集体经济发展存在缺项目、缺资金、缺人才、杂事多、负担重等诸多问题。为此,应积极盘活利用各类资源,有效发展村级物业,实现集体经济提速增效;要创新集体经济发展路径,攥紧拳头谋发展;通过财政资金扶持和引导,突出薄弱村帮促增收等,千方百计为村级经济发展添动力、增活力、强实力,切实提升农村基层的自我发展能力和为农服务水平。

2. 提高公共产品供给,推进城乡居民生活等值化。让农民享受与城镇居民等值的公共产品供给,是社会公平的重要内容。从 2003 年开始,广州市不断加大力度支持扶植建设社会主义新农村,农村的基础设施建设和农民的生产生活水平得到了极大的改善。但客观上,城乡公共产品供给非均等的状况并未有效改观,"标准上城高乡低、质量上城优乡劣"。要改变这种状况,必须加快建立农村公共产品的供给机制,加快水务和交通运输一体化进程,着力建立和完善与城市基础设施"规划一体化、标准均等化、设施网络化、管理信息化、服务均质化"的农村基础设施体系;建立健全公共产品的多元化投入机制,以市场为导向、以互利共赢为基础,鼓励多种类型的资本参与郊区公共服务和社会事业建设。要提高农村

低保、医疗保险、养老保险水平,通过整合、统筹、衔接,逐步实现全市城乡社会保障制度并轨、水平标准统一;要加强农村社会事业建设,着力提升农村义务教育、医疗卫生、公共文化水平。

3. 创新社会管理方式,保障农民安居乐业。经过多轮区划调整和乡村撤并,郊区拆迁安置剧增、农村人口大量流动,基层原来的管理服务架构和农民之间的社会关系发生了很大变化。农民诉求日趋多样化、农村社会矛盾日益复杂化,对基层社会服务的依赖程度也变强了,与时俱进的创新社会管理方式在现阶段显得尤为重要。农村社会管理服务应重心下移,健全基层综合管理服务平台,充实加强基层站所、选优配好村组干部,全方位、多渠道为农村居民提供网络化、社会化服务。要加快新型社区建设,符合条件的要撤村建居,实行社区化管理,妥善处理好农民原有的各项权益。对人口流动带来的新情况,特别是城乡接合部的村(社区),要创新村民自治机制,兼顾新老村民的利益诉求,促进村民和谐融合。要创新群众工作机制,畅通农民群众的利益诉求表达渠道,从源头上预防和减少社会矛盾,切实保障农民安居乐业,促进农村社会和谐稳定。①

二、努力营造全广州的"美丽"共识

党的十八大第一次提出了"美丽中国"的概念,强调必须树立尊重自然、顺应自然、保护自然的生态文明理念,勾画出包括生态文明建设在内的"五位一体"中国特色社会主义建设总布局。建设美丽中国,重点和难点在乡村。2013年中央1号文件明确提出,要推进农村生态建设、环境保护和综合整治工作,努力建设美丽乡村。美丽乡村建设是社会主义新农村建设的延续和深化。② 美丽乡村建设的着力点要体现在"四美":自然美,发展美,文化美,生活美。

(一) 美丽乡村要塑造自然之美的品质,山清水秀,鸟语花香

要营造优美环境。与城市相比,乡村的优势在于良好的自然生态。乡

---

① 崔猛、张荣、颜华生:《深化农村综合改革,推进全域一体发展》,载《改革与开放》2014年第7期。
② 樊晓民:《对美丽乡村建设的几点思考》,载《西部财会》2014年第2期。

村建设必须尊重这种自然之美，充分彰显山清水秀、鸟语花香的田园风光，体现人与自然和谐相处的美好画卷。因此，在逐步渗入现代文明元素的同时，要通过生态修复、改良和保护等措施，全面营造农村"天蓝、山清、水绿、地净"的优美环境，充分彰显乡村美丽的田园风光，体现天人合一、人与自然和谐相处的境界。为此，在发展农村经济时，重点要推动乡村工业转型升级，同时要通过对化肥农药的减量和生产生活垃圾污水等有机废弃物的处理利用，有效治理农业污染。有条件的地方，可发展以青山碧水野趣为特色、集现代文明田园风光乡村风情于一体的旅游休闲经济，精心打造都市人向往的魅力乡村。

要建设生态人居环境。随着经济社会的发展，农村的基础设施、公共服务不断健全，面貌日新月异，但与城市相比，人居环境建设整体还显落后，卫生设施不普及，村民环保意识不强，乱丢垃圾、随地大小便等现象随处可见，不少地方脏、乱、差现象依然存在。美丽乡村建设，应建设生态人居环境，可从改善村民居住条件以及乡村生态卫生条件入手。实施乡村绿化美化，提高乡村绿化比例。同时，整治已污染河水，改善水体质量；实施卫生设施改造，提高抽水马桶安装率、化粪池覆盖率；开展垃圾分类工程，鼓励村民进行垃圾初次分类，综合利用分类垃圾；对乡村进行全方位规划，科学布局，实施村民广场美化、道路拓宽绿化、太阳能路灯亮化等工程。

（二）美丽乡村要塑造发展之美的品质，产业强劲是建设美丽乡村之本

要大力发展农业生产和农村经济，尽最大努力创造日益丰富的物质财富。有道是"万丈高楼平地起"，美丽乡村建设好比建大厦，经济就是大厦的基础。基础不牢，大厦无从建起。可以说，产业发展事关美丽乡村建设的全局。没有发展之美，就不可能有自然之美、生活之美、文化之美，就难以顺利实施许多改变农村面貌的计划。

要大力推进农业产业化经营。应把推进农业产业化作为农业和农村经济发展全局性、方向性的大事来抓，全面提升农业产业化经营水平。大力培育和增强龙头企业的带动能力。按照扶优扶强和大规模、高起点、强带动的原则，选择一批发展潜力较大的企业和项目，继续加大扶持力度。支持龙头企业实行产学研结合，加强农业科技攻关，提高科技创新能力。充

分发挥龙头企业反哺农业、带动农户的作用。加强对农业产业化经营的指导和服务，调整完善扶持政策和支持方式，逐步增加农业产业化专项扶持资金规模，改进对龙头企业的信贷服务，积极探索龙头企业和专业合作组织为农户承贷承还、提供贷款担保等有效办法。积极发展特色农业、设施农业和高效经济作物，加强优势农产品产业带建设，提高优势农产品的集中度和优质专用农产品的比重。鼓励和引导农民专业合作经济组织的发展，提高农民的组织化程度。

要大力提高农业科技创新和转化能力，改善农业科研的创新环境，完善农技推广的社会化服务机制，激发农民学科学、用科学，提高整个农业生产过程的科技含量。同时，要积极推进农业结构调整。按照高产、优质、高效、生态、安全的要求，调整优化农业结构。加快建设优势农产品产业带，积极发展特色农业、绿色食品和生态农业，保护农产品知名品牌，培育壮大主导产业。按照国内外市场需求，积极发展品质优良、特色明显、附加值高的优势农产品，推进"一村一品"，实现增值增效。

要大力发展农村循环经济。以资源的高效利用和循环利用为核心，以"减量化、再利用、资源化"为原则，积极探索农业资源保护和合理利用的有效途径，努力提高农业资源利用效率，实现农业生产、经济发展和生态环境治理与保护的有机结合。培育资源消耗少、环境污染小、技术含量高、经济效益好的产业和产品。以节地、节水、节肥、节药、节种、节能和资源循环利用为重点，转变生产生活方式，建立起"资源—产品—消费—再生资源"的循环农业发展模式。大力普及农村沼气，加快建设进度，扩大使用范围，形成农民家庭基本生产生活单元内部的能流和物流的良性循环，变"三废"（农村畜禽粪便、农作物秸秆、生活垃圾和污水）为"三料"（肥料、燃料、饲料）。推动农产品初加工后的附产品及其有机废弃物的系列开发、深度加工，实现增值增效。

（三）美丽乡村要塑造文化之美的品质，乡风乡韵，回味无穷

乡村文化是美丽乡村建设的精神动力。只有村民拥有富足的精神，才能把自己的家乡建设得更加美丽。当前，我国农村正处在低水平小康向全面小康水平过渡的阶段，广州更是走在全国前列，率先实现了全面小康水平，然而广大农民并不满足于"日出而作、日落而息"的旧有生活方式，

他们不仅要求生活要富足殷实、居住条件要改善,更要求文化生活要丰富、健康水平要提高、社会服务设施要配套。这就对乡村文化建设提出了新要求。

要大力丰富农民群众精神文化生活。组织各种形式的文化活动活跃农民文化生活,贴近农民群众的生产生活实际,按照业余自愿、形式多样、健康有益、便捷长效的要求,充分利用农闲、节日和集市,广泛开展灯会、花会、庙会、文艺演出会等活动,充分挖掘地方文化资源,大力发展农民群众喜闻乐见、便于参与的农村特色文化,发展以历史文化名乡、名村的历史文化遗产、人文自然资源为基础的旅游文化,使农民群众在发展旅游文化的过程中享受文化成果。持续深入开展文化、科技、卫生、法律"四下乡"以及"文艺巡演""电影下乡"等活动,鼓励专业和业余文艺团队"群众团体"社会力量积极介入农村文化建设,组织各种形式的文艺队伍,深入基层,深入农民群众,从建设社会主义新农村的生动实践中积累知识,激发灵感,把反映农民群众在建设社会主义新农村中的创造性实践编排成多姿多彩、健康向上的文艺精品送到农村,为农民群众提供更多更好的精神文化食粮。

要注重乡村文化的保护和传承。一方水土养一方人,农耕文明使农民对土地具有浓厚的情结。在美丽乡村建设当中,要特别注重乡村文化的保护和传承,不仅体现在保护古村落、古建筑这些看得见的物质文化遗产上,还要关注人文、地域风情、民风民俗这些看不见的非物质文化遗产。习近平总书记在城乡一体化的试点考察时指出,实现城乡一体化,建设美丽乡村,是要给乡亲们造福,不要把钱花在不必要的事情上,比如说"涂脂抹粉",房子外面刷层白灰,一白遮百丑。不能大拆大建,特别是古村落要保护好。农村新民居建设不能搞"一刀切",而要采取因地制宜的办法,最大限度地将新农村建设与村镇的历史、文化、民族特色有机地结合起来。

要加大资金投入和鼓励社会办文化事业。各级各部门为农村文化建设提供必要的政策支持和投入保障,加大公益性文化设施建设的力度并纳入城镇建设的统一规划,对农民文化建设给予支持和提供必要的保证。鼓励社会兴办文化事业,建立多渠道筹资、多主体投入、多种所有制形成的文化发展机制，不断改善集资结构、优化资源配置，积极扶持具有地方特色的文化展演、民间民俗文化产品开发，研究和探索市场经济条件下文化事业和文化产业发展的有效途径，促进各种文化资源和文化生产要素的合理流动。

要促进地域文化建设，突出差异性和多元化。乡村之美固然在于乡村优美的自然风光和田园野趣，但是如果千村一面，则也会缺乏生机和活力，容易引起审美疲劳。因此，美丽乡村建设必须因地制宜，培育地域特色和个性。要善于挖掘整合当地的生态资源与人文资源，挖掘利用当地的历史古迹、传统习俗、风土人情，使乡村建设注入人文内涵，展现独特的魅力，既提升和展现乡村的文化品位，也让绵延的地方历史文脉得以有效传承，还可以从产业发展景观改造等方面入手，实现一杆一景、一村一品，充分彰显乡村的特色和韵味。

（四）美丽乡村要塑造生活之美的品质，安居乐业，富足幸福

农民期盼有更好的教育、更稳定的就业、更满意的收入、更可靠的社会保障、更高水平的医疗卫生服务、更舒适的居住条件、更优美的环境。这种对美好家园、幸福生活的梦想与追求，是建设美丽乡村的最大驱动力。

教育事关民族兴旺、人民福祉，必须把农村教育当作改善农村民生之基来抓。优化教育投资结构，整合教育资源，加大农村教育投入并提高实效，切实改变城乡教育资源分布不均及农村中小学校舍简陋、设备落后、师资缺乏、队伍老化、专业结构不合理等状况，不断完善农村学生资助制度及贫困学生助学救助体系，促进城乡义务教育均衡发展，实现农民人人享有接受良好教育的机会。

建立农村基本医疗卫生体系，从制度上保障农民的健康，是农民群众最关心、最希望解决的现实问题之一，必须把农村医疗当作改善农村民生之急来抓。加强农村医疗卫生基础设施和服务能力建设，整合城乡医疗卫生资源，建立以县级医院为龙头、镇卫生院为骨干、村卫生室为基础的农村三级医疗卫生服务网络，提高乡村医疗卫生人员整体素质和医疗水平。巩固和发展新型农村合作医疗制度，消除医疗保障覆盖盲区和盲点，建立和完善覆盖农村的公共卫生服务体系、医疗服务体系、医疗保障体系、药品供应保障体系，为群众提供安全、有效、方便、价廉的医疗卫生服务。

建立健全农村社会保障体系，使农民与城市居民一样享有社会保障，是改善农村民生的重要内容，必须把农村社保当作改善农村民生之依来抓。要确保政策落实到位，加大财政支持力度，加快建立全覆盖的农村社会保障体系，完善农村基本生活保障制度，建立和健全农村社会救助制度、社会福利制度，积极推进新型农村社会养老保险制度建设，着力解决好困难群体参保难的问题。

推进美丽乡村建设，必须注重"自然美、发展美、文化美、生活美"的内在品质。经过全社会积极的努力和不懈的奋斗，古朴的乡村将焕发出勃勃生机，美丽乡村将是一片秀丽的土地，人与自然和谐相处；将是一片富饶的土地，村民生活富裕；将是一片幸福的土地，村民安居乐业。①

三、在乡村建设中融入岭南风情元素②

国内对岭南文化在广州美丽乡村建设中的内在价值和对策建议目前还缺乏研究，以往的相关研究或未涉及岭南文化，或未牵涉美丽乡村。客观而言，学术界对岭南文化在广州美丽乡村中的作用存在认知窠臼，关注度不高。因此，研究岭南文化在广州美丽乡村建设中的内在价值并对如何融入岭南风情元素加以探讨，富有重要的理论意义和现实意义。一方面，可通过对岭南文化价值与风情元素的研究，建构岭南文化在广州美丽乡村建设中的多维价值链，为广州政府建设美丽乡村提供新的决策思路，以"文化惠村"和"文化强村"的创新模式推动广州历史文化名城建设；另一方面，可从价值论与方法论的角度，对岭南文化在广州美丽乡村建设中的内在价值和对策建议作宏观和中观的学理探讨，为今后的美丽乡村建设和岭南文化研究提供增量性成果。

---

① 匡显桢、兰东，《美丽乡村的内在品质表现为"四美"》，载《理论导报》2014年第1期。

② 王艺：《论岭南文化在广州"美丽乡村"建设中的价值构建与传播对策》，载《大众文艺》2012年第15期。

（一）通过乡村传承、精神润泽和消费价值三个层面实现岭南文化价值

在乡村传承方面，今天广州乡村因为城市进程而趋于城镇化，新型城市化方兴未艾，传统的文化元素日趋消减，比如龙舟、粤剧等文化元素在乡村中越来越淡漠，乡村文化萧条，在此背景下，单靠乡村本身狭窄的地域文化很难承载乡村文化的传承，必须注入新的元素或者注入更为主流的元素才能引发关注。在中国的文化价值观中，城市文化凌驾于乡村文化而存在，不加入一些岭南文化元素，地方乡村的生命力日趋萧条。另一方面，媒介对岭南文化的传播，存在一定的媒介偏向，存在畸轻畸重的现象，比如对岭南文化中的粤剧较为重视，岭南乡村文化则很难登上大雅之堂。在媒介的传播中，一直以城市中心范式来审视岭南文化，呈现的也是上下九商业街、岭南书画、陈家祠等影像，报道存在"去乡村化"的现象。因此，美丽乡村建设中，乡村文化的建设，必须傍上岭南文化这棵大树，才能增添媒体关注，才能实现文化增值。

（二）在美丽乡村建设中实现岭南文化的价值构建

在美丽乡村建设中，如何实现岭南文化的价值构建？大体上讲，可以从以下几方面做些尝试：

1. 借助不同文化的地域整合搭建岭南文化场，提升岭南文化的规模价值。现在岭南文化在广州乡村中尽管有雏形，有元素，但零散分布，混沌性强，未形成规模价值，其文化价值、政治价值和经济价值尚未得到充分挖掘，因此有必要需要在史实梳理和田野观察的基础上，组织人力梳理、绘制岭南文化的乡村地图，实现不同乡村地域文化的价值整合。比如，增城新塘镇西南村就在村里的规划中，将何氏宗祠、西园何公祠、包公祠等一批古旧建筑重新修缮，深化了乡村文化的价值内涵，促进了乡村文化传承。

2. 对现有乡村文化载体进行重新包装，作为乡村旅游的诉求点。广州美丽乡村建设目前以示范村为抓手，在此背景下，可以从挖掘具体应用价值为主，比如在岭南文化的价值形态上，广州乡村中依然存在的粤剧、采茶山歌、客家山歌、饮食文化、茶文化、宗教文化、三雕一彩一绣等美术工艺等文化形态均可以采用，既能增加乡村的文化价值，提升乡村文化软实力，也能丰富村民的精神文化生活，同时作为乡村旅游的诉求点进行推广。

3. 创新性开展乡村文化活动,通过媒体的报道来增强乡村的文化美感。广州乡村可通过策划、推出不同的文化活动来吸引媒体的参与,进而通过媒体的报道来吸引社会公众的关注。比如,可以举办一些山歌大赛、茶花女戏剧等,作为乡村旅游项目,既能创造经济效益,使活动可以持续下去,也有利于吸引媒体报道,并借助媒体的报道来增强乡村的文化美感。

4. 通过集聚协同模式,使乡村文化形成创意产业群,乡村文化创意落实为具体的消费产品形态,与旅游产业形成对接;在具体操作上,可以由村镇出面,让乡土派画家、乡土作家以地方题材进行创作,也可以整合资源形成乡村产业链。

(三) 在广州美丽乡村建设中融入和传播岭南风情元素

岭南文化在广州美丽乡村建设中,如何进行传播?大体上讲,可以从以下几方面做些尝试:

1. 打造乡村文化传播链。通过在不同乡村地域的文化整合,可实现岭南文化的价值提升,在此基础上,通过不同角度、不同媒体的报道来打造文化传播链。比如,广州美丽乡村的文化传播,可以借助活动传播、文化创意征集大赛、最美乡村评选、岭南文化专栏等实现多渠道传播。

2. 塑造样板戏,搭建精品工程。通过塑造一批乡村样板戏,搭建文化精品工程,来吸引社会的关注。比如,岭南印象园在继承传统文化以静态观赏的基础上,可隆重推出融入各种岭南文化元素的大型衍生态歌舞集"印象岭南",融入绣球招亲、陆丰皮影、五华木偶等动态元素。

3. 政府推出系列宣传片。比如,对石湾陶艺、客家围龙屋等颇具乡村特色的岭南文化元素,可以通过文化宣传片加以推广。

4. 嫁接新闻热点或者设计话题宣传。首先要提高话题宣传的新闻性,比如我们可以设计一些美丽乡村的新闻话题。其次,善于嫁接新闻热点展开宣传,比如针对广州美食节,在美丽乡村的宣传中可以围绕广州美食推出一些宣传。

5. 借助新媒体宣传。美丽乡村的宣传中,可以通过微博话题、网络选秀、视频传播等手段展开宣传,提高互动性。

四、从内在美塑造南国美丽乡村灵魂

何谓内在美？即从广州乡村的美丽灵魂出发加以塑造，使离乡的人能够"想得起南国""记得住乡愁"。如今交通发达，回乡很方便。但回到家乡却不一定能寻觅到引起你乡愁的美好事物了。"留得住乡愁"已经成为政府所提的一个口号，可见问题的严重性。台湾作家席慕蓉说："乡愁是一棵没有年轮的树，永不老去。"我们当下所面临的问题是，游子心目中的那棵乡愁之树永不老去，但当游子一旦回到故里，找不到可以慰藉乡愁的对应物，那棵乡愁之树可能会凋零。新一届政府决心要让城乡居民"记得住乡愁"，无疑就是对人们精神文化慰藉诉求的积极回应、主动满足。

作为一种精神文化层面的情感代码，城市化所产生的"乡愁"来源于对淳朴乡村秩序和村社邻里关系的一种精神缅怀。那么，在广州新型城市化建设中，该如何正确处理好建设与保存、继承与发展的关系，让我们的家乡更美丽、更有韵味，让我们的"乡愁"也变得更美丽呢？

（一）加快发展是硬道理

所谓"乡愁"，其实是城镇化进程中产生的必然现象，是社会发展中客观出现的问题。但是否因为乡愁问题就放缓发展或者放弃发展呢？答案显然是否定的。城市化的脚步不仅不能停，而且要加快。还是那句话，发展中产生的问题只能靠发展的办法来解决。加快经济建设，改善人民生活，是当前的首要任务。总不能为了自己的所谓"乡愁"而不顾人民群众的生活水平和生活质量。我们很多人都是从乡村走出来的，幼年时穿着空壳棉袄踩着冰碴去上学，荒凉的田坂上空成群的乌鸦在盘旋，构成了心头永远抹不去的穷苦记忆。几十年过去，现在的老家旧貌换新颜，家家新楼，户户别墅，美丽乡村建设到处生机勃勃，一派喜人景象。真切经历过的人总会生出无限感慨，从心里感到高兴，感到欣慰。因为我们的农村早已脱贫了，我们的国家富强了，祖上留下来的房子尽管承载了太多的记忆，但毕竟四处漏风，冬天与室外一样冷，改建成农民别墅，老母亲感到冬天暖和多了。

(二) 合理保护是硬任务

怎样的乡村算作是美丽的？不能只有美的建设、美的环境和美的外在，更要有的是美的道德精神面貌、美的生活和美的外在。广州要圆美丽乡村之"梦"，必须要有一个实现"美"的规划和实现"美"的决心和措施，因此决定了必须要从内在美角度对南国乡村灵魂进行合理保护。当前大讲发展，但却不能盲目发展。在发展中要重视对传统文化的传承和保护。历史文化遗址不能人为破坏，也不能因强调利用而过度开发，要尊重历史事实，必须怀着对文化遗产的敬重、敬仰、敬畏之心做好保护传承工作。文化遗产是不可再生资源，保护工作要在尊重历史的基础上实施保护，真实再现历史或延长其使用寿命为前提，避免"建设性破坏""保护性破坏"和"拆除性破坏"等二次造成的伤害。应该在保护的基础上合理利用，促进公共文化服务体系建设和文化产业、旅游业的发展，使之成为我国公共文化服务中最具特色的组成部分，争取社会效益与经济效益双赢。只有这样，才是建设美丽乡村的应有之义。

(三) 协调和谐是硬功夫

文化遗产是个充满魅力而又令人感到沉重的话题。如何在进行现代化建设的同时传承文化遗产，如何既对得起子孙又无愧于祖先，值得我们思考和探索。文化遗产既是昨天的辉煌、今天的财富，也是明天的希望。然而，随着城市化、城镇化步伐的进程加速，城市迅速扩容，面积不断扩大，一些民族乃至国家优秀历史文化的结晶，面对高楼大厦不得不退却和让步。许多农村也一样，在建设发展中，一味求新奇、求洋派，丢掉了自己的传统，丢掉了自己的特色，丢掉了自己的优势，走到哪里都是一副面孔。这就要求我们必须坚持科学发展观，在协调、和谐上下功夫。当前，主要是处理好以下三个方面的关系：一是要处理好眼前利益与长远利益的关系。任何人对资源的占有和利用都不能采取掠夺的、破坏的方式，不能只顾眼前利益，不顾自己的生存和发展条件，有意或无意地剥夺后人对资源的享用权，要采取可持续发展的思路。二是要处理好经济建设与遗产保护的关系。任何单位不能单纯为了发展经济追求 GDP 高指标而牺牲环境、牺牲传统、牺牲我们共同的文化家园，要将遗产保护和经济建设提到相当重要的地位加以高度重视，妥善适度处理好两者之间的关系。三是要处理好社会效益与经济效益的关系。任何地方都不能把文化遗产当作一般的经济资源进行开发，把经济效益视为唯一目的，不能只顾赚钱而不顾它的社会功能、社会效益。①

总而言之，广州美丽乡村建设，既要抹去我们对于乡村贫穷的痛苦记忆，同时也要努力让乡愁变得更加美好、让南国之乡变得更加灿烂！

第二节　着力发展乡村"软实力"

中央要求，当前和今后一段时间农村精神文明建设，坚持以培育和践行社会主义核心价值观为根本，以美丽乡村建设为主题，深化文明村镇创建活动，加强农村环境综合治理，培养新型农民、建设文明乡风。具体到广州的乡村建设，主要应该在"地域特色"和"品牌效应"上下功夫。要把地域特色文化元素有机地融入农村精神文明建设中去，深入挖掘农村历史文化、人文风情资源，把属于软实力范畴的地域特色文化通过硬载体有效地展示出来，积极培育乡村文化品牌，发展农村特色经济，增强传承创新能力，提升村镇的形象和品位，打造出一张张响亮的金字招牌。②

一、培育村民生态素养

培育广大村民的生态素养，是着力发展广州乡村"软实力"、建设美丽乡村的题中之意。随着改革开放的不断深入和市场经济的不断发展，经济增长、社会发展与生态环境之间的矛盾日益尖锐，资源消耗和环境污染愈加严重，生态环境呈现出不断恶化的趋势，严重危害着经济社会的可持续发展。党和国家高度重视生态建设问题。党的十八大报告中对生态文明予以专章系统论述，将生态文明建设与经济建设、政治建设、文化建设和

---

① 张西廷：《让"乡愁"变得更美好》，载《湖州师范学院学报》2014年第1期。
② 甘新：《建设美丽乡村　促进乡风文明 努力提升我市农村精神文明建设水平——在全市农村精神文明建设现场交流会上的讲话》，载广州文明网2014年11月27日。http://gdgz.wenming.cn/ldhd/201411/t20141127_2315558.html。

社会建设一道纳入中国特色社会主义"五位一体"总布局,并提出努力建设"美丽中国",实现中华民族永续发展的宏伟目标。这一战略决策,顺应时代要求和国情需要,符合人民群众的根本利益和共同愿望,是贯彻落实科学发展观,促进人与自然和谐发展、保护生态环境,提高人民生活质量的必然要求,也是推动中国特色社会主义事业蓬勃发展的重要一环。党的十八届三中全会进一步强调了生态文明的制度建设:建设生态文明,必须建立系统完整的生态文明制度体制,用制度保护生态环境;要健全自然资源资产产权制度和用途管制制度,划定生态保护红线,实行资源有偿使用制度和生态补偿制度,改革生态环境保护管理体制。凡此种种,都需要从提高人的生态素养出发来加以贯彻落实。

(一)优化生态格局,提升生态效能

优化国土空间开发格局是生态文明建设的重要前提。应根据《全国主体功能区划》《全国生态功能区划》《广东省环境保护规划》及《广东省主体功能区规划》,严格按照主体功能定位发展,制定有利于广州生态建设的城乡发展战略,构建科学合理的城市化格局和生态安全格局,从顶层设计上加强广州生态文明建设,从源头上保护生态;此外,优化土地资源开发格局,加强节约集约用地,提高土地资源利用率,在有限土地资源的前提下拓展城乡发展空间;同时,构建公交、地铁、轻轨、自行车、步行等低碳环保的交通网络,推进绿色出行,保护环境;完善生态安全格局,合理开发资源,推进生态屏障和全省绿道网建设,继续提高森林覆盖率,加强自然保护区、风景名胜区、森林公园和湿地公园等生态功能区的建设,构建绿化系统和环保系统,发挥生态效能和生态价值,促进绿色增长,逐步改善生态环境质量和村民的生活质量。

(二)构建生态经济,促进绿色发展

转变经济发展方式是生态文明建设的关键路径。应坚持把推动发展的立足点转到提高质量和效益上来,促进资源节约,大力推进绿色经济、低碳经济和循环经济的发展,逐步实现产业结构调整,促进产业转型升级,加强生态管理和环境资源的合理可持续利用,形成节约资源和保护环境的产业结构和生产方式,实现速度和结构质量效益相统一、经济发展与人口资源环境相协调,开拓生产发展、生活富裕、生态良好的文明发展道路。

第一，培养科技人才，加大科技投入，提高自主创新能力，着力研发生态技术（如污染控制技术、清洁生产技术和综合利用技术等），逐步淘汰落后的生产工艺，建立生态式生产工艺，促进科技生态化，充分利用先进科技，提高资源利用效率，节能降耗，从而转变粗放的经济发展方式和生产方式。第二，建立科学的管理体系，加强生态管理，在产品生产、运营、交换、消费等环节中合理配置生态环境资源，提高资源利用率，全面促进资源节约，加强生态环境保护，并将生态环保效益作为衡量企业效益的重要决策依据。第三，大力发展生态农业、生态旅游业等，支持低碳环保的绿色产业，创造绿色经济效益，为经济的可持续发展提供良好的资源基础，实现经济效益、社会效益和生态效益的协同增长。

（三）构建宜居乡村，弘扬生态文化

加强生态环境保护是生态文明建设的根本基础。应坚持节约优先、保护优先、自然恢复为主的方针，加大生态系统和环境保护力度，不断提升生态环境承载能力。第一，优先解决损害广大村民健康的突出环境问题，如水污染、空气污染等。坚持预防为主、综合治理的原则，严格执行相应标准，通过控制污染源，加大治理投入，全面提升水质量、空气质量，如实施南粤水更清行动计划、清洁空气行动计划，着力推进污染治理，提高人民生活质量。第二，加快建设垃圾无害化处理的基础设施建设，逐步开展垃圾分类处理，加大可回收再利用垃圾的重复利用力度，促进资源循环利用；同时，合理处理不可回收再利用垃圾，提高无害化处理的效率，防止二次污染。第三，加强自然生态系统保护，实施重点生态工程如珠江清洁水系、重点水源地保护、沿海重要绿化带、北部连绵山地等，继续实施绿化提升行动，保障生态安全。

（四）完善生态制度，倡导生态文明

生态制度建设是生态文明建设的重要保障。应不断完善生态建设和生态保护的相关制度和地方法规建设，使生态文明建设有法可依；同时，加强制度管理，加大宣传力度、投入力度和执行力度，严厉打击破坏生态环境的行为。对违反生态环境保护相关法律法规的企业、责任人，依法严格追究其法律责任；对严重污染环境的企事业单位责令限期整改治理或予以取缔、关闭，切实保护生态安全。第一，完善干部政绩考核体系和生态奖

惩机制。把生态环境指标纳入干部政绩考核指标体系，科学制定生态指标在政绩考核中的比重；利用行政手段激励各级领导决策层推行环境友好、生态合理的行政管理和决策方式，实现可持续发展；利用经济手段激励企业在战略规划中首先考虑环保产品，在生产过程中选择清洁生产工艺。加强环境监管，健全生态环境保护责任追究制度和环境损害赔偿制度，提高违法违规成本。第二，实施生态评价制度和生态补偿制度。把资源消耗、环境损害、生态效益纳入经济社会发展评价体系，实施严格的环境保护准入制度和资源有偿使用制度，科学构建生态文明指标体系和生态补偿机制。第三，完善生态文明教育机制和公众参与制度。广大村民是生态环境保护的主体和生力军。应把生态文明宣传教育工作常规化，增强全民的节约意识、环保意识和生态意识，充分调动广大村民投身生态文明建设的积极性、主动性、创造性，充分保障人民群众的知情权、参与权和监督权，动员社会各界力量，紧紧依靠村民加强生态环境保护，大力推进生态文明建设，逐步改善生态环境质量和人民的生活质量，共建美丽家园。

（五）塑造生态价值，培育生态素养

生态文化建设是生态文明建设的核心和灵魂。应破除传统的以征服自然和控制自然、无限地牺牲自然来满足人类需要的人类中心主义和科技万能论的错误价值观，树立"人与自然和谐发展"的生态价值观和"尊重自然、顺应自然、保护自然"的生态文明理念，担负起爱护和保护生态的道德责任，促进人与自然、经济社会的协调发展、和谐共荣，实现生态系统的动态平衡和经济社会永续发展。

广州建设美丽乡村，必须加强生态文明宣传教育，引导全民树立生态价值观，提高全民生态道德素养。第一，拓宽宣传渠道，充分利用报纸、杂志、网络、电视、宣传橱窗等传播媒介，大力加强生态文化观念、生态保护知识的宣传教育。依托生态教育内容丰富的自然保护区、森林公园、湿地公园等建设生态文明教育基地和生态文化教育示范基地，通过开展形式多样、群众喜闻乐见的文化教育活动或开设生态环保教育相关课程等形式，普及生态知识，提升生态价值观的传播力与影响力，引导广大村民树立生态价值观和生态伦理道德观。第二，倡导和谐发展理念、绿色消费理念以及低碳环保理念，培育村民的参与意识、责任意识和生态环保意识，

培养绿色的消费方式和文明的生活方式，使全社会更加自觉地珍爱自然，更加积极地保护生态。第三，引导全民树立科学发展理念，尤其提高基层政府和相关管理人员的生态文明素养，大力推进资源节约型、环境友好型社会建设。① 只有广大村民更加牢固树立人与自然、人与社会、人与自我和谐相处的理念，培养良好的生态文明素养，才能聚集实现广州美丽乡村可持续发展的磅礴力量。

二、有力促进乡风文明

乡风，从社会学意义上看，是由自然条件的不同或社会文化的差异而造成的特定乡村社区内人们共同遵守的行为模式或规范，是特定乡村社区内人们的观念、爱好、礼节、风俗、习惯、传统和行为方式等的总和，它在一定时期和一定范围内被人们仿效、传播并流行。乡风文明是一个自然的、历史的演进过程，它反映了人们自身的现代化的要求，是人们物质需要和精神需要得到相对满足的体现，是一种健康向上的精神风貌。同时，乡风文明反映了时代的精神特征，是历史发展的要求，是特定的物质文明、精神文明和政治文明相互作用的产物。广州建设美丽乡村，主要依靠广大农民，尤其需要一大批有较高思想觉悟和科学文化素质的新型农民，才能更有力地促进乡风文明。

（一）提升主体素质

建设美丽乡村关键在人。农民是乡风文明建设的主体。要把以人为本的理念落实到乡风文明建设的过程中去，最广泛最充分地调动广大农民建设文明乡风的积极性主动性，不断提高农民的思想道德素质和科学文化素质，努力造就有文化、懂技术、会经营的新型农民，这是加强乡风文明建设的关键环节。当前，应立足于育民、富民、智民、塑民，扎实开展多种形式的宣传教育活动和群众广泛参与的、富有乡村特色的乡风文明创建活动，切实加强农民的思想道德教育和科技文化教育。

一要提高农民的思想道德素质。应坚持社会主义核心价值体系，努力

---

① 梁志伟、高菊：《幸福广东的生态依托》，载《探求》2014年第2期。

形成奋发向上的精神力量和团结和睦的精神纽带。要加强理想信念教育，加强国情和形势政策教育，不断增强对中国共产党领导、中国特色社会主义道路、改革开放事业、全面建设小康社会目标的信念和信心。要深入开展社会主义荣辱观宣传教育活动，引导农民群众自觉践行公民基本道德规范，树立文明新风尚。

二要提高农民的科学文化素质。应高度重视发展农村科技和教育事业，大力加强农村基础教育，积极发展农村职业教育和成人教育，为农民群众提供多种形式的技能培训，不断提高其综合素质。加快建立政府扶助、面向市场、多元办学的教育培训机制，充分发挥农村现代远程教育网络在提高农民科学文化素质中的重要作用。要进一步加强农村义务教育，大力实施农村教师素质提升工程，不断提高农村教育水平。

三要培育一批乡贤文化人士。要立足本土，从古到今，深入发掘一批乡贤雅士，荟萃从本地走出的有德有才有功的"先贤"传人、从乡村出去的有学识有专长有技艺的"精英"、留在农村创业发展的年高有德或年轻有为的"今贤"。以乡愁、乡思、乡缘为纽带，用乡贤的经验和学识支援新农村建设，用乡贤的嘉言懿行垂范乡里、涵育文明乡风。

（二）拓展有效途径

文化具有凝聚、整合、同化、规范社会群体行为和心理的功能，在乡风文明建设中具有其他社会要素所无法取代的作用。加快建设农村先进文化，不断满足广大农民多层次多方面的文化需求，是乡风文明建设的有效途径。应积极开展农村群众文化活动，丰富农村精神文化生活。要培育内容积极健康、形式多姿多彩、风格清新质朴，具有浓厚乡土气息的农村群众文化活动。按照业余自愿、形式多样、健康有益的要求，利用节日和集市，开展花会灯会、文艺演出、体育健身、读书征文等文体活动，发掘民族民间文化，打造特色文化品牌。按照政府支持、培育主体、市场运作、增强活力的思路，鼓励各种形式的农民自办文化，培养一批文化中心户、文化大院，组建一批农民书社、电影放映队，扶持一批民间职业剧团、农村业余剧团，支持他们扎根民间、深入农村、服务农民，传承民间艺术，传播有益文化。要继续深入开展"三下乡""心连心"等活动，鼓励城市专业文艺机构、表演团体等积极组织各种小分队下乡演出，把多姿多彩的文化产品和文化服务送到农村,把欢乐送给农民群众。

一方面,要积极利用广播、电视、报纸、网络等宣传阵地,开设专栏专版,广泛宣传报道广州农村精神文明建设、美丽乡村建设中的经验做法、好人好事和工作成果,因人而异抓教育,因地制宜做宣传,因势利导求深化,广泛动员和引导人人关心、支持、参与美丽乡村建设,形成有利于农村精神文明建设的浓厚氛围。另一方面,要打造一批文化服务品牌。通过继续推进文化惠民工程,在农村建成"10里文化圈",让农民在家门口就能享受到普惠、实惠、优惠的公共文化服务。按照"一镇一品牌""一村一特色"的思路,精心办好农村文化欢乐节、广州水乡文化节、广州乞巧文化节、香雪荔枝文化节等一批民间民俗文化品牌活动。①

(三) 夯实物质基础

增加乡风文明建设的经费投入,大力发展农村经济,建立多渠道、多层次的资金投入机制,可以为乡风为文明建设提供坚实的物质基础。

首先,要增加乡风文明的建设经费,为乡风文明建设提供物质条件。县、乡(镇)、村三级财政必须把乡风文明建设资金,特别是文明村镇创建经费纳入财政计划,设立专项资金。增加乡风文明建设的经费投入,使科教文卫体和群众性精神文明建设专项资金投入增加的幅度与财政收入成正比增长。

其次,要发展农村二、三产业,不断增强农村乡风文明建设的自身"造血"功能。就目前来看,发展农村二、三产业,重点要推进乡镇企业的改革和调整,大力发展农村个体、私营等非公有制经济,继续支持小城镇建设。农村二、三产业发展比较快的乡镇,财政收入比较多,可用于乡风文明建设的资金就比较充足,乡风文明建设工作就进展得比较顺利。

最后,要建立健全规范有效的筹资机制,逐步形成乡风文明建设的多渠道投入体制。在目前大多数农民相对城市居民收入偏低的情况下,向农民募捐搞精神文明建设的方法,无疑会加重农民的负担,是行不通的。加大对乡风文明建设资金投入的途径很多,如以工养文、以文养文等,但无

---

① 甘新:《建设美丽乡村 促进乡风文明 努力提升我市农村精神文明建设水平——在全市农村精神文明建设现场交流会上的讲话》,载广州文明网2014年11月27日。http://gdgz.wenming.cn/ldhd/201411/t20141127_2315558.html..

论采用哪种途径，都必须坚决杜绝增加农民群众和企业负担的做法。

（四）建立长效机制

乡风文明不是一个单一的、短暂的实践措施，而是一个多元的、长期的社会系统工程。乡风文明建设与制度建设紧密结合起来，通过制度保证和规范要求，形成乡风文明建设的长效机制，有利于为乡风文明建设提供制度保证。建立健全乡风文明建设的长效机制，可以使乡风文明建设工作有章可循、有据可依，有利于实现乡风文明建设的科学化、制度化、规范化。一是要建立统筹协调机制。乡风文明建设是一项复杂的系统工程，必须充分调动党政各部门、社会各方面积极参与，形成"党委统一领导、党政群齐抓共管、文明委组织协调、有关部门各司其职、全社会积极参与"的工作格局。二是要建立考评激励机制。要坚持具体问题具体分析、灵活性与原则性相结合，不断完善乡风文明建设的常规程序，及时总结先进经验，制定较为完备的考核指标体系，不断探索和完善具体的考核办法和奖惩措施，努力调动广大农村党员干部抓好乡风文明建设的积极性、主动性和创造性。三是要建立常抓不懈机制。农民素质的提高、乡村文明的提升，不是一朝一夕的事情，而是一个长期渐进的过程，必须常抓不懈、持之以恒。只有探索建立必要的工作机制，确保人员落实、任务落实、责任落实，才能推动农村精神文明建设不断取得新的进展。①

各级党委要把农村精神文明建设作为一项重要工作，加强组织领导，狠抓工作落实。要充分发挥市文明委在农村精神文明建设的组织协调作用，发挥市城乡建委在推进美丽乡村建设中开展试点工作的牵头作用，发挥农业、林业、水利、国土房管、交通、环保、民政、文化、教育、卫生、计划生育、体育等部门的各自职能作用，广泛引导社会参与，形成共谋共促农村精神文明建设的强大合力。要建立健全农村精神文明建设激励和扶持机制，强化区县、镇、村三级联建，推进城乡共建。②

---

① 董欢：《乡风文明：建设社会主义新农村的灵魂》，载《兰州学刊》2007年第3期。
② 甘新：《建设美丽乡村 促进乡风文明 努力提升我市农村精神文明建设水平——在全市农村精神文明建设现场交流会上的讲话》，载广州文明网2014年11月27日。http://gdgz.wenming.cn/ldhd/201411/t20141127_2315558.html..

三、发展乡村"软实力"

美丽乡村建设是一项伟大而艰巨、复杂而长期的系统工程。在新的形势下，广州全面推进社会主义美丽乡村建设，一个极其重要的问题在于，发展乡村的"软实力"、丰富乡村的"美丽"内涵，这要求认识到乡村优秀文化的内在价值并加以保护。

（一）凝聚认同价值

乡村传统文化资源是一定区域内人民群众的共同的精神认知，有深厚的群众基础，容易产生共鸣，保护和传承、利用这些文化资源，可以使人们形成认同感、归属感，进而产生对家乡的荣誉感和自豪感。乡音、乡情、乡风、乡俗、乡品是一个地方区别于另一个地方的文化标志，不仅对本土本乡人有吸引力，也是游走他乡、远赴异国的游子魂牵梦萦的牵挂。

个体不断学习、接受传统文化的过程就是个体不断社会化的过程，不断与群体产生千丝万缕联系的过程。这种个体对群体的认同感、归属感非常重要：从浅层次来看，是个人的心理需要、情感需要；从深层次来看，则是产生更为高尚的情感，如集体主义情感、民族主义情感的基础。群体认同、民族认同、社会认同是和谐社会建设的核心和目标，而文化认同则是实现社会和谐的重要基础，某些情况下，这种文化认同还能促进地方经济文化建设。

要以培育和践行社会主义核心价值观为主线，努力凝聚认同价值。具体要不断创新方式方法，让社会主义核心价值观在农村落地生根，为推动美丽乡村建设提供精神动力和道德支撑。可以考虑把社会主义核心价值观融入农村公益广告宣传，推出一批富有乡土气息、符合农民审美情趣的优秀作品，刊播在村头巷尾、村间道路、村舍祠堂，运用乡村喇叭、手机微信、微电影等媒体进行讲解宣传，营造浓厚的宣传教育场景。市文明办组织编写的《广州市市民礼仪手册（修订版）》《践行社会主义核心价值观广州读本》系列丛书即将出版，各地要把丛书送到农村去，组织用好学好，助成风化。

（二）保持文化多样性、原生态的特点

在全球一体化、信息化的大背景下，文化的同质化现象日趋严重，其

中城市文化对乡村文化的同化有目共睹。在越来越快的城市化过程中,大量的农村居民成为城市居民,他们丢掉了土地、放弃了传统谋生方式、忘记了来自乡间的传统文化,迅速地融入了快节奏的城市生活。而即使身处乡间的人,由于信息沟通的日渐通畅,也在内心过起了城市化的生活(余秋雨语)。乡村传统文化的不断式微湮灭正在成为不争的事实。

文化的多样性是促进文化繁荣、文明进步的重要因素,是健全文化生态的保证。在文化的发展中,既需要文化的交流与融合,也需要文化的独立和自我完善,而后者是前者的基础。从这个意义上来讲,任何一个民族或地域的传统文化都是重要的。没有多样、多元的民间、乡村传统文化的繁荣发展,很难获取文化持续健康发展的内在动力。要创新实践活动,推动农村社会文明。精心组织开展"读家训、展家美、写家书、树家风"主题活动,利用农村"道德讲堂"、村史室、农家祠堂等阵地,加强"四德"教育,以好家风好家训润泽心灵。深化农村志愿服务活动,广泛开展"邻里守望"志愿服务。建好用好村规民约,广泛凝聚向上向善的强大正能量。

(三)文化事业发展的载体、文化产业开发的依托

千姿百态的乡村传统文化为开展丰富的文化事业活动、进行文化产业项目开发起到良好的支撑。每个地方都有自己独特的乡村文化,挖掘它们,开发它们,将它们打造成一个个富有浓地方特色的,具有广泛群众基础的,深受农民喜爱的区域形象、活动和品牌,使每个新农村都拥有自己特定的文化符号和标志。现在很多地方都提出了自己的"一村一品""一镇一品"理念,如果没有乡村传统文化的给养,这种开发就会落空,就会进入虚假的"人造",失去发展的活力与后劲。

乡村传统文化当中的物质载体、生活风俗,很多都可以作为商品开发、旅游开发。文化产品的开发,旅游业的兴起,又在一定程度上带动当地第三产业的发展。四川绵竹的农民画、成都三圣乡乡村旅游的"五朵金花"、古镇黄龙溪的舞火龙表演、洛带古镇的会馆文化展示都是擅长开发其传统文化,社会效益、经济效益双赢的好例子。这些例子对广州的美丽乡村建设,尤其是如何挖掘岭南乡村优秀传统文化的内在价值加以利用,具有极大的参考和借鉴价值。

(四) 塑造新农民

目前,我国广大农村的农民精神文化生活状况不容乐观。在农村,三听四难四无("三听"即"早上听鸡叫,白天听鸟叫,晚上听狗叫";"四难"即农民"看书难、看戏难、看电影难、收听收看广播电视难";"四无"状况,即无场地、无设备、无活动、无人管)的老问题依然不同程度存在,基础设施落后、基本没有演艺市场;一些村级文化活动场所"空空荡荡一间房,密密麻麻蜘蛛网,破旧不堪几本书,冷冷清清不见人"。农民缺乏娱乐消遣方式,导致一些地方黄赌毒、封建思想、攀比之风、致富返贫等新问题层出不穷。

农民是农村生产的主体,是传承创造新型农村文化的主体,他们素质的提高直接关系到整个农村的发展水平,为构建和谐的社会主义新农村提供持久的精神动力。优秀的传统文化在实现现代转型后,应该为培养有适应新形势的文化知识结构、新技能、创新精神和能力,相应的政治素养、审美能力的新农村新农民做出贡献。要选树先进典型,引领农村社会风尚。广泛开展身边好人推荐、星级文明户、乡村好青年等的评选活动,精心组织寻找最美乡村教师、最美乡村医生、最美村干部、最美少年、最美家庭等活动,推出农村的凡人善举、"草根英雄",展现新时代农民群体的精神风貌,引导广大农民积极树立勤劳致富美、环境整洁美、文明和谐美的生活观。

优秀传统文化是新农村文化的生长点,是建设美丽乡村的"软实力"。无论外来制度、文化多么完美先进,它的功能发挥都有赖于人们内心深处的认同。正如美国著名现代问题专家英格尔斯谈到制度在国家间移植时所指出的那样:"如果一个国家缺乏一种赋予这些制度以真正生命力的广泛的现代心理基础,如果执行和运用着这些现代制度的人,自身还没有从心理、思想、态度和行为方式上都经历一个向现代化的转变,失败和畸形发展的悲剧是不可避免的。再完美的现代制度和管理方式,再先进的技术工艺,也会在一群传统的人手中变成废纸一堆。"[①] 我们今天进行的

[①] [美]塞缪尔·亨廷顿、劳伦斯·哈里森等:《文化的重要作用》,新华出版社2001年版。

美丽乡村建设，也应该从梳理农村传统文化根基开始，努力寻找现代工业文明与农村传统文化的契合点，构建起适应新形势的新农村文化，将优秀传统文化与当代生活对接，使其既从乡土的土壤中萌发，又能在一定程度上指导新农村建设、提升农村居民素质，助推社会主义新农村建设。①

第三节 促进村民与自然和谐相处

一、确立"以人为本"的核心思想

广州建设美丽乡村是一项宏大而复杂的社会工程，涵盖农村的政治、经济、文化、社会建设，也是解决"三农问题"的根本所在。确立以人为本核心思想的内动力包括基层组织、人，外动力包括政府、其他组织以及环境等。确立以人为本核心思想需要许多因素和条件，其中最主要的是基层组织和人对实现以人为本的愿望、要求和行动，内因不起作用，就不可能实现经济社会和人的可持续发展，确立以人为本就是一句空话。

（一）要尊重农民主体地位，加强农村基层组织建设

农民是美丽乡村经济、文化、环境建设的主体，是美丽乡村建设的主人公和力量源泉。农村发展必须充分发挥广大农民自己的内在活力来实现。因而要尊重农民的主体地位，尊重农民的主体性就必须尊重农民群众的意愿和要求，坚持走群众路线，深入调查研究，处处问计于民，充分听取广大人民群众建议，不断总结农民和基层组织建设的经验，调动农民建设自己美好家园的积极性、主动性和创造性，赋予美丽乡村建设持久的生命力。

农村自组织是从组织特点角度讲的，是指那些能够根据外部条件和自身状况，依法自主发展，创造了辉煌的成就，提高了农村以人为本的实现程度，实现了良性循环，可持续发展的组织，其核心就是坚强的基层党组

---

① 艾莲：《乡土文化：内涵与价值——传统文化在乡村论略》，载《中华文化论坛》2010年第3期。

织和村委会。要提高农村以人为本的实现程度,全面建成小康社会,就必须大力建设这种自组织。

(二)要以农民群众的根本利益为出发点,提高农民专业技能和致富本领

在美丽乡村建设中必须从农民群众最关心、最需要的实际问题出发,了解农民的疾苦,处处为农民着想,以农民的利益为根本出发点和落脚点。只有农民群众的利益得到保障,才能证明美丽乡村建设的成就。美丽乡村建设中的以人为本就是要以农民利益为根本,给农民群众以实实在在的切身利益。

要向广大农民宣传党的十八大关于全面建设小康社会的精神,使广大农民树立勤劳致富的观念,尽快富裕起来。先富起来的农民不要忘了国家、集体和他人,大力提倡先富起来的人积极扶危济困,助人为乐,积极投资社会公益事业,为实现农村共同富裕做贡献。

(三)要以实现农民的全面发展为根本目标,加快知识农民的培养

美丽乡村建设不仅是发展农村、增加农民收入,更注重以人为本,实现农民的全面发展。谋求农民的全面发展必须以农村社会各方面的发展为基础,以发展经济为主体,推进科技、教育、卫生等社会事业,不断提高农民的科学文化素养、思想道德修养和健康水平,为美丽乡村建设提供思想保证、精神动力和智力支持,为美丽乡村的建设持续注入活力。①

知识农民至少应具备下列特征:一是有正确的世界观、人生观和价值观,遵守法纪,讲究诚信。二是有一定的科学技术文化知识,注重知识更新,善于学习,善于汲取生产和生活中的经验教训。三是具有一定的沟通能力,有良好的社会关系,能努力去抓发展机遇,不轻易放弃发展机会。四是适应知识农业和市场经济的发展,具有一定的经营管理和致富能力。适应多种职业的转换,能在城乡多种岗位上工作。五是具有良好的身心素质。身体健康,性格良好,自信心强,意志顽强。有正确的思维方式和观念,乐于接受新事物、新经验。六是主体性得到相应发挥,个人价值得以

---

① 张忠良、饶发:《论社会主义新农村建设中的以人为本》,载《沈阳大学学报》2009年第3期。

实现，幸福指数较高。以上可概括为政治素质、知识素质、能力素质、身心素质和价值实现五个方面。当然，实现传统农民向知识农民的转变是一个长期的过程；社会生产力发展水平不同，知识农民的发展程度不同。研究农村以人为本的实现程度，归根到底是为了农民的发展和幸福；而培养知识农民，实现大批传统农民向知识农民的转变则是其基本要求和目标。知识农民是未来农村发展的主体，对农村经济社会和人的发展具有重要作用。①

二、培养村民与自然和谐共生理念

广州的美丽乡村建设必须冲破原有的价值界定，除了要建设物质文明、精神文明、政治文明、社会文明外，也应该立足于生态文明建设；培养广大村民与自然和谐共生理念，是时代赋予新农村建设的全新课题和美丽乡村建设价值的新拓展。

（一）培养村民的生态意识和生态思想

村民生态意识水平的高低，是反映一个社会文明程度的重要尺度，也反映人与自然和谐相处的程度。首先明确提出"生态意识"这个概念的是环境伦理学的创始人利奥彼德。他在《大地伦理》一文中用的是"生态学意识"，并称它是人们保护环境的内在根据。他说："如果在我们理智的重点上，在忠诚情感以及信心上，缺乏一个来自内部的变化，在伦理上就永远不会出现重大的变化。强烈的生态意识是解决人类面临的各种生态危机的思想基础。"② 千百年来，在人类与自然关系中存在的是一种"人类中心观"，③ 这种观念仍然认为人类始终是自然界的主宰，自然界的一切必须满足于人类的利益需要。显然，培养生态意识应坚持以马克思主义自然观为指导，帮助人们形成人与自然和谐的生态思维，避免"人类

---

① 郝宗珍、赵建辉：《优化主体：提高农村以人为本的实现程度》，载《产业与科技论坛》2012年第20期。
② [美]利奥彼德：《大地伦理》，上海人民出版社2009年版，第112页。
③ 伊武军：《从"人类中心观"到"生态文明观"——生态文化的环境生态学视角》，载《东南学术》2009年第6期。

中心论"的负面影响。

(二) 帮助村民树立正确的生态责任意识

树立正确的生态责任意识，有益于实现人与自然和谐发展。因为实现人与自然和谐发展不仅需要制度上的保证，法律上的约束，而且需要运用道德的约束力。通过道德规范来调节人们的思想和行为，以人们内在的自觉行为保证人与环境的共同协调、可持续的发展。从这个意义上说，生态责任意识的培养对于实现人与自然的长远发展，具有更加重要的理论和实践意义。通过进行生态教育，使村民充分认识到人类正在和即将面临生态环境恶化的挑战，帮助村民树立善待自然的生态责任意识。

(三) 发挥预警防范功能，帮助村民树立可持续发展观

当前，人类的短期行为给自然环境带来灾难性后果。马克思曾经说过："文明如果是自发的发展，而不是自觉的发展，留给自己的将是荒漠。"针对人类这种行为，建设美丽乡村应发挥出其预警防范功能，把事后解决转变为事前防范，从而把握主动权。自然资源开发和利用中的预警是指不仅要科学地评估资源开发、利用活动所产生的经济效果、生态环境的后果，更重要的是对可能出现的一些不利因素应做好事前的思想准备，以便采取有效措施抑制、化解此类问题的出现。提高人们的预警防范能力，关键的是要培养人们的"未雨绸缪"意识，提高人们对自身行为的预见，引导人们树立可持续发展观。①

三、培育走向美丽的归属感认同感

美丽乡村建设的关键是人才，人才是乡村文化建设的主要承担者和引领者，只有培育大批杰出的人才，才能开辟美丽乡村明天的辉煌。所以要扎实推进美丽乡村建设，一定要大兴人才战略，大力培养其走向美丽明天的归属感和认同感，使美丽乡村建设真正成为广州广大村民的普世价值。

(一) 拓宽用人渠道，吸引各类人才服务于美丽乡村建设

如机关干部下派、挂职，退伍军人回乡任职，"大学生村干部"，"第

---

① 武奎：《人与自然和谐共生：思想政治教育生态价值》，载《科教导刊》2010 年 8 月（上）。

一书记"等形式,提高乡村基层组织的文化素质,为乡村居民提供各种社会化服务,组织文化娱乐活动等。通过政府政策调控,充分调动文化干部深入基层的积极性。与此同时,拓宽教育渠道,多种形式培养新型农民,如农民夜校,多形式组织各类人才培训。利用乡村文化站、村文化室、农民体育组织等文化组织创办各类培训班,将它们建设成集思想、文化教育、科技普及、信息传递、休闲娱乐等多重功能的新型精神文明建设活动中心,培养造就一支高素质的农村文化队伍,助力广州美丽乡村建设。

(二)提供高素质人才回流乡村的条件,吸引文化精英反哺乡土

包括广州在内,在当代农村普遍存在着这样一种现象,本地考出去的许多高学历人员由于家乡落后而栖息或漂泊城市,家乡的落后状况使他们缺少回乡的动力,而这些人的外流是美丽乡村建设的损失。要做到人才回流,关键是政策,如提供创业指导、咨询、扶持等"一条龙"服务和各项再就业优惠政策等。当地的回流人才对乡村有着天然的感情和了解,比其他各类外来精英能更快地融入乡村建设中去。

(三)动员全社会的力量参与美丽乡村建设,充分发挥各界的助推作用

如多年来开展的文化科技卫生"三下乡"活动、文化扶贫工程、对口援助工程、"大学生志愿者行动"和"高校毕业生到农村服务计划"等。积极扶持热心文化公益事业的农户组建文化大院、文化中心户、文化室、图书室等,允许其以市场运作的方式开展形式多样的文化活动。还可以以中小学生为主体,通过"小手拉大手"活动的开展,推动农村文化建设。同时,要珍惜农村现有文化人才的稀缺资源,如20世纪六七十年代乡村剧团的活跃,造就了一批农村文娱人才,要保护、利用这些民间艺人,通过"民间文化保护"工程等办法,使他们的文艺绝活后继有人,并使其变为文化品牌;本村、本乡退休回乡人员在外工作多年,一般都具有一技之长和良好的文化素养,要提供条件发挥他们的余热,为引领乡土文化建设服务。制定相关的政策与措施,打通各类人才向农村流动的渠道,为乡风文明建设引进人才创造良好的政策环境,吸引各种社会文化人才到农村工作和创业。比如,制定相关适宜政策,鼓励大中专毕业生到农村参与乡风文明建设;制定一定的优惠政策,吸引各类专家学者、艺人、

机关分流人员等到农村创业、支持美丽乡村建设。

另外，要积极引导社会力量捐助、赞助农村文化事业，广泛动员城市单位和居民以各种方式支援美丽乡村建设，利用社会条件扶持基层组织，为农村各项建设输血，并培养其造血功能。全社会的力量参与才能造就美丽乡村建设的良好氛围，才能更好地培养其走向美丽的归属感认同感，形成强有力的社会推动，也才能为精英人才发挥引领作用创造条件。①

四、加强古镇古村落的保护与开发

近年来，随着我国城镇化水平的提高，人们"回归自然"的渴望更为强烈，这使得保留了传统古朴生活气息的古镇古村落成为乡村旅游市场中一个亮点。古镇古村旅游资源具有独特性、垄断性、珍贵性，且多位于乡村地区，这类资源的开发利用必然会给所在的乡村地区带来深远的影响。② 因此，加强对广州古镇古村落的保护与开放，是建设广州美丽乡村不可忽视的重要内容。

（一）古镇古村落保护和开发的方向

1. 观光旅游。从目前形势来看，虽然观光旅游不一定是最理想的古镇古村落开发形式，但从广州经济发展水平及古镇古村旅游开发程度来看，观光旅游仍将是广州旅游业未来发展的一个主要方向。

2. 休闲度假旅游。随着社会经济的发展，工业化、城镇化进程的加快，人们的生活工作节奏也越来越快，因此休闲度假旅游就格外受到青睐。

3. 文化考察旅游。古镇古村落本是一定历史时期的遗存物，文化底蕴丰厚，对于许多热衷于文化考察的专家学者、学生等都具有极强的吸引力。

4. 体验旅游。随着旅游业的发展和人民生活水平的提高，人们越来越追求一种个性化和动态的旅游方式。因此未来古镇古村旅游的开发，不

---

① 周建华：《"乡风文明"建设途径探析》，载《济宁学院学报》2013年第2期。
② 董晓英、秦远好：《古镇古村落遗产旅游与新农村建设》，载《乐山师范学院学报》2009年第2期。

应只局限在观光旅游这类传统旅游形式,更应考虑旅游者的需求,多融入一些可以让旅游者参与和体验的活动。

5. 生态旅游。在现代这样一个经济大发展的时代,"可持续""环保""生态"这些主题备受强调与关注。开发生态旅游,不仅可以展现古镇古村生态环境的魅力,还可以促进古镇古村可持续发展。

(二) 通过"三个结合"来促进美丽乡村建设

1. 古镇古村落的保护和开发、建设和规划与美丽乡村建设规划结合。一是古镇古村落保护开发与美丽乡村建设规划目标要一致。古镇古村旅游规划要首先提出其旅游发展的目标,才能明确旅游产品开发的方向与主要内容。同样的,美丽乡村建设规划也有其特定的目标。因此,要把两者联系起来才能实现双赢。二是古镇古村落保护开发发展规划与美丽乡村建设规划的规划要素相结合。首先,旅游交通与村镇交通建设的结合。旅游交通是旅游者往返常住地与旅游目的地以及在旅游活动地内部所依赖的工具,因此可以说它是古镇古村遗产旅游发展、建设规划的首要项目。其次,旅游食宿设施与农舍改造建设的结合。作为旅游业的六大业务之一,旅游食宿设施的建设当然也是古镇古村遗产旅游规划的重要内容,通过旅游食宿设施的规划建设带动农舍的改建。三是旅游综合服务设施与农村公共设施建设的结合。旅游综合服务设施是游客直接在景区使用的设施,包括接待服务设施、导游服务设施等。而农村公共设施则是提高村民生活质量的重要内容。

2. 旅游基础设施建设与农村基础设施改造建设结合。目前,农村地区大多缺乏必要的基础设施或者设施简陋,不仅不能满足旅游者需要,也影响农村居民的生活质量。因此,主要可以从道路交通设施、电力、通信设施、给排水设施以及绿化环保设施等方面来进行改造建设。

3. 旅游区(点)的环境改造整治与村容整治结合。目前,很多农村地区由于缺乏环保意识,经济水平又相对较低,缺乏环保设施的建设。此外,环境污染与氛围破坏日益严重,影响旅游者体验。商业化倾向加重,导致了传统风貌的消退。一是各级政府要切实加强村庄规划工作,从各地实际出发指导村庄建设和人居环境治理,搞好农村污水、垃圾治理,改善农村环境卫生。村庄治理要突出乡村特色。二是在自然生态环境和卫生环境管理上，首先要制定环境保护条例，引导游客与村民树立生态环保意识。此外，还可以建立卫生管理责任制，责任到人，奖罚分明。三是加强环境环卫设施建设，如增设符合古镇古村格调的垃圾箱，配备必要的排污系统，做好垃圾、污水等处理工作，设立提示提醒标志。四是遵循"区内旅游，区外服务"的原则，尽可能把旅游服务设施建设在古镇古村核心区之外，保护其完整的自然景观；合理规划旅游路线，如游道、电线网等。① 五是在社会人文环境管理上，要遵循"不改变原状"和"修旧如故，以存其真"的原则，采用原结构、原材料、原工艺。

（三）引导社区广泛参与古镇古村落的保护和开发活动

一是加强对内宣传。不难发现，有些古镇古村的居民由于缺乏必要的参与意识和旅游知识，影响了社区的参与能力及旅游发展程度。因此，古镇古村的相关管理、营运机构在加强社区参与前，必须要让社区居民清楚古镇古村遗产旅游的相关知识，对美丽乡村建设的作用以及对社区居民的意义，从而调动社区的参与积极性。古镇古村可以定期向社区居民编发一些宣传古镇古村的重要价值的资料，帮助其增加对历史文化价值的了解，从而提高他们的荣誉感和责任感。

此外，还要加强对农民、社区居民的培训，增加其旅游知识、经营操作知识、接待服务技能，提高其综合素质。古镇古村可以请一些专家、老师或者有经验的旅游开发人员、管理者来给农民上课，开阔其眼界，提高其能力。

二是参与古镇古村旅游发展、建设规划，参与决策。古镇古村毕竟是社区居民常年生活的地方，古镇古村旅游活动的设计与展开若不顾利益和意见，必然会引起不满情绪，最终阻碍古镇古村落的保护和开发。专业及相关机构在编制古镇古村规划时，要征求社区建议，开发项目中要考虑社区的盈利点。经营中古镇古村旅游发展的重大决策，凡涉及社区居民利益的，须要征求社区组织或居民的意见，体现社区利益。

三是参与社区经营，分享收益。古镇古村内一些商业设施如有租赁、承包经营的，可以优先、优惠租给社区居民，在统一规范约束的前提下，

---

① 杨桂华、陈飙、田世政等：《旅游景区管理》，科学出版社2006年版，第151页。

允许社区居民销售土特产品，开展家庭接待等；相关经营管理机构在工作人员招聘、培训时要优先考虑社区人员。同时，古镇古村在收益中还应拿出一部分投资社区的公益事业，如社区修路，建学校、敬老院等。①

总之，古镇古村作为珍贵的历史文化遗产，其所拥有的具有垄断性和可创新性的旅游资源，必然会成为备受瞩目的旅游热点。由于古镇古村大多地处农村地区，其区位和资源特性决定着它的合理保护和开发必然会推动美丽乡村的建设。同时，在日趋激烈的旅游市场中，古镇古村旅游还必须适应时代趋势，走多元化的旅游发展之路。②

五、发展广州特色的乡村休闲旅游

乡村休闲旅游作为目前国内旅游业的一朵奇葩及经济发展的一个亮点，在拉动农村经济增长、带动农民就业增收、建设社会主义新农村、推动农村产业结构调整、全面建设小康社会方面发挥着重要的作用。休闲旅游是指以旅游资源为依托，以休闲为主要目的，以旅游设施为条件，以特定的文化景观和服务项目为内容，为离开定居地而到异地逗留一定时期的游览、娱乐、观光和休息。乡村休闲旅游的兴起及产业化和规模化的趋势缘于经济社会的发展以消费者"返璞归真""回归自然"的心理需求。目前，乡村休闲旅游的类型主要有以下几种：乡村自然风光游、乡村民俗和民族风情旅游、参与型乡村旅游、农庄旅游或农场旅游。

（一）政府主导、统筹规划、科学决策

广州市政府可以充分利用其掌握的资源，对乡村休闲旅游的发展发挥引导、推动作用。旅游业是综合性、关联性较强的产业，涉及饮食、住宿、娱乐、交通、文化、商业等诸多部门。旅游资源是旅游业生存和发展的基础和前提，其禀赋和品质是旅游竞争力研究中的焦点并决定着旅游业的规模与质量。旅游业一般利用的是公共资源，因此需要进行合理的开发、规划和利用，如果其损耗速率超越自然或人为的更新速率，那么，将

---

① 杨桂华、陈飙、田世政等：《旅游景区管理》，科学出版社2006年版，第157页。
② 董晓英、秦远好：《古镇古村落遗产旅游与新农村建设》，载《乐山师范学院学报》2009年第2期。

严重破坏旅游业的持续发展。乡村休闲旅游的开发必须坚持科学论证、统筹规划的原则，在相关部门、专家和乡村利益相关者充分评估后才能进入项目实施阶段，否则不仅不会取得发展乡村休闲旅游预期的效果，甚至会造成资源的严重浪费和原生态破坏等，从而影响到子孙后代的可持续发展。

（二）结合本地实际，打造自己的乡村休闲旅游新亮点

广州乡村地域宽阔，种类多样，有着风格各异的岭南自然风貌和风土人情。各地发展乡村休闲旅游要从本地实际出发，因地因时制宜，进行合理定位，充分发挥比较优势，整合当地资源，打造具有地方特色的旅游新亮点，以此提高乡村旅游目的地的吸引力和重游率，促进乡村旅游和乡村经济的可持续发展。

例如，在北部山区和丘陵地区大力发展沟域经济，建立具有浓郁乡土气息和淳朴乡村风情的休闲农庄，让游客体验农家饭、农家景和农家院；在珠江边要发挥水资源优势，开发垂钓、竹筏等旅游项目，养殖水产，让游客尽情享受山水、品味海鲜；在农产品种植广的平原地带发展园区经济，发展观光农业，让游客们在采摘果蔬中尽享劳动情趣等。总之，乡村旅游目的地要改变产品和项目雷同化、内容和吸引物单调化的局面，创新产品的特色，发展个性化乡村旅游服务，满足市场选择的个性化需求。

（三）坚持资源开发与环境保护并举，做到科学布局、合理定位

发展乡村休闲旅游是一项系统工程，必须坚持乡村旅游资源开发与环境保护并举的原则。乡村旅游资源的开发要注意与其他地区的旅游项目结合起来，借助已有景点的吸引力，争取客源，以形成资源共享、优势互补、共同发展的格局。另外，在发展乡村休闲旅游的过程中，要充分考虑本地生态环境承载能力、市场容量等因素，把握好生态环境和乡村文化资源保护与资源开发的关系。明确各旅游区的发展重点，做到布局合理、重点突出。发展乡村休闲旅游与美丽乡村建设和全面建设小康社会是息息相关的，要把美丽乡村建设和加快城乡一体化建设统一到乡村休闲旅游发展中来。

（四）挖掘乡村休闲旅游文化内涵，提升品牌效应

加强文化内涵建设有利于推动乡村休闲旅游的健康持续发展，要以乡

土文化为核心，突出地域特色文化，提高乡村旅游产品的档次和品位。这样有助于避免旅游开发的产品特色少、雷同性多的现象。发展乡村休闲旅游要在乡村民俗、民族风情和乡土文化上做文章，充分挖掘当地的民俗文化，从而使游客在享受美食的同时更多地了解乡村文化，有利于满足游人的不同需求，也就提升了旅游品牌的效应，最终会吸引着越来越多的游客来此休闲。另外，在注重乡村休闲旅游文化内涵提升的同时，有必要对其进行知识产权保护，这样一方面可以增加经济效益，另一方面可以提高当地人们的创新意识和产权意识，促进乡村休闲旅游的可持续发展。

（五）加强乡村休闲旅游宣传力度，强化品牌营销

众所周知，一个地方旅游业的发展除了要有地方优质的服务做保障外，宣传力度的大小起着至关重要的作用。如果宣传效果好了，势必会吸引周边城市和乡村的消费者来此休闲度假。做宣传需要精心的策划，除了对内做好宣传外，有关部门还要加强与省内外各大媒体的合作，通过专业人士制作宣传短片，编辑风景画册或刻录宣传光盘等方式进行地方乡村休闲旅游的宣传，同时还可以利用开展节庆活动的形式，向外界推销当地的休闲旅游产品，充分展示本地方乡村休闲旅游的特色，铸造优质品牌。[1]

可以说，发展乡村休闲旅游业为振兴农村经济开辟了有效途径，为农村剩余劳动力就业提供了良好机会，为农村社会文明进步创造了有利条件。当前，乡村休闲旅游市场现实需求的推动，生态文明与美丽乡村建设的提出，《国民旅游休闲纲要》的正式公布，为乡村休闲旅游带来了开发前景与契机。[2] 发展广州特色的乡村休闲旅游，必将最大限度地促进广州美丽乡村的建设和发展。

总而言之，美丽乡村建设既秉承和发展了新农村建设"生产发展、生活宽裕、村容整洁、乡风文明、管理民主"的宗旨思路，延续和完善了相关的方针政策，又丰富和充实了其内涵实质，集中体现在尊重和把握其内在发展规律，更加注重关注生态环境资源的有效利用，更加关注人与自然和谐相处，更加关注农业发展方式转变，更加关注农业功能多样性发

---

[1] 刘邦凡、李明达、王静：《略论乡村休闲旅游的发展》，载《中国集体经济》2013 年第 31 期。

[2] 裘曙洁：《现代化视域下乡村休闲旅游业发展探析》，载《三江论坛》2013 年第 5 期。

展,更加关注农村可持续发展,更加关注保护和传承农业文明。必须根据党的十八届三中全会精神和形势发展的需要,将美丽乡村建设作为今后一事一议、财政奖补的主攻方向,加大对有产业支撑、适宜认可集聚的传统村落和新型农村社区的投入力度,整治农村综合环境,建设文化墙面,优化农村社会管理,加快建设"村庄秀美、环境优美、生活甜美、社会和美"的美好家园。

第八章 美丽表率：广州美丽乡村的个案考察与典型示范

据广州市建委消息，广州市2013年第一批14个市级美丽乡村试点创建工作于2014年年初顺利通过广州市美丽乡村工作办公室组织的考核验收。4月，广州市美丽乡村和幸福社区工作领导小组正式发文，授予白云区白山村等9个村"广州市美丽乡村"称号，同期试点的海珠区黄埔村等5个村也通过考核验收并转入幸福社区创建。

据了解，2012年9月广州市开始组织开展第一批14个市级美丽乡村试点，通过一年多的综合整治，建设项目200个，其中9个美丽乡村试点，经广州市美丽乡村和幸福社区工作领导小组审批同意，授予"广州市美丽乡村"称号。通过验收考核的荔湾区石围塘街山村、荔湾区海龙街增滘经济联社、天河区珠吉街珠村、海珠区琶洲街黄埔村、黄埔区长洲街深井社区5个试点，鉴于这些试点已转制为社区并与城市建成区连片，改为纳入幸福社区继续创建。[①]

第一节 乡村生态型

2008年，浙江省安吉县正式实施"中国美丽乡村"计划，"安吉模

[①] 《"广州市美丽乡村"出炉，打造岭南特色乡村名片》，载广州文明网2014年4月11日。http://gdgz.wenming.cn/gzjj/201404/t20140411_1865985.html.

式"及其效应逐步形成。2013年中央1号文件提出"努力建设美丽乡村"的要求，再次强调培育生态乡村的重要性与紧迫性。广州市于2012年起开始启动"美丽乡村"计划，其中属于乡村生态型建设模式的乡村主要有白云区白山村、花都区红山村和黄埔区（原萝岗区）莲塘村。

一、白云区白山村

（一）乡村概况

广东省广州市白云区太和镇白山村地处镇东部，位于太兴公路两侧，东与八斗村相隔，西与和龙、北与头陂相连，是一个山多耕地少的村庄。全村总面积9.7平方公里，其中耕地面积650亩，全村有8个经济社，村常住人口2055人，其中农业人口1230人；外来人口360人。白云区太和镇白山村位于广州市北部、帽峰山南麓，三面环山的小村处处散发乡土气息，纵横有序的农田上倒映着村民们耕作的身影。据介绍，白山村的规划定位是根据自身的自然生态资源，结合帽峰山及和龙水库的"青山、秀水"大环境，着力打造以生态旅游、农业观光、休闲度假为特色，体现客家和广府村落风貌的美丽村庄。

（二）规划先行，品牌包装

广州市白云区坚持村庄规划为先、优化农村布局，注重以科学规划引领美丽乡村建设，通过加强美丽乡村规划编制，优化农村布局。一是开展12个美丽乡村的村庄规划编制工作，根据各村庄所处区域和特点，因地制宜确定村庄发展模式，突出规划的权威性和可操作性，从资金投入、空间布局、土地供应、村民意愿等方面保障村庄规划的落实。目前，已完成太和镇白山村、钟落潭镇寮采村、人和镇黄榜岭村的村庄规划编制和审批工作，其他9个村的村庄规划编制工作也已全面启动，争取年底前全部完成。二是开展12个美丽乡村的村容村貌专项规划设计工作，委托规划设计单位开展专项规划设计，其中白山村、寮采村、长腰岭村、大田村、北村、人和村等6个村已完成初稿。

兵法云："兵马未动，粮草先行。"对于美丽乡村建设来说，则是"工程未动，规划先行"。在广州，面对习惯依山逐水而居的村民，规划者既要补足此前部分村庄无序建设导致的治理短板,又要借力美丽乡村建设,充分激发村庄的发展潜能——白云区太和镇白山村正在循着这个思路摸索。

在白山村委会内,美丽乡村的规划展板被摆在了最为醒目的位置。根据规划,白山村被分为乡村旅游配套服务区、村生活区、旅游配套服务区、都市生态农业观光区、养老康复文化区和非建设控制区六大功能区,并实现"三规合一"的用地控制。

大学生村干部、白山村党支部书记助理湛廷光认为,要让规划蓝图真正变现,除了要砸下真金白银,更需要以市场化思维升级白山村的发展模式。"村里已通过土地入股的方式引入社会资本,组建了一家旅游开发企业。"湛廷光说。

作为村庄品牌化建设的重要组成部分,一套完整的视觉识别系统正成为白山村美丽乡村建设的重要指导文件。一条由毛笔勾勒出的充满写意韵味的山麓,配以"美丽白山"的文字说明,成为白山村的品牌LOGO。"大到村庄形象宣传广告,小到村委会办公室铭牌,都要统一印上这样的标志。"湛廷光说。①

白山村的村庄规划明确了白山村的规划定位为打造以生态旅游、农业观光、休闲度假为特色,体现客家和广府村落风貌的"美丽白山"。该村庄规划结合白山村的资源条件和生产生活特点,在充分考虑民意和村经济发展的前提条件下,编制白山村六大功能区布局,将白山村分为六大功能区,包括乡村旅游配套服务区、村生活区、旅游配套服务区、都市生态农业观光区、养老康复文化区和非建设控制区。并通过村庄整治拆建图、生态农业布局图、公共服务设施分布图具体指导白山村美丽乡村建设工作。白云区白山村由此成为广东省内唯一入选全国村庄规划试点的乡村。

(三) 规范建房,发展旅游

一方面,组织开展环境卫生集中整治行动,以村为实施主体,开展村内违章建设、泥砖房及窝棚清理工作,全面清理、拆除村内乱搭乱建,清

---

① 付伟、郑可欢:《"四手联弹"奏响美丽乐章——广州借力新型城市化推进美丽乡村建设》,载《农民日报》2014年4月1日。http://www.farmer.com.cn/xwpd/dfny/201404/t20140401_950459.htm.

除脏乱差现象，改善村容村貌。另一方面，加强对村民规范建房的指导工作。将市的《广州市农村村民住宅规划建设工作指引（试行）单行本》及《美丽乡村建设图集》等下发至村，并组织制定白云区的规范农民建房的工作指引和培训方案。白云区已于4月印发《白云区农村村民住宅规划建设实施意见》，并于5月24日召开了白云区农村规划建设工作动员暨培训大会，相关职能部门专程到白山村村指导开展农村村民建房报批试点工作，进行政策宣传。目前，白山村有3宗村民建房已报区建设局受理，现正按程序并联审批中。

据白云区建设局消息，白山村一期建设项目总投资约3909万元，共13个子项目，目前已完工公共服务站、宣传报刊橱窗、村级小游园工程和文化站配套工程建设，其余9个子项目正在开展前期工作。

白云区规划分局消息，白山村村庄规划于2012年6月初开始编制，11月底完成，历时6个月，其间通过问卷调查、访谈、公示、规划宣讲、投票表决等形式4次征求村民意见。规划严格遵循土地利用总体规划，积极落实村民合理意愿，在村民自治、公众参与、协调土规、发展村集体经济等方面具有一定的示范意义。

"在绿色和生态概念日渐普及、农业和旅游业产业地位不断提升的今天，走观光农业发展的道路已经成为绿色经济大背景下的一种自然选择。"《规划》明确提出，白山村要依托帽峰山森林公园南入口的区位条件及良好的环境资源条件，规划重点发展旅游配套服务及休闲观光农业。"我们这里还是比较闭塞的，美丽乡村规划很符合我们村的实际。"村民陈叔告诉记者，目前白山村村民主要以种植荔枝、水稻、蔬菜为生，村民收入普遍比较低。看到规划以旅游配套服务及休闲观光农业这一方向去发展，让村民看到了白山发展的希望。陈叔大呼："我们的日子就要好过了。"

据了解，在旅游配套服务上，村庄规划提出在符合土地利用总体规划范围规划两块村经济发展用地，建设乡村酒店和农家乐，打造乡土生态与现代岭南文化相结合的旅游配套服务基地；在休闲观光农业方面，本次规划提出在白山村村域中部，利用现状生态和地理资源，将一般耕地整理提升为现代基本农田展示区，规划为农业观光园，划分为精品展示区、花卉种植基地、无害蔬菜种植区、科普互动区和示范果园五大功能片区。①

（四）充分利用乡村生态资源

没有历史资源，没有产业优势，白云区白山村建设美丽乡村充分发挥了生态环境良好的优势。记者昨日在白山村见到，这座地处帽峰山南麓的村子风景十分秀丽，村内环境也十分整洁。

该村负责人介绍，建设美丽乡村的过程中，白山村一直秉承"先保护后发展""先规划后推进"的理念，全村生态环境保护良好，是广州市近郊保持原生态环境最好的村庄之一。全村共有生态公益林800多亩，绿色覆盖率90%。为农村打造一个干净、整洁、舒适的生活环境，白山村着重于生态环境的保护、村容村貌的整治及基础设施的完善，严格落实基本农田保护制度，杜绝违章建筑、杜绝污染工业进驻。

通过组织开展环境卫生集中整治行动，完善环卫基础设施建设，建立"户收集、村集中、镇运输"的生活垃圾收运处置体系、环卫保洁制度和落实门前卫生责任制度，建立长效卫生保洁制度。同时，全面清理、拆除村内乱搭乱建，清除脏乱差现象，加强村容村貌管理，实施美化亮化工程等。②

二、花都区红山村

（一）乡村概况

红山村位于梯面镇的西北部，总面积14.3平方公里，分6个自然村、9个经济社，常住人口1048人，有298户，村民以耕种为主，距广州市区60分钟的车程，离王子山森林公园只有十公里的路程。红山村位于广州市花都区梯面镇，在具有广州"九寨沟"之称的王子山森林公园的脚下，被誉为"广州市最美的山村"。春天绽放的油菜花，夏季清澈透明而又凉爽的溪水，秋天的稻田，以及风景优美的荷塘、水车、鼓楼、桃花

---

① 林洪浩：《白云区"美丽乡村"进行时》，载《广州日报》2013年6月17日。http：//gzdaily.dayoo.com/html/2013-06/17/content_2285360.htm.

② 《"广州市美丽乡村"出炉，打造岭南特色乡村名片》，载广州文明网2014年4月11日。http：//gdgz.wenming.cn/gzjj/201404/t20140411_1865985.html.

岛,映衬着远方郁郁葱葱的山峦,显得格外动人,每个周末都有无数广州市民前来欣赏红山村的美景。

红山村是一个山清水秀、四面环山、风景如画、自然生态环境优美、拥有浓厚客家风情和丰富旅游资源的秀丽小山村。辖区内青山叠翠、溪涧纵横、流水潺潺,遍布飞瀑流泉,河水清澈见底、空气清新,村庄整洁优美、景色迷人,是广州市近郊难得一见的"世外桃源",经几年的开发建设,现已成为人们建身吸氧、休闲度假的新景点。

(二)主打"绿色"生态旅游

进入红山村,你就会被红山村原生态的"绿色"所迷倒,从镇政府到红山村4公里的路程,沿途就是一幅幅美丽的山水画,一路走来,首先映入眼帘的是坐落在雁峰山下美丽的广州市工人疗养院,往下走约500米处便是铜鼓潭瀑布,再往下去约1公里处就是梯面镇最大最美的石上背瀑布,俗称"石上飞瀑"景观。村内周边还分布着有"深谷幽峡""浅谷幽深""红谷幽情"等景观景点。村内的自然村落错落有致、各具特色,让人遐想联翩。

近些年,随着特色旅游业的迅速发展,红山村根据自身的实际情况,结合美丽乡村建设的有利时机,充分利用山区特有的山水森涧资源优势,积极争取上级有关部门的大力支持,切实按照红山村的总体规划和项目建设计划,有步骤地开展美丽乡村建设,村容村貌有了很大的改变,特色乡村旅游正在蓬勃发展,并已初具规模。特别是2009年为配合王子山森林公园的开发和梯面"油菜花节"的举办,投入了400多万元建设了一批旅游观光设施,重点建设了一条"油菜花"观光栈道和观景长廊,并建成一条"桃花"观赏绿道。在村庄周边搭建了一批供游客休息观赏的木凉亭和木长廊,在主要的村中路口,建成了一座反映"秀色山村"的灰塑画墙,供游人欣赏,在村中心公园周边搭建了一座充满古味的"红山鼓楼"和一处巨大的"仿古水车"等景观景点。

如今的红山村是一个依山傍水、有小桥流水人家、村落群山环抱、民居宅院沿田边而建、依山而立、处处洋溢着纯真古朴山乡风情的美丽山村。在村内游走,只见现代建筑与古建筑并存、粉墙黛瓦、参差错落,位于村内中心公园湖中碧波荡漾、荷花点点,湖中曲桥、凉亭倒映水中,湖边柳树、桃树、荫香树等随风飘动，在春天的季节，随处可见的桃花，金灿灿的油菜花，宛然置身于人间仙境，给游人增添了无限乐趣。红山村已打造成初具规模，集休闲、度假和旅游观光为一体，特色鲜明、亮点纷呈的社会主义美丽乡村。

（三）美丽田野，内外兼修

在美丽乡村建设中，梯面镇打造出一批美丽的乡村景观：河涌明净静谧，两岸绿树环抱，绿道被错落有致的植被景观包围，小桥和亲水平台穿插其中；村中不仅有深谷幽峡、瀑布林泉，还有一条桃花涧贯村而过，全村120多亩耕地都集中在桃花涧两侧的山间坝子上。曾有游客感叹说："红山村是我见过的郊外乡村中风景最好的一个。"

红山村是花都区开展建设美丽乡村行动中20个美丽乡村先行示范点的其中一个，市农业局将在2012年和2013年的新农村建设、观光休闲农业和农家乐、扶贫专项资金中安排430万元，主要用于红山村的基础设施建设和村容村貌整治。目前，红山村已经梳理出17个美丽乡村建设项目。针对油菜花节旅游周期比较短的问题，红山村和梯面镇计划开发更多的旅游景观和服务设施：利用抗日战场遗迹建山顶公园；继续开发周边的瀑布河谷建"石上飞瀑"等景点；修建一个停车场；在村内沿河打造特色农产品市场一条街，让游客不仅有东西看更有东西买……红山村旅游已经成为梯面旅游的"王牌"，成为花都区"打造现代化美丽乡村"的样板。

红山村在注重美丽乡村外表的同时，也注重提升美丽内涵。经过帮扶，梯面镇8个经济薄弱村集体收入均高于30万元，最高的达92.89万元，是帮扶前的3.8倍。纳入帮扶对象的52户贫困户家庭2012年平均家庭总纯收入达43730元，最高纯收入达76322元，人均纯收入达12160元，是达标数额的2倍还多，是帮扶前的4倍，圆满地完成了脱贫任务。梯面小学的新容新貌给人留下了深刻印象。2011年，花都区投入870万元建设梯面小学综合楼及活动中心。梯面小学不仅拥有了4层高的大型教学楼，还有了全新的食堂和宿舍，另外还拥有一座1780平方米的文化礼堂，同时肩负着梯面镇文化表演、体育活动和群众集会的重要功能。[①]

[①] 《走进红山村》，载《广州日报》2013年1月13日。

三、黄埔区莲塘村

（一）乡村概况

莲塘村位于广州市原萝岗区西北面，九龙公路在村中通过，总面积7.8平方公里，其中耕地面积1200亩，山林山地面积6500亩，常住人口2100人，有十个经济社，村主要姓氏为陈姓，主要农作物及特色农产品有水稻、白兰花、龙眼、黄皮，人均可支配收入2700元/年。村集体经济薄弱，年收入才4万多元，对一年的计生工作及村两委干部工资支付也成问题。村内小型企业只有一个，上年纪的富余劳动力就业出路不多。村里有人文古迹陈氏祠堂、鸿佑家塾、季昌书室。白玉兰森林公园、生态园林公园、荷花塘为该村的主要景观。教育设施有九龙一小莲塘分校1所，全校学生总人数120人。

该村近几年来村容村貌大有改善，自来水、有线电视已进入家家户户。村"两委"干部共7人，有党员62名，由包庆红为党支部书记，陈何仔为村委会主任，领导村"两委"干部及全体党员、社干部，通过党员干部学习培训班，大家工作积极性大大提高，提前完成镇委镇政府下达的第四季度计生工作任务及农村合作医疗参合任务。完善村"两委"每星期例会制度，提高办事透明度，及时公开办事结果。治安队伍建设及保洁队伍建设井然有序，村容村貌得到常年保证。

（二）文化底蕴深厚，生态环境优美

从地理位置上看，莲塘村位于知识城规划范围内，在知识城总体规划中属于保留开发村庄。村域总面积650.86公顷（约1万亩），包括5个自然村及10个经济社，莲塘村户籍人口2245人。

莲塘村历史悠久，文化底蕴深厚。村内有一古村落位于自然村南向庄村内，建筑保留有较好的岭南特色、街道空间格局有良好的村落肌理。建筑高度一致，景观条件尚好。时四陈氏公祠是村现状保留较好的一座历史建筑，祠堂除了给村民提供节日祭祀之外，平时还是村民公共活动的场所。祠堂的建筑结构富有古建筑的特色，古色古香。

莲塘村生态环境优美，旅游资源丰富。莲塘公园没有商业开发，现状

中是原生态资源，公园内花卉丛林多样，色彩丰富，景观独特。白玉兰森林公园内种植有玉兰花，是莲塘村的传统特色。人民食堂建筑风格独特，又有历史背景，已列为历史建筑。新陂水库水资源丰富，自然风光优美。生态游、工业游、历史文化游并驾齐驱，成为助推知识城发展的靓丽风景线。①

（三）延续古建筑古村貌

祠堂古色古香，莲花池夏季开满荷花，700 岁的大榕树生机勃勃……在萝岗九龙镇莲塘村可以见到，经过一年多的建设改造，莲塘村完善生态环境建设，打造岭南乡村文化名片，整个村容村貌已经焕然一新。

莲塘村有一古村落位于自然村南向庄，建筑保留有较好的岭南特色、街道空间格局有良好的村落肌理。村中心区的玄武山植被保存良好，山中树木错落，环玄武山的两口莲花池塘夏季开满荷花。目前，美丽乡村一期工程动工后正在进行水环境建设、污水管网建设和村容村貌整饰。莲塘村改造范围内共涉及莲塘村现存历史文化资源，以玄武山及其周边历史建筑为主，历史建筑主要包括陈公祠、秀昌书舍、鸿祐家塾、友恭书室、第一人民食堂、第二人民食堂及近 6000 平方米的古村落。

该村负责人表示，莲塘名村建设突出莲塘村古建筑保护与古村风貌延续，尊重并保持古村独特的岭南村落肌理，深入挖掘深厚的村落文化内涵，打造具有浓郁岭南地域特色的乡村文化名片。②

第二节 都市农业型

关于"都市农业"的起源，诸多学者提出了不同的看法，较系统的观点是：1919 年德国出现"市民农园"的发展模式，日本在 1930 年提出"都市农业"概念，1950 年"都市农业区域"一词由美国学者使用，"都

---

① 《广州美丽乡村建设特刊·创建示范村介绍：萝岗区九龙镇莲塘村》，载搜报网 2012 年 10 月 16 日。http://www.cnepaper.com/gzjs/html/2012-10/16/content_6_10.htm.

② 《"广州市美丽乡村"出炉，打造岭南特色乡村名片》，载广州文明网 2014 年 4 月 11 日。http://gdgz.wenming.cn/gzjj/201404/t20140411_1865985.html.

市农业生产方式"一词则由美国经济学家在 1969 年提出，1997 年美国农业经济学家发表的文章《日本农业模式》中正式提出"都市农业"概念。① 大体上来讲，都市农业就是是指在都市化地区，利用田园景观、自然生态及环境资源，结合农林牧渔生产、农业经营活动、农村文化及农家生活，为人们休闲旅游、体验农业、了解农村提供场所。换言之，都市农业是将农业的生产、生活、生态等"三生"功能结合于一体的产业。② 广州作为全国仅有的四大一线城市之一，随着城市化进程的加快，都市农业已经成为广州都市经济的重要组成部分，作为与都市经济发展和人民生活息息相关的基础产业，具有保障生活、稳定社会、平衡生态和旅游休闲等作用。广州建设都市农业型美丽乡村的主要代表是番禺区坑头村和从化区西和村。

一、番禺区坑头村

（一）乡村概况

番禺区南村镇坑头村总面积 4.02 平方公里，下辖白岗、白水坑 2 个自然村。现有户籍人口 4098 人，外来人口 15000 人。该村是一座有着 1500 多年文化积淀的岭南古村，古村格局留存完整，村落脉络清晰，街巷发达。村内有百幢古宅，13 个明清时期的宗族祠堂，众多庙堂和形式多样的岭南特色建筑，古井、古树也遗存不少。在美丽乡村建设过程中，坑头村按照"完善设施，美化环境，提升品位，和谐发展"的原则，彰显"四美"内涵，打造亮丽名片，不断提升坑头村的舒适度、美誉度、文明度和满意度，让村民群众共享发展的成果。

近年来，坑头村以建设"岭南文化名村，生态幸福家园"为理念，以"美丽乡村"建设为契机，紧紧围绕美丽乡村的工作思路，按照"完善设施，美化环境，提升内涵，和谐发展"的原则，着重打好"生态、文化、惠民、经济"四张牌，努力实现"天更蓝、水更清、路更畅、房

---

① 马佳、马莹、张晨、顾晓君：《都市多功能农业研究综述》，载《中国农学通报》2014 年第 5 期。
② 关海玲、陈建成：《都市农业发展理论与实证研究》，知识产权出版社 2010 年版。

更靓、村更美"的新型化发展目标。整个坑头村划分为生态休闲区、历史古街区、商业文化区、传统农业区、产业园区五个功能区块。通过前一阶段的建设,坑头村的环境面貌进一步亮化美化,公共服务设施日益完善,美丽乡村建设已现雏形。①

(二) 构建优美村庄,提升"宜居坑头"的舒适度

坑头村是广东省第一批宜居示范村庄。在美丽乡村建设中,坑头村以完善基础设施、优化美化环境、提升文化品位为切入点,着力打造三个"环境"。

一是规划引领,打造良好的宜居环境。全面实现基础设施"七化工程"和公共服务设施"五个一"工程,先后建成了广州市一级学校坑头小学、南村医院坑头分院;原坑头小学改造为区一级标准的幼儿园;进行了坑头综合市场改建及周边环境升级工程。高标准、高起点建设的坑头村文化体育公园,功能齐全、设施完善,健身室、灯光篮球场、老人之家、露天卡拉OK、"农家书屋"、"绿色网园"等文体设施全天免费开放,并建设了廉政文化长廊、应急避险场所。

二是整建结合,打造亮丽的村容环境。以整治"六乱"为切入点,实施"三线"下地工程,铺设了主街区高压、低压及通讯电视光纤管线的专用渠道并将进行管线下埋工程。完善交通设施建设,建成了文昌路、白岗路、南园路、新区路等4条主要道路,改造了西和路等重要路段的交通设施,并全部安装了路灯。进行中心区、西片区、南园片区、白岗等区域的排污管网工程,铺设了覆盖全村的雨水管,实现雨污分流。

三是突出亮点,打造高雅的人文环境。注重发掘与传承坑头村优秀的历史文化,精心规划建设永宁广场、敬松公园,以牌坊、诗廊、雕塑、水松树等建筑园林元素,再现东晋陈玄德将军文化,重塑"禺南首村"的精神家园。按照修旧如旧的原则,对步青里等四条古街区、振堂陈公祠等七间祠堂及陈氏古侨宅进行修缮。以统一色调、统一风格整饰市新路及下街沿线商铺、民居,凸显岭南古建筑风范,增强主干道、主街区的美感与

---

① 《广州美丽乡村建设特刊·创建示范村介绍:番禺区南村镇坑头村》,载搜报网2012年10月16日。http://www.cnepaper.com/gzjs/html/2012-10/16/content_6_10.htm.

艺术性。撰写《名村坑头》，全方位概述坑头村的历史沿革、风土人情、文化艺术及趣闻逸事。同时，把部分祠堂和旅秘鲁古侨宅开辟为坑头村史、农耕史及秘鲁坑头侨胞创业史展览馆，以图片和实物形式展示坑头村的发展变化及海外坑头侨胞的奋斗历程。

（三）塑造恬美景观，提升"生态坑头"的美誉度

坑头村是全国首批26个"生态文化村"之一，也是广东省唯一入选的行政村，自古就有"敬松护林"的美传。坑头村紧抓"生态闻名"这一主线，充分利用和保护村内良好的生态资源，以实施环境与景观综合整治为突破口，重点打造"两园一区一绿廊"。

一是引水造景，"两园"突显乡村韵味。以"水"为主题，依照原有的生态地貌，把瓦窑岗打造成67亩的湿地公园、文昌阁打造成300多亩的水上生态园。在园区内设置了瓜果蔬菜游赏区、滨水游憩区和花卉种植观赏区等具有生态亲和力的体验区域，并以此为核心辐射周边楼盘和中心城区的住户，打造"阡陌纵横，桃红柳绿"的宜游新天地。

二是以农为题，"一区"展示都市农业生态。利用文昌阁区域现有的鱼塘、农田、养鹅场等农业元素，将生态农业与休闲旅游有机结合，以清新的田园风光、浓郁的乡土气息和有机农作物种植为特色，以体验+农作的形式，把"一区"建设成"四季果飘香，四时景不同"的200多亩立体式农业区。在园区上划分了休闲亲水、科普养殖、田园观光、种植体验及火龙果采摘等五大功能区域。

三是增绿添色，"一绿廊"再现自然景观。突出"原生"与"野趣"的特点，在白岗自然村现有百年古树林、次生竹林、山冈、池塘等生态景观基础上，修建环村绿道、休闲径、健身径，并撒种各类野花种子，构筑绿色村庄色彩缤纷的生态网架，重现"青青草岸绿，脉脉林木深"的诗情画意，打造"绿色坑头"生态盎然、碧水连天的后花园。

（四）培育谐美民风，提升"魅力坑头"的文明度

以美丽乡村建设为契机，大力开展农村基层文化建设，推动"三强化"工程，培育积极向上的村风民风。

一是强化阵地建设。投入5000多万元进行体育文化设施建设，目前，全村建有文化广场2个，面积3.3万平方米；各类运动场10个，面积

1.09万平方米；公园7个，面积32万平方米；各类功能室面积4000多平方米，涵盖康体、娱乐、阅读、老人活动等项目。

二是强化载体创新。建立了廉政文化基地、妇女之家、党团义工活动室，先后获得了广州市"四好"星级妇女学校、广州市廉政文化建设示范点等称号。组建了村的舞蹈队、健身队、私伙局等群众文化团体，连续多年承办了南村镇运动会篮球比赛，并多次夺得村级男子篮球赛冠军。

三是强化活动内涵。举办送戏下乡、公益挂图展、廉政宣传同乐日、普法教育、便民集市、敬老活动、交通知识文艺汇演、文艺晚会等活动，寓教于乐。开展每月一歌、卡拉OK大赛、健身舞大赛等文体活动，凝聚民心。

（五）共享和美生活，提升"幸福坑头"的满意度

以共建共享为理念，打好"亲民、利民、惠民"三张牌，提升群众的幸福感、满意度。

一是亲民赢信任。认真贯彻落实镇委"三联系三服务"制度，半年来共入户走访群众480户次，收集意见、建议89条。

二是利民赢口碑。依托村务管理中心和社区服务中心为村民和外来人员提供民政救济、水电费统收统支、农会活动、业务咨询、计生、暂住证、出租屋租赁备案登记等一站式便捷、高效、贴心服务。强化村的治安管理，充实人员装备，投入100万元，建成覆盖全村的治安视频监控系统。加强环境卫生管理，建设了2座垃圾压缩中转站，实行全村上门收垃圾及16小时保洁制度。

三是惠民赢民心。全面推进农村合作医疗、住院二次报销和外来工门诊报销制度，新型城乡合作医疗参保率达到100%，全体村民参加合作医疗和住院二次报销费用全部由村统一支付。南村医院坑头分院按标准配置现代化医疗设备，并配备2名医生和2名护士，村民日常保健、常见疾病治疗均可在村卫生站解决。不断完善社会保障体系，提高村内的老、弱、病、贫的帮扶标准。每年根据村集体经济效益发放福利分红，对老弱病贫困难群体实施特别关怀计划，对全村特困户、残疾人实行发放慰问金制度。启动就业促进工程，建立全村群众就业情况数据库，主动为有意就业

的村民介绍工作，提供职业技能培训机会。[1]

二、从化区西和村

（一）乡村概况

从化区城郊街西和村总面积约 5 平方公里，下辖 6 个经济社，有农户 271 户，总人口 1110 人。该村地处万花园核心区，地理位置、自然生态环境条件优越，近年来完成万花园土地流转 2000 多亩，草塘农家乐第一期征地工作完成征地 200 多亩。现有占地 1000 多亩的国家 4A 级旅游景区宝趣玫瑰世界、占地 700 多亩的旺地樱花基地、占地 700 多亩的兰花基地，还有大大小小的花卉企业 20 多家落户西和村。有很好的条件发展以花卉为特色的乡村旅游业，以乡村旅游业带动西和村经济发展，使村民致富增收。[2]

从化区城郊街西和村位于广州北部山区。几年前，通过土地流转，西和村超过八成的土地成了 33 家花卉企业的生产基地。位于城郊街的万花园生产示范园区是国家农业部和广东省共建的现代农业示范区，以绿色生态为引领，将打造成为"国家级现代花卉农业园区"。而城郊街西和村正位于万花园的核心，是万花园企业集群发展的起始地，具有独特的产业发展优势。作为广州市"美丽乡村"试点村之一，西和村紧紧依托万花园的规模效应，以花卉、果蔬为支撑和亮点，以产业的发展为引擎，以旅游为核心，以文化为内涵，在万花园总体定位基础上提出了打造"岭南最具活力的'花园'式美丽乡村"的发展定位。

（二）环境优势凸显，发展潜力巨大

西和村地理位置优越，自然环境优美，既有 2000 多亩平坦肥沃的耕地，亦有大量的山林地和湖泊，降雨充沛、气候宜人，适宜人们生产和生活。此外，西和村作为万花园核心区，容易吸纳各方面的资源，争取到更

---

[1] 《走进广州番禺区坑头村，美丽乡村代名词》，载天津网 2012 年 9 月 17 日。http://www.tianjinwe.com/hotnews/txjj/201209/t20120917_86342.html.

[2] 《广州美丽乡村建设特刊·创建示范村介绍：从化市城郊街西和村》，载搜报网 2012 年 10 月 16 日。http://www.cnepaper.com/gzjs/html/2012-10/16/cortent_6_10.htm.

多支持来推进"美丽乡村"建设。目前,宝趣玫瑰世界等10多家企业已进驻该村,花卉种植面积超过4000多亩,已初步形成以生产玫瑰、火龙果、百合、红掌、特色苗木为主体的格局,可利用的旅游资源丰富,为乡村发展提供有力支撑。随着花卉大道的建成通车以及万花园周边基础设施的进一步完善,制约西和村发展的瓶颈将被解除,届时西和村的发展前景更加广阔。

西和村民风淳朴,大部分村民是客家人,客家文化底蕴深厚。此外,村"两委"政治素质高,带领群众致富和建设美丽乡村的愿望强烈,群众基础好,对村"两委"的工作都非常支持。在这样有利的条件下,村"两委"有信心开展"美丽乡村"建设,让全体村民分享到"美丽乡村"建设的成果。

对于花卉企业落户到西和村,该村"两委"和群众都非常欢迎,并将其作为强村富民的一项重要工作来抓,积极配合土地承包经营权的流转,使得原本分散低产值的田块集中到企业手中,便于开展集约化、规模化、高产值的花卉种植。目前,该村流转土地3000多亩,流转率约70%,进驻的企业增至10多家,其中宝趣玫瑰世界和大丘园火龙果基地已成为国家3A级旅游景区。进驻企业也十分支持当地发展,优先聘用该村村民到企业工作。同时,土地租金已提高到每年每亩950元,每年落实土地流转和退果还田政策性补贴经费达400多万元,增加了村民的工资收入和第三产业收入。2010年,该村农民人均纯收入9315.03元,比全市平均水平高出885.03元。该村集体经济也在不断壮大,实现了脱贫的目标。

(三)融合生态与文化美,突出岭南客家特色

根据对西和村现状的调查,西和村内建筑质量总体一般,存在空心村和危破房等问题,新建建筑布局无序,建筑风格缺乏整体性和视觉美感。同时,村内基础设施落后,制约了旅游业发展。西和村的旅游业虽然已经有了初步发展,但旅游配套服务设施却远远跟不上。村内虽然有一些旅游接待餐饮设施,但基本以小规模的农民自发形式为主,缺少规模配套齐全、高标准的农家乐。另一方面,因缺少停车场地,很多旅客都把车停在路边。配套设施不健全已经严重制约和影响西和村旅游业的发展。

西和村"美丽乡村"的建设主体是农民，建设重点是在村庄，发展动力在产业，发展的根本在自然，发展内涵在文化。在"美丽乡村"建设过程中，做好城乡统筹，把新型城市化发展理念融入到村庄建设中尤为重要。通过发展特色产业，将可持续发展的"活力"产业引入到乡村建设，为其提供强劲的发展动力，促进产业结构升级，提高村的收入水平。西和村自然生态环境优美，是建设"美丽乡村"的根本，同时又是一个以客家人为主、文化气息浓厚的特色村落，所以西和村的建设要将生态美和文化美两个元素充分地与村庄建设融合在一起，通过对村庄建筑和环境的整治，将其从内到外建设成为一个岭南客家特色的客家风格"美丽乡村"。

（四）建设市政基础设施，完善公共服务设施

"美丽乡村"建设是推进新型城市化发展的重要抓手，西和村的建设要以危破房改造为切入点，以村庄规划为统领，加强村庄环境综合整治，大力推进市政基础设施"七化"工程（道路通达无阻化，农村路灯光亮化、供水普及化、生活排污无害化、垃圾处理规范化、卫生死角整洁化、通讯影视"光网"化）。目前，整个西和村路网总体上仍采用近似网状结构，以规划的山前大道和现状的花卉大道作为园区对外的交通道路，同时花卉大道作为交通型旅游观光道路，西与街人公路连接，东与105国道相接。西和村内部游览观光道路以环状贯穿，并与万花园路网较好地衔接。目前，西和村路灯建设还不完善，将尽快为全村9公里村、社道安装路灯，实现农村路灯光亮化。同时，为全面实现西和村供水普及化，规划实施自来水管改造工程，解决村民用水问题。尽管西和村自然生态优美，但尚无污水处理设施，将规划进行全村污水处理系统安装，统一排放统一处理，实现生活排污无害化。本着方便村民的原则，合理设置垃圾箱（点），垃圾及时清运，并设置固定的垃圾集中堆放点和柴草堆放区，完善垃圾处理工程。同时，对全村庭院和道路进行美化、绿化及环境整治，清除村内和村周边各种乱放、乱倒的垃圾及碎石、砖瓦等杂物。另外，为了丰富村民的文化生活，规划近期实施全村通有线电视，实现通讯影视"光网化"，并针对村庄发展的需要搭建网络互动平台，完成包括"农博士"专家问诊、供求发布、信息浏览和短信定制等主要功能的研发工作，

通过文字、图文、语音和视频等方式，一键式地将种养问题反馈到信息服务后台。

西和村开展美丽乡村创建工作以来，公共基础实施"七化工程"已完成四项：一是全村合共 9 公里的村道、社道 100% 水泥化；二是自来水普及率 100%；三是垃圾处理规范化，专门聘请 3 名卫生保洁员，保持村容村貌整洁；四是卫生死角整洁化。公共服务设施方面，该村每个自然村均已修建体育健身、休闲娱乐场所；新的村委楼基本建成，包括综合服务中心、文化站、村民学校等。此外，基础设施也有较大提升，村外道路扩建完成 2 公里多，两座电力变压器扩容工程、一座通信移动基站已在今年初完工。目前，该村正在进行村庄整理，建筑外立面整饰已完成全村 50%，玫瑰广场、农田水利设施改造工程正在施工，樱花广场、竹林公园、2000 平方米的停车场、星级公厕、绿化景观、休闲步道、文化广场等公共服务工程正在设计。

完善的公共服务设施是"美丽乡村"建设的重要考核指标之一，在"五个一"工程（打造一个不少于 300 平方米的公共服务站、一个不少于 200 平方米的文化站、一个户外休闲文化活动广场、一个不少于 10 平方米宣传报刊橱窗、一批合理分布的无害化公厕）理念的指引下，西和村"美丽乡村"将重点建设和完善公共服务设施，满足村民的生活需求，创造和谐、幸福的"美丽乡村"。西和村公共服务设施布局的规划主要采取点状布局的方式，在保留原有公共活动场所的基础上，形成"一心多点"的布局结构，因地制宜，满足村民日常生活的基本需求。"一心"即是以村委会为中心，利用村道交汇的便利交通条件，在村委会附近规划建设为全村服务的商业设施等公共服务设施。"多点"即是结合该村现有的祠堂、闲宅、空地、村口及溪流，灵活分散地布置各类公共活动设施和场地，满足村民的使用需求，提供便利的活动场所和较为丰富的服务设施，切实改善生活环境。

（五）加强村庄整治　打造人文景观

在村庄环境整治方面，要将保护农村生态环境与保护人文资源相结合。狠抓环境整治，包括清理环境卫生死角、清理沟渠池塘、清理乱搭乱建；有排污处理系统、有村民活动公园、有垃圾池等环卫措施、有绿化林带；通自来水、通进村的村道、通电信、通电视、通公交车。提升市政设施和公共服务设施。统筹安排村公共服务设施点，配套完善中小学、卫生室及村卫生站、公共活动场地、文化室、宣传报栏等设施；完善电力、电信、给水、雨水、排污等综合管线。

在建筑整治方面，在满足功能、美观的前提下，努力创造人文的生活环境。一是在规划设计、建筑改造中，采用具有客家特色的建筑元素和建筑手法，展现客家文化和生活环境。在景观设计中贯穿乡土地域文化，将民间传统文化与现代市民休闲娱乐相结合，充分展示本土的客家文化。二是充分了解当地植物生态特殊性，对高大乔木、花灌木、草坪等合理规划配置。三是引入新的农业技术、先进的管理方法对传统的种植业和养殖业进行改造，并以劳作、观光采摘等形式向人们展示一种全新的观光旅游生态农业发展模式。①

美而不富，难言为美。无论是在官方的表述中，还是在村民的意识里，美丽乡村建设的内涵都不止停留在生存环境的改善上，更在于村集体家底的厚实和村民荷包的充盈上。如果说身处中国最具经济活力地区之一的珠三角，是广州乡村建设的先天优势，那么如何在政府资金的扶持之外，通过包括生态在内的软环境改善获得更多投资者的青睐，则成为一个更具长远意义的课题。

产业推动，富民兴村。作为广州市市长陈建华挂点的美丽乡村建设示范村，包括路灯亮化、道路拓宽、自来水铺设、污水处理、垃圾收运、排水渠整治、有线电视入户等10多个民生项目在内的财政礼包，将西和村推到了新的发展起跑线上。而根据广州市美丽乡村建设的整体规划，将以西和村为核心，通过做大做强花卉生产与旅游产业，最终打造一个覆盖10多个村庄的美丽乡村群。②

---

① 《西和村：打造"岭南最具活力的'花园'式美丽乡村"》，载从化新闻社2014年5月30日。http：//www.conghua.gov.cn/zgch/jrch/201305/7f28083f76d7441f994f143268a3c286.shtml.

② 付伟、郑可欢：《"四手联弹"奏响美丽乐章——广州借力新型城市化推进美丽乡村建设》，载《农民日报》2014年4月1日。http：//www.farmer.eom.cn/xwpd/dfny/201404/t20140401_950459.htm.

第三节　古村落保护开发型

在数千年的农耕时代，农村作为最基本的社会单元承载了各种历史信息具有深深的时代烙印，形成了具有深厚文化积淀的社会缩影。数以万计的村落由于历史悠久、自然条件差异较大，形成了风情各异的村落文化。但并不是所有的村庄都是古村落。简单地说，古村落一般指的是具有完整的文化体系、丰富的物质与非物质文化遗产等特征，至今已有五六百年悠久历史的村寨。① 冯骥才先生在其《文化遗产日的意义》一文中指出了古村落应具备的条件：第一，有鲜明的地域个性；第二，建筑格局保存得较为完整和系统；第三，有丰富的物质和非物质的文化遗产。② 古村落是新农村建设中最具生机活力、最完整的历史与文化的沃土。保护以古村落为主要内容的农村历史文化遗产是农村文化发展中走现代化与传统相融合、经济与文化相统筹、自然与社会相和谐之路的一种可行模式。在美丽乡村建设的背景下，加强对古村落的保护具有重要时代意义。③

广州地区的古村落一方面体现着中国传统村落的一般面貌，如聚族而居，选址上注重风水，规划上注重与自然环境的协调，建设上重视村落的安全防御等；另一方面，又展现着鲜明的岭南地方特色，如镬耳山墙、以冷巷间隔、三间两廊结构、梳形村落布局等。广州是具有2200多年历史的国际化大都市，历史上经济文化发达，从秦汉时代起，就一直是华南地区的经济文化与交通中心，这一局面迄今没有改变，所以，仅在分布上，就有别于其他地区，具有显著的个性。此外，古村落的布局、规划、建筑风格、文化信仰、社会风俗等也体现着浓郁的地方风采，具有重要的学术研究价值和现实开发价值。从古村落的分布情况看，除了越秀区外，其他

---

① 卢爱英：《中国古建筑与园林》，高等教育出版社2005年版。
② 冯骥才：《文化遗产日的意义》，载《光明日报》2006年6月15日。
③ 张甲娜、李明华：《我国古村落保护的困境及出路》，载《中共济南市委党校学报》2013年第4期。

各区市均有分布，又以从化、花都、增城、黄埔最多。① 广州建设古村落保护开发型美丽乡村的主要代表是海珠区黄埔古村、黄埔区深井社区和海珠区小洲村。

一、海珠区黄埔古村

（一）乡村概况

海珠区琶洲街黄埔古村享有千年古村和外贸名港的盛名，总面积60公顷，现有户籍人口3580人。黄埔古村内的黄埔古港是海上丝绸之路重要港口之一，是外国商船进入广州的必经之地，瑞典的"哥德堡号"、美国的"中国皇后号"等著名商船都曾在该处停泊。目前，黄埔古村内还保存有大量的古祠堂、古书塾、古民居等历史建筑群，极具历史考古价值。

黄埔古村的美丽乡村试点建设以"弘扬传统文化、发展旅游观光、发掘岭南水乡"为建设亮点，本着尊重历史、尊重科学、尊重民意的原则，致力呈现一个古朴而又焕发新貌的黄埔古村，打造广州历史文化名村新名片。②

（二）黄埔古村的历史与人文

广州的黄埔村位于海珠区新窖镇东部，旧属番禺县茭塘司管辖。其西面是琶洲岛，东面是珠江水域。黄埔村在北宋时期已聚居成村，作为天然的良港，修有北帝庙等宫庙建筑，至今已有1000多年的历史。南宋时期，黄埔古港已是"海舶所集之地"。明代更成为对外贸易的重要港口，清康熙年间，粤海关在广州设置九个挂号口，黄埔村就是其中一个。1757年清政府撤销江、浙和闽海关，仅保留粤海关，所有对外贸易仅限于广州一口进行，黄埔挂号口作为贸易必经之地而闻名。据统计，当时清政府接近一半的全国外贸出口总值是通过黄埔古港实现的。沧海桑田，黄埔古港因

---

① 丁邦友、夏建国：《广州古村落研究的回顾与展望》，载《广州大学学报》（社会科学版）2009年第7期。
② 《广州美丽乡村建设特刊·创建示范村介绍：海珠区琶洲街黄埔村》，载搜报网2012年10月16日。http://www.cnepaper.com/gzjs/html/2012-10/16/content_6_10.htm.

河道淤塞已不适合大型商船停泊，但黄埔二字早已闻名于界，如今广州有黄埔区、黄埔港、黄埔军校、黄埔大道，这些"黄埔"其实都源自海珠区黄埔村。

鸦片战争后，广州对外贸易的首要地位为上海所取代，黄埔古港也逐渐失去昔日的繁盛。酱园码头也由于逐年淤塞，终于因不利于海舶的停靠而被放弃。清同治年间，黄埔海关迁至长洲岛，但仍沿用"黄埔"之名。随后，黄埔村的经济逐渐衰退，由商业贸易为主转为农业自然经济为主的村庄。直到20世纪80年代以后，村里凭借着改革开放的有利政策，逐步引进一些外商来村投资办厂，使村的发展逐步走向工业化和城市化，成为现代城中村模式。①

黄埔村因港口经济兴盛一时，村保留了大量的历史文物建筑，这些古建筑具有明显的岭南建筑风格特色，砖雕、木雕、灰塑、镬耳屋及青石板路亦随处可见。在第三次全国文物普查中登记录入文物线索46处，其中市级以上文物建筑27处，包括古祠堂12座、家塾3处、庙宇2处、园林建筑1处、古民居8处、黄埔古港遗址1处、冯氏祖墓1处。

黄埔村不仅是黄埔古港遗址所在地，还是一个名人辈出的典型侨乡，黄埔村重视传统教育以及较早接触外来文化使其形成了有别于其他地方的人才成长环境，成为涌现不少中国近代史上有名的人物的沃土。如身兼三国公使的胡璇泽、追回庚子赔款的梁诚、铁路专家胡栋朝、广州十三行行商梁经国。赫赫威名，工农兵学商，行行有精英，在中国近现代史上形成了奇特的"黄埔村现象"。黄埔村孕育的独特历史文化及走出的名人在近代中国经济文化转型中发挥了重要作用。

黄埔村的风俗也是历史悠久而形式多样。北帝诞、洪圣诞的飘色以及唱大戏和阿公饭，还有舞龙舞狮、上匝赛龙舟，每到这些时候，村民都会呼朋唤友，扶老携幼，这一幕幕充满温情的热闹景象反映出岭南水乡独特的人文风情，也年复一年地传承和维系着一代代村民的精神寄托。②

---

① 孙宇澄、屈寒飞：《广州古黄埔村现状考察与保护建议》，载《南方建筑》2005年第1期。
② 《最美古村落候选名单：广州市海珠区琶洲街黄埔村》，载《南方日报》2012年9月10日。http://www.southcn.com/nfdaily/special/2012zt/gcllist/content/2012-09/10/content_54540219.htm.

(三) 打造"人文历史名村"

古黄埔港是内河港口,因此黄埔村的地形也具有明显的水滨城镇特征:南临黄埔涌,在水路交通为主时期是进村的主要入口;为防御的需要,村外围环村开挖了护城河;此外,村内祠堂前面一般都有风水池塘,构成了村内丰富而有层次的自然环境。黄埔村现在仍然保持着明清时期的风貌格局,从保留着的昔日城镇的坊、街、里、巷的名称可以看出以前等级分明的道路系统。这些道路基本上是棋盘式格局,主要街道铺有长条形的花岗岩石块,可通马车。在村里形成两大商业中心:东市和西市。东市即黄埔直街,主要为黄埔村人所用;西市即今石基村海傍街,是繁华的一条街,专为来往的海舶服务。①

对历史文化的保护和活化利用是该村村庄规划的最初设想,一体化改造是把黄埔古村建设成为美丽乡村试点的主要改造思路。在实施村庄规划方面,将区域发展和文化保护相融合,实施市政工程、立面整饰、景观绿化、古建筑修缮和水利河道等五大改造项目。建设改造项目分两期实施,一期工程建设已基本完工,二期改造工程仍在实施。改造具体从基础设施建设、环境综合整治两方面开展相关工作。力求凸显黄埔村的历史文化底蕴,改善村民的生活环境,提高古村经济集体经济发展能力,把黄埔村打造成为具有"一口通商古港"特色的"人文历史名村"。

二、黄埔区深井社区

(一) 乡村概况

黄埔区长洲街深井社区总面积约为3平方公里,户籍人口5875人,常住人口15785人。村民居民的主要收入来源主要以蔬菜、水果种植、股份分红及外出打工。邻近有丰富的历史文化旅游资源,如黄埔军校旧址、东征阵亡烈士墓、辛亥革命纪念馆,等等。

该社区自然景观主要为山体、河涌以及农田,传统产业为农业。工业

---

① 孙宇澄、屈寒飞:《广州古黄埔村现状考察与保护建议》,载《南方建筑》2005年第1期。

方面,现有工业企业较少,乡镇工业以轻纺业为主。旅游业和第三产业不发达。

目前,长洲岛控制性详细规划已编制完成。长洲旧村改造范围内及周边现状公共配套设施较多,包括教育设施 6 处、社区文化体育设施 3 处、社区医疗卫生设施 2 处、社区服务与行政管理设施 3 处和其他设施。

(二) 挖掘传统复原古村

作为一座拥有 2200 多年历史的古老城市,作为岭南文化当仁不让的中心和源头,从飞檐斗拱的建筑,到丝竹悦耳的粤曲,再到西风东渐的遗迹,点点滴滴沉淀在广州的河涌两岸、山间乡野,更成为美丽乡村建设得以依托的重要资源。

位于广州市黄埔区的长洲岛,因坐落着中国近代革命军事人才培养基地——黄埔军校,而成为许多游客的必去之地。在黄埔区长洲街道深井社区党支部书记朱永忠看来,当毗邻革命圣地的"地利"与游客如织的"人和"都已具备时,广州市美丽乡村建设示范点"花落"深井,便是他期盼已久的"天时"了。在他看来,背靠美丽乡村建设这棵大树,如此兴村战略不再只是纸上谈兵。

从深井社区居委会出发,一条几百米的道路穿村而过。入口处,"安来市"三字被镌刻于崭新的牌坊上。朱永忠告诉记者,广州一度是中国唯一的对外通商口岸,"那时,外国商船便停靠在长洲岛上,深井村里商贾如云,'安来市'便是重要的交易场所"。

保存并挖掘传统文化资源,使现代与历史浑然一体,是深井社区美丽乡村建设所努力追寻的境界。除了复原"安来市"外,按照规划,深井社区美丽乡村建设的主要项目还包括建设一座仿古戏台。在距社区居委会不远处,两座外观形似赵州桥的水闸正在施工。①

---

① 付伟、郑可欢:《"四手联弹"奏响美丽乐章——广州借力新型城市化推进美丽乡村建设》,载《农民日报》2014 年 4 月 1 日。http://www.farmer.com.cn/xwpd/dfny/201404/t20140401_950459.htm。

三、海珠区小洲村

(一) 乡村概况

海珠区华洲街小洲村位于广州市海珠区东南端,南临珠江南河道,隔江与番禺相望,东临牌坊河,峙对官洲岛和仑头,西北与土华村相接。小洲是珠江几千年来冲积形成的,面积达6013.8亩,境内河涌长达10公里。村民世代以种果为生,果树成片,瀛洲生态公园与附近的果林共约2万亩,素有广州"南肺"之称。

小洲村始建于元末明初,是目前为止广州城区内发现的最具岭南水乡特色的古村寨"小洲",已被列为广州市首批14个历史文化保护区之一,并被评为广东省生态示范村。小洲村是迄今为止广州市区内少数保留有岭南水乡特色的古村落,也是广州市首批历史文化保护区之一,近年来随着艺术家的进驻逐步成为广州市的文化创意产业基地。

如今的小洲村,还没有完全被现代化的洪流所淹没,传统的东西仍然得到传承。走在村落里,河涌蜿蜒交错、造型各异的小桥枕溪流之上,庄重的祠堂规整有序,古老的宫庙朴实淡雅,传统的民居参差错落,在绿树婆娑的掩映下,像一幅画有小溪、绿树、灰垣、素瓦等具有岭南水乡特点的水墨画。先辈们为小洲创造了适合人类居住、生活、劳作的理想家园,昔日的瀛洲八景中的"西溪垂钓""古渡归帆"和"翰桥夜月"的景色都是与村中的传统建筑有着直接的关系。①

(二) 千年古村的历史文化与民族特色

追源于小洲村近千年的历史文化和浓厚的民族特色,村内移步一景,古有小洲村八景:古渡归帆、松径观鱼、古市榕阴、翰桥夜月、西溪垂钓、华台奇石、孖涌赏荔、崩川烟雨。当时八景美丽非凡,都是由文人雅士评选出来的。小洲村河涌密布、蜿蜒交错,勾勒出富有岭南水乡特色的诗情画意,具有开发旅游、观光、拍摄电影和历史研究等价值。

---

① 《广州美丽乡村建设特刊·创建示范村介绍:海珠区华洲街小洲村》,载搜报网2012年10月16日。http://www.cnepaper.com/gzjs/html/2012-10/16/content_6_10.htm.

村内的古建筑、小桥、古树、古巷、古码头、界碑石、古商业街等，都较好地保存下来。村内的古建筑有北帝古庙、娘妈庙、四海公祠，有500～600 年历史；西溪简公祠约 450 年；简氏大宗祠约 350 年，当时建筑雄伟壮观，有 99 个门口，占地 7000 平方米（2008 年 1 月修缮一新）。司马府第、翰墨桥建于明代，还有代表岭南特色青花蓝砖锅耳屋、蚝壳屋、青代商业街及村内的古巷（青石板路）。古榕树、秋枫树、樟树、木棉树、古老龙眼树和芒果树等，树龄有 200 年至 600 年历史。古界碑石是广州市边界，为广州近代博物馆第六批文物收藏，还有现代的小洲大队人民礼堂，保护有"大跃进"、人民公社和"文革"时期的油画、标语、毛泽东人像、五角星和农业学大寨建筑拱桥。

小洲村以农业为主，盛产闻名的石硖龙眼、红果阳桃，到处可看类似苏南一带的"小桥流水人家"的景象。石拱桥下、小河涌上，荡漾着几只小船，岸上是低矮的平房、枝叶繁茂的树木，当地农民在河边树荫下纳凉闲聊，静谧而清新。在河中间，有一个长满青草的小绿洲，外人怎么也想象不出这底下埋着龙舟。龙舟节到来时，村里将举行盛大的起水仪式，将龙舟挖起。每逢龙舟节，成群的龙舟在这里竞渡，成千上万的人们在欢呼。

2014 年 8 月消息，小洲村旅游线路上天后宫、玉虚宫、粤梅简公祠 3 座文物建筑将进行修缮保护。海珠区文化广电新闻出版局发布了相关工程施工专业承包招标公告，将投资 312 万元对该村旅游线路沿线文物建筑进行修缮和保护。据了解，三处建筑做重点的测绘及保护复原设计，保持原真性，力求保存和恢复其原有形制、结构特点、构造材料特色和制作工艺水平。该工程建设资金来源于区财政资金，计划总施工周期为 150 天，但具体开工的日期还待定。

第四节　村庄整理型

村庄整理就是通过规划对村庄采取迁建合并、拆旧建新、整改结合等模式，调整优化村庄空间布局结构，完善村庄公共基础设施配置，改善农民居住生活环境，提高土地利用率。通过村庄整理不仅能改变农村面貌，治理村庄环境"脏、乱、差"现象，而且能整治"空壳村""空心房"，减少土地利浪费，提高土地集约利用，拓展城镇发展空间，促进经济社会协调发展。①

村庄整理能促进农业剩余劳动力和闲置土地更合理流动，是将城乡经济社会一体化发展与经济结构调整和工业化、城镇化、农业现代化紧密结合在一起的重要手段。以村庄整理促进城乡经济社会一体化发展，关键是要抓住农村剩余劳动力向城市转移这一着力点。一方面，通过将整理节约出的土地和劳动力配置到城市生产部门，扩大其生产规模，从而提高对农业剩余劳动力的吸纳能力，增加转移就业农民的实际工资收入；另一方面，通过村庄整理实现农业产业化经营，提高农业劳动生产率，在增加农民收入的同时，进一步释放出劳动力。两方面作用使农村的土地和劳动力走向市场化，城乡收入差距逐步缩小，城乡一体化发展得以实现。广州建设村庄整理型美丽乡村的主要代表是黄埔区（原萝岗区）禾丰社区和增城区（原增城市）霞迳村。

一、黄埔区禾丰社区

（一）乡村概况

黄埔区永和街禾丰社区，原属广州市萝岗区，总面积 10 平方公里，辖 10 个经济合作社，户籍人口 3200 多人。该社区是著名的革命老区和军事要地，辖区有永久国防坑道 18 条，曾经是东江纵队的根据地，华南抗战主战场之一。辖区内著名的华峰寺是历史上著名的岭南古刹，广东四大名寺之一，有较好的旅游发展资源。

近年来，该社区"村村通"公路工程，公厕、垃圾间和排污截污设施建设，社区残疾人康复中心、老年人活动中心、劳动就业服务中心、卫生服务站等惠民工程已逐步完善。禾丰社区村庄保留地总面积 1314 亩，集中居住建设中心村用地 450 亩，可为社区腾出土地 800 多亩，用于发展

---

① 李建平：《规划先行，推进村庄整理的思考》，载《福建建设科技》2010 年第 3 期。

集体经济。

目前，禾丰中心村正加快完善农贸市场等生活、商业配套设施，扎实做好新村绿化美化，并在加强和创新社会管理上下功夫，努力使开发区、萝岗区改革发展成果惠及禾丰社区广大居民群众，使禾丰新村成为真正的美丽乡村。[①]

（二）革命名村的村庄整理之路

禾丰社区是著名的革命老区。1944年12月，东江纵队第四支队在永和地区宣布成立，禾丰社区的黄旗山就是重要据点。在连续几次的根据地保卫战中，永和人民及其子弟兵积极配合东纵四支队英勇作战，用鲜血保卫了永和抗日根据地，保障了东纵四支队主力部队的战略转移。

禾丰社区有著名的华峰寺。该寺在唐代中叶就有雏形，与西安的法门寺有姻缘，大规模建设始于公元1682年清朝康熙壬戌之秋，先后五次被进行修葺和扩建，早已名扬海内外，至今已有323年历史。在明乘法师编著的100卷《中国佛寺志》中，广州地区仅收录了《光孝寺志》和《华峰山志》。在著名的黄旗山战役中，日寇受到重创便迁怒于华峰寺，将几百年历史的古寺珍宝、经文、资料抢掠一空，驱散僧人，烧毁寺院。目前，华峰寺重建已得到国家和广东省、广州市的批准。五年后华峰古寺将雏形乍现，凭借其无可比拟的自然、地理环境优势和厚实的历史沉淀，其最终建成将为全省寺庙之冠。

几年来，在黄埔区委、区政府和永和街党工委、办事处的正确领导下，社区"两委"班子紧紧抓住永和地区大开发的历史机遇，按照城市化的发展要求，以大力发展集体经济、不断增加居民收入、提高居民生活水平为出发点和落脚点，团结带领广大党员群众大胆探索，共同奋斗，使社区全面建设呈现出稳步发展的良好势头。近年来，社区在上级政府和有关部门的关心帮助下，投入大量人力、物力和财力，成功实现了"村村通"公路，为各居民小组新建了公厕、垃圾间和排污截污设施，建立了社区残疾人康复中心、老年人活动中心、劳动就业服务中心、卫生服务站

[①] 《广州美丽乡村建设特刊·创建示范村介绍：萝岗区永和街禾丰社区》，载搜报网2012年10月16日。http://www.cnepaper.com/gzjs/html/2012-10/16/content_6_10.htm。

等惠民工程，使社区市政设施得到明显改善。

2013年，永和街禾丰美丽乡村建设项目共有18个。目前，基础设施"七化""五个一"全部完成。其中，"七化"工程包括道路通达无阻化、道路通达无阻化、路灯亮化、饮水洁净化、自来水普及化、生活排污无害化、垃圾处理规范化、卫生死角整洁化、通讯影视"光网"化；"五个一"工程是指一个综合服务中心、一个文化站、一个户外休闲文体活动广场、一个宣传橱窗、一批无害化公厕。如今，禾丰社区文化广场、文化站、综合服务中心等公共设施已建成，村民的业余生活得到了进一步改善和提高，为原已建成的禾丰新村锦上添花。

二、增城区霞迳村

（一）乡村概况

增城区中新镇霞迳村现辖2个自然村4个合作社，村域面积为4815亩，耕地面积1300亩，山地面积1800亩。全村户籍人口810人，外来人口1200人。村民主要经济来源为外出务工和从事种养业，辖区内广美铝业等9家较大企业也为村民提供大量就业机会，近年来村民人均收入逐年增加，在全镇处于领先水平。

该村交通快捷便利，处于城市副中心腹地，承接中新知识城的辐射。其自然环境优美，村庄山环水绕，古迹保存良好，文化渊源深厚。

霞迳村美丽乡村创建工作结合霞迳村的生产生活特点，将该村划分为农民居住区、旅游开发区（旧村拆除泥砖房腾出用地）、生态农业区、村内企业发展区等四个功能区。新村为农民集中居住区，让"住宅进区"，实现集约节约用地；旧村通过拆除泥砖房，腾出空间和旅游发展用地；生态农业区利用土地流转和扶持农业政策，发展2000亩现代农业；村内企业发展区主要规范整治好村内现有企业，为农业民提供就业机会。同时，广泛听取村民的意见，尊重村民的意愿，保证规划能够"落地"。[1]

---

[1] 《广州美丽乡村建设特刊·创建示范村介绍：增城市中新镇霞迳村》，载搜报网2012年10月16日。http：//www.cnepaper.com/gzjs/html/2012－10/16/content_6_10.htm.

（二）美丽乡村展新颜

霞迳村党支部为了美化绿化村容村貌，村委会从村道建设入手，积极开展绿化美化工作，对村道进行硬底化建设，还在村里小广场旁边的水塘种上一批樟树、垂柳等树种，使"脏乱差"现象得到彻底整治。村"两委"通过上级支持、社会捐助等方式，多方筹措资金，将一所旧平房拆掉，重新规划建设了一栋高三层、建筑面积共500平方米，集会议室、调解室、资料室、阅览室、文化室和村民广场于一体的多功能新村委办公楼，在改善办公条件的同时，为村民娱乐、休闲、健身提供了好去处。霞迳村充分利用村里得天独厚的自然资源，按照"成片建设、成片改造"的思路，统筹做好办公楼及村民广场周边的旧屋拆除、环境整饰等工作，着力建造占地面积约30亩，集古树、鱼塘于一体的霞迳村中心公园，公园建设中保留了古樟树、榕树等一批上百年树龄的老树种，建成后将与新村委办公大楼、综合广场成为改善村民人居环境的重要建设项目，进一步拓展村民的文娱活动空间。现在已拆除32间旧屋，中心公园预计今年底竣工。村设立的文化室、村民文明学校，也让村里的风气发生了潜移默化的变化：邻里相处融洽，关系和谐，村民的生产、生活井然有序，全村呈现出一派乐观向上、积极进取的精神风貌。

为了提高村民收入，霞迳村在新村委办公楼里开设了成人技能培训学校，经常与市、镇相关部门衔接，为村民提供每月一次的实用技能培训，转移剩余劳动力。如今村里60%的富余劳动力都外出打工。此外，村委还帮助村里流转土地300多亩，农民从中可获得每亩1000多元的租金，大大提高了农民的收入，如今村民人均年收入达9360元。另一方面，大力提高村民素质，加强对村民适用农业技术、职业技术、科学文化知识和法制教育的培训，使现有劳动力每年都参加技能培训，让村民真正掌握先进适用的农业技术，争取所有的适龄农民成为有知识、懂经营、会服务的新型农民。在转移富余劳动力方面，村委将加大力度组织各种技术培训班，对富余劳动力进行技能培训，通过培训，让村中的富余劳动力学习到合适的专业技能，再由村委统一推荐到周边的工厂就业，增加适龄劳动力的就业率，提高村民的收入水平。由于农村经济利益分散化、多元化、地方化和个人化，一些农民特别是青年农民集体主义观念和道德责任感淡化。针对这种情况,霞迳村坚持"治贫先治愚,扶贫先扶志"的指导思想,着力从解决广大农民的精神动力入手,处理好眼前利益与长远利益的关系,激励村民爱家乡、爱集体,为发展集体经济,改变村容村貌做贡献。

目前,霞迳村美丽乡村各项工作按计划扎实有序推进。已完成 210 栋农民居住区房屋外立面、院墙综合整饰,剩下的 35 栋房屋正在施工;农民公寓第四层已封顶,现正进行外墙装修。村内道路综合整治硬底化正全力施工;新建进村道路已完成征地、土地清表等工作,正准备施工,建成后将完善霞迳交通网络,大大方便霞迳村民出行。垃圾分类处理系统、机动车停放场、建筑材料堆放场已投入使用,大型牲畜圈养场、农副产品摆卖场的征地、方案设计、施工图设计等工作已完成,并通过专家评审。古祠堂等古建筑物维护维修已完成各项前期工作,施工队已进场施工,上围和下围祠堂正在进行紧张修缮,下围祠堂后座瓦面已重新盖好,正推进中座脊梁施工;古文物收集方面已完成族谱修复工作。环村水系项目已完成征地工作,目前正在进行鱼塘连片开挖工作。乡村酒店项目已完成整体设计和主体工程施工设计,A、B 型别墅已封顶并装修。紫荆园项目公建部分已完成 110 亩租地工作,并种植了 1200 多株紫荆树,绿化部分已平整出约 80 亩土地,侨建集团准备进场进行绿化施工。[①]

第五节 转制社区环境优化型

20 世纪 90 年代中后期开始,随着我国城市化水平的不断提高和社会主义新农村建设的开展,一个正在发生体制转型的"农村"却不自觉地从人们的视线中淡去,这就是由原来村镇转制而成的城市社区——转制社区。同时,全国各大中城市开始了城中村改制的探索,"撤镇设街""撤村建居"逐步铺开,城中村也演变成了向现代化城市区域迈进的转制社

---

① 《增城市:霞迳村美丽乡村展新颜》,载《增城日报》2013 年 9 月 27 日。

区。① 大体来看，转制社区是我国政府为推进都市化进程对"城中村"及城市周边村镇进行改制的特殊产物，是具备城市社区和农村社区的特点但又与城乡社区有所不同的特殊社区。②

广州市转制社区的前身是"城中村"。广州市（老八区）原来共有139个城中村，从1997年5月，石牌街道办事处对石牌村进行撤村改制的制度变革试点，到2005年广州市的城中村改制完毕。这种改制是"带有一种'半强制'下的合作"。由于转制社区从农村转制而来，体制性障碍未能最终破解，只挂有城市之名，却无城市之实。转制社区在改制完成后出现了很多问题，环境卫生管理是诸多问题中的一个。③ 广州建设转制社区环境优化型美丽乡村的主要代表是南沙区金洲村、天河区珠村社区、荔湾区增滘经济联社和荔湾区山村。

一、南沙区金洲村

（一）乡村概况

南沙区南沙街金洲村占地约6平方公里，西隔蕉门河与黄阁镇相望，为蕉门水道冲积滩涂形成的沙田区，村民1267户3182人，外来人口约10000人。村内及周边经济繁荣，进港大道、金沙路、环岛路纵横交错，多路公交车可直达广州市区、番禺区、深圳、东莞等地，地铁4号线终点站金州站位于村境，交通便捷。南沙区一级小学金洲小学，社区医院金洲医院等配套建设成熟完善。④

金洲村为进出南沙的门户，由金洲、冲尾、裕兴、中围4个自然村和裕兴花园商住小区组成，下辖8个村民小组和亿裕经济发展总公司、金洲房地产开发有限公司等经济实体。村内有金洲山，相传有金可采，故名。

---

① 刘笑天、马丽卿：《城乡统筹背景下转制社区的管理》，载《北方经济》2013年第17期。
② 唐梅：《转制社区研究综述》，载《长沙民政职业技术学院学报》2010年第2期。
③ 胡战：《广州市转制社区环境卫生管理存在问题及对策》，载《中国初级卫生保健》2009年第8期。
④ 《广州美丽乡村建设特刊·创建示范村介绍：南沙区南沙街金洲村》，载搜报网2012年10月16日。http://www.cnepaper.com/gzjs/html/2012-10/16/content_6_10.htm.

村占地约 6 平方公里，西隔蕉门河与黄阁镇相望，为蕉门水道冲积滩涂形成的沙田区，曾是粮、蔗高产区，村民姓氏以陈、李、黄、梁、黎、樊、谭、麦、冼、郭为主。

该村按中心村规划，分成工业区、商业区和住宅区。全村大路小巷 100% 硬底化，排污排水设施完善，道路绿化率达 35%，开通了水、电、通讯等服务。村内建有综合市场、垃圾中转站、十五层商业大厦、金洲商业广场、金洲商业步行街、公厕、休闲公园、灯光篮球场等设施。全村设有 24 小时视频监控，并实行 8 小时卫生保洁。村内建有"一站式"社区综合服务中心，设民政和劳动保障、计生和外来人口管理、村容建设、经济和资产管理等 4 个事务窗口。辖区内建有社区书屋、老人活动中心、曲艺社、健身舞广场、灯光篮球场、休闲公园、社区卫生服务站、市民学校等公共服务设施，为村民提供免费服务。

（二）金洲村的美丽转制

金洲村在清朝同治年间还是一片汪洋大海，夹带亿万吨泥沙的西江、北江在这里汇集，经年累月，沧海桑田，茫茫海水逐渐沉积成万亩绿洲滩涂。金洲人的先辈们以无与伦比的勇气和艰苦卓绝的奋斗精神，乘一叶扁舟陆续来到这里谋生，在田头基边搭起草棚栖身，经十几代的繁衍生息，把这一片荒芜滩涂围垦成一片肥沃的良田，并逐渐形成了沿河堤呈条带状的自然村。新中国成立后，这里属飞联乡的一部分，后并入板头大队又从中析出成立金洲大队。1984 年 1 月为乡人民政府，1987 年成立村民委员会。1993 年设立南沙经济技术开发区并全征耕地后，村建金洲管理区。乘改革开放和开发建设南沙之东风，村党支部的带领村民结束祖辈务农的历史，走上了"以房地产为龙头，工业为基础，工、商、科、贸并举"的集体经济发展道路，成立了亿裕经济发展总公司、金洲房地产开发有限公司和建筑工程公司等经济实体，建起了以别墅和多层住宅为主的农民新村，散居的村民集中迁入现代化商住小区楼房，并带动周边加工业、建筑装潢业、商饮服务业、运输业等第二、三产业的发展。2005 年设立南沙区后，金洲村从番禺区（番禺市）析出，行政区划隶属南沙区政府南沙街道办事处。

围绕南沙新一轮大开发利好形势，该村充分发挥便捷的交通路网络和浓厚的商业氛围的优势，计划盘活村 589 亩自留用地，加快推进西区土地、山庄别墅、工业园厂房"三旧"改造等项目，抓好对出租物业和裕兴花园的管理，做好金洲农贸市场、金洲商业大厦南面烂尾楼和原金洲大酒店的发包，不断促进第三产业发展，实现社会升级转型，努力打造社会文明和谐、经济可持续发展、幸福指数不断提高的美丽乡村。

二、天河区珠村社区

（一）乡村概况

天河区珠吉街珠村社区总面积约 6 平方公里，北依山冈，三面环水，中有众多小水塘，属典型的岭南水乡。现有人口 3502 人，2011 年集体资产总额 8.2 亿元，集体总收入 3.2 亿元，人均所得 29315 元。

该村基础设施较好，道路硬化、路灯、自来水等齐备，交通较为便利。2011 年该村完成换届选举，新一届村党组织班子经培训后已上任开展工作。①

（二）打造"岭南水乡特色生态村庄"

珠村自宋代建村，至今已有 800 多年历史，至今仍然保留着春节舞狮、端午赛龙舟、八月中秋赏灯等传统民俗活动，特别是乞巧文化节，已发展成为广州文化的一张名片，天河的乞巧习俗已被列入国家级非物质文化遗产，珠村被评为"中国民间文化艺术之乡"和"广东省历史文化名村"，广州乞巧文化节被评为"全省群众性文化活动优秀品牌"，2013 年乞巧节期间共迎客 60 万人次。村内较好地保留了历史建筑群，明德堂、北帝庙、潘文治将军故居等共有 50 多间祠堂庙宇，其中 17 处已被评为区级以上文物保护单位。潘文治将军是著名爱国将领、民国海军总司令，家乡珠村也被誉为"中国海军之家"。珠村还是黄埔军校一期学生的训练基地和考场，孙中山、周恩来等历史名人都曾在珠村留下他们的足迹。2013

---

① 《广州美丽乡村建设特刊·创建示范村介绍：天河区珠吉街珠村社区》，载搜报网 2012 年 10 月 16 日。http://www.cnepaper.com/gzjs/html/2012 - 10/16/content_6_10.htm.

年9月，天河珠村被评选为"海外华人最喜爱的广东历史文化景点"之一。①

广州天河给人的感觉往往是只有高楼大厦，只有商务，传统文化则比较缺失。事实上，天河区也大有传统文化底蕴，比如珠村传统文化、乞巧文化一直以来都是非常有名的，只是缺失挖掘。天河区已经计划对珠村的环境以及乞巧节相关"硬件"进行局部整治和提升，将珠村打造成"乌镇式"的岭南生态水乡。天河区相关部门曾对珠村村貌进行摸查，发现珠村部分古建筑有着珍贵的文物价值，如广东地区唯一的"水浸神社"（目前已经列入天河区文物保护单位）等。因此，结合珠村的实际情况，天河区计划将珠村打造成"岭南水乡特色的生态村庄"，完成转制社区的环境优化，让珠村成世界乞巧之乡。这样一来，在天河区，除了随处可见的高楼大厦，稍微移步，在没有离开市中心的情况下，就可以感受传统真实的岭南水乡，和天河区的商务形成互补。

三、荔湾区增滘经济联社

（一）乡村概况

荔湾区海龙街增滘经济联社辖区面积约3平方公里，常住人口约3800人，流动人口约8000人，为典型的城中村。居民收入来源以花卉种植、物业出租为主。

该村交通十分发达，公共服务设施较为完善。社区条件成熟，生活十分便利，服务网络较为完善，设有社区管理中心工作站、家庭综合服务中心分站、民间群众组织（联谊会）等。

由于长期缺乏基础设施、景观环境等方面的建设，目前该村市政设施残旧，村民缺乏活动空间，基础配套设施不完善，部分房屋简陋破坏，整体环境面貌较差，影响了居民生活，需要整治和改造。

（二）利用区位优势，打造美丽乡村

该村紧抓广佛同城的契机，利用城中村改造与重点项目的带动，深入

---

① 《广州天河珠村获评海外华人最喜爱穗历史文化景点》，载《南方日报》2013年9月18日。

挖掘联社自身地处广佛交通核心、土地资源相对丰富、花地河景等生态稀缺性资源等优势，充分结合自身"城中村"的二元化结构与流动人口较多的特点，以打造"荷塘榕岸，人文水乡"美丽乡村，彰显"水秀花香、生态乐居"魅力为建设目标，全力实施"美丽乡村"计划。通过增加村内的绿化景观建设，营造小桥流水、人榕守望相依的宜居和谐氛围，培育弘扬邻里友爱互助的文明精神；通过对水环境的综合整治，充分利用古榕掩映、荷塘横立、河涌密布等生态资源特色，塑造独特的岭南水乡风貌；通过增加文娱场地的建设，丰富居民的精神文化生活；通过对有历史价值房屋的整饰，如民间联谊会馆、康王古庙，强化承载村俗村史的传统建筑的公共服务功能，提高民间文化的传承度。①

四、荔湾区山村

（一）乡村概况

荔湾区石围塘街山村是典型的城中村，东面是葵蓬涌，南靠五眼桥（通福桥），西临塞坝涌，周边水资源、绿化等自然条件较为优越，是具有岭南水乡特色的生活区。山村位于广佛交界的三涌汇集处，这里坐拥具有400多年历史的五眼桥、上百年历史的老铁轨。辖内有南方茶叶市场，社区总面积为0.56平方公里，现有人口8689人。

由于长期缺乏基础设施、景观环境等方面的建设，目前村的道路坑坑洼洼，与村内的生态环境和葵蓬涌水闸周边整体环境极不协调，严重影响村内升级改造后的区域环境，也使得村民出行十分不便；同时村内路灯不亮，严重影响村民出行；缺少绿化景观，房屋建筑破旧，影响村容村貌；缺少文化体育活动场所，影响村民的精神文化生活。

该村美丽乡村建设主要从道路改造、绿化升级、路灯建设、水环境治理等方面进行，通过对村内的市政道路等基础设施的改造，实现道路通达风雨无阻；完善配套设施，增加景观建设和文化广场建设，使村貌焕然一

---

① 《广州美丽乡村建设特刊·创建示范村介绍：荔湾区海龙街增滘经济联社》，载搜报网2012年10月16日。http://www.cnepaper.com/gzjs/html/2012 - 10/16/content_6_10.htm。

新,增加村民的幸福感;加强路灯亮化工程,增加村路路灯建设,切实解决村民关心的"灯不亮,路难行"等实际问题,彻底改善村民的生活条件,包括对葵蓬涌水闸至铁路桥边的道路进行改造,接通涌边道路,增设路灯,方便居民出行;对河塘及周边建筑以水乡元素进行整饰;利用空间进行居民活动空间建设,提供休闲活动场所;绿化升级改造,打造生态水乡等。①

(二) 启动"三大工程",建设美丽乡村

山村的美丽乡村建设主要通过启动"环境提升""产业提升"和"幸福提升"等三大工程来实现。

一是环境提升:打造水岸茶巷。根据山村区位条件和文化特点,以"花地河八景"之一的"水岸茶巷"为支点,大力挖掘和弘扬山村茶文化、岭南水乡文化内涵,打造沿河茶文化、水乡文化主题景观带。其中花地河西岸、葵蓬涌北岸人文景观带从人文景观和历史沉淀的角度,改造整修新旧葵蓬桥,重点打造南塘茶韵、石狮子码头节点工程,增加亲水码头与休憩设施,充分体现花地河景观特色。南塘周边生态休闲带则结合花地河葵蓬涌的景观改造,将南塘沿水塘周边的建(构)筑物进行升级改造,以茶文化为题、岭南村落风貌为特色,打造"茶里人家"休闲文化街区。

二是产业提升:造"岭南茶巷"。通过茶产业的提升,可以让游客参与到品茶、体验茶的制作过程,参观茶文化博物馆,钓鱼、泛舟鱼塘上。未来的山村将被打造"岭南茶巷",提升茶叶市场的品质与档次,扩大颇具特色的"岭南茶文化"品牌影响力。在南面旧村沿水塘的民居将进行改造,以茶文化为主题、岭南村落风貌为特色,打造"茶里人家"休闲文化街区,增加村民自主经营的项目如茶室、工艺品商铺、农家饭馆等,市民可以周末来钓鱼、泛舟。

三是幸福提升:新增公交站。根据《广州市美丽乡村试点建设工作方案》关于村庄公共服务设施着重做好"五个一"工程,构建"20分钟服务圈"的要求,全面改善山村地区基础设施建设滞后、公共服务设施

---

① 《广州美丽乡村建设特刊·创建示范村介绍:荔湾区石围塘街山村村》,载搜报网 2012年10月16日。http://www.cnepaper.com/gzjs/html/2012-10/16/content_6_10.htm.

不足的局面。未来山村将新增一个公交站、新建一个5500余平方米的户外休闲文体活动广场,新建一个1500平方米的文化活动中心,增加一处宣传报刊橱窗,新增一批消防设施,为村民的日常生活和出行提供便利,切实提高村民生活质量和幸福感。山村地区将打通一条消防通道,沿广三铁路东侧建设一条400米长6米宽的水泥道路,铺设通讯影视光网。[①]

[①] 《逛"岭南茶巷",品"茶里人家"》,载《广州日报》2013年1月17日。

参考文献

[1] 王晓玲,王金红,胡泽洪. 广州新农村建设研究 [M]. 广州:广州出版社,2008.

[2] 李江涛,汤锦华. 广州蓝皮书:广州农村发展报告(2012) [M]. 北京:社会科学文献出版社,2012.

[3] 范翚. 广州建设社会主义新农村调研文集 [M]. 广州:暨南大学出版社,2008.

[4] 蒋年云,李文斐. 破解"三农"困局:新农村建设与广州模式研究 [M]. 广州:广东人民出版社,2007.

[5] 广东农村政策研究中心编. 广东农村改革发展史论 [M]. 北京:人民日报出版社,2009.

[6] 梁军,蔺广开. 建设社会主义新农村在广东的探索与实践 [G]. 广东省社会科学院,2007.

[7] 谢悦新,陈祖煌. "十一五"时期广东社会主义新农村建设掠影 [M]. 北京:中国农业出版社,2011.

[8] 李江涛,汤锦华. 广州蓝皮书:广州农村发展报告(2013) [M]. 北京:社会科学文献出版社,2013.

[9] 李江涛. 广州蓝皮书:广州创新型城市发展报告(2013) [M]. 北京:社会科学文献出版社,2013.

[10] 汝信,付崇兰. 中国城乡一体化发展报告(2012) [M]. 北京:社会科学文献出版社,2012.

[11] 李新水. "三农"策论［M］. 武汉：湖北人民出版社，2013.
[12] 黄克亮，罗丽云. 以生态文明理念推进美丽乡村建设［J］. 探求，2013（3）.
[13] 黄克亮，罗丽云. 统筹城乡发展视角下的广州现代化美丽乡村建设研究［J］. 探求，2012（5）.
[14] 邹志平. 安吉中国美丽乡村模式研究［D］. 上海：复旦大学，2010.